직업
표류

직업
표류

이나이즈미 렌 지음 — 이수미 옮김

샘터

머리말 _ 7

제1장 **길고 긴 터널 속에 있는 것 같았다** _ 9
(은행 → 증권회사, 오하시 히로타카, 33세)

제2장 **도대체 내가 할 수 있는 일은 무엇일까?** _ 55
(과자 제조업체 → 중견 식품회사, 나카무라 유카코, 30세)

제3장 **이상적인 상사를 만나 회사를 그만두었다** _ 101
(중견 IT기업 → 취업정보업체, 야마네 요이치, 30세)

제4장 **현상유지로는 시대와 함께 굴러떨어진다** _ 151
(대형 전자회사 → 대형 전자회사, 오노 겐스케, 32세)

제5장 **내게 맞는 일인지 아닌지는 상관없다** _ 195
(중견 광고대행사 → 대형 광고대행사, 후지카와 유키코, 29세)

제6장 **결혼하여 아이 낳고 아파트 사면 끝나는 인생은 싫다** _ 233
(대형 종합상사 → IT벤처, 이마이 다이스케, 29세)

제7장 **결국 선택지가 모두 사라질까 봐 두려웠다** _ 283
(경제산업성 공무원 → IT벤처 임원, 타일 제조업체 임원, 하라구치 히로미쓰, 32세)

제8장 **늘 불안해서 계속 달릴 수밖에 없다** _ 329
(외국계 컨설팅회사 → 외국계 컨설팅회사 → MBA 유학, 나가야마 가즈후미, 33세)

후기 _ 375

이 책은 '이직'이라는 주제로 '일하는 젊은이' 8인을 취재한 내용을 담은 논픽션이다.

8인 모두 1979년생인 나와 동세대이며 이른바 '좋은 대학에서 좋은 취직'을 이룬 젊은이들이다.

1990년대 중반부터 2000년대 초반까지인 '취업빙하기'에 기업 사회로 첫걸음을 내디딘 그들은 '로스트 제너레이션'이라는 별명까지 얻은 세대이다. 이 8명의 젊은이는 과거의 가치관으로 보면 취업에 성공한 승자 그룹에 속한다. 하지만 그들은 노동 환경과 기업이 요구하는 인재상이 크게 변화하던 시기에 사회인으로서 첫 나날을 보냈고, 한 번 이상은 직장을 그만두었다.

사람들은 어떨 때 이직이라는 길을 선택할까?

상사와 부딪친다, 원하는 일이 아니었다, 급여가 적다……. 열거할 수 있는 이유는 많다. 그리고 어떤 이유라도 그 안에는 이 일이 과연 내 인생을 좋은 방향으로 이끌어줄 것인가에 대한 불안이 포함되어 있다.

자기 인생을 어떻게 살고 어떻게 설계할 것인지를 생각하는 데 있어 이보다 더 절실한 문제도 없다. 여태까지 살아오면서 쌓아온 경험과 사고방식이 선택의 기준으로 작용할 것이다.

불과 몇 년 전에 대학생이었던 그들은 어떻게 기업 조직에서 일을 시작했고, 또 자신의 가치관과 어떻게 타협하며 '사회인' 으로 성장했을까? 시대의 파도에 떠밀려 표류하다가 어떻게 자기만의 정착지를 발견했을까?

이 책은 그 궤적을 그린 8편의 이야기다.

drift

1

길고 긴 터널 속에
있는 것 같았다

은행 → 증권회사

오하시 히로타카

33세

아침 6시에 일어나
출근해 밤 11시가 넘어
사원 기숙사로 돌아오면
'내가 지금 여기서
뭐 하는 거지?'라는
생각이 들면서
화가 났다.

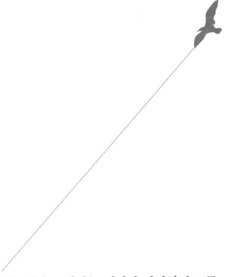

야쿠시마로 향하는 페리가 서서히 속도를 높이자 오하시 히로타카의 심장도 따라 뛰었다.

비는 내리지 않았지만 하늘은 온통 납빛 구름으로 뒤덮였고 바다는 거칠었다. 낮은 엔진 소리가 몸속까지 울렸다. 파도에 부딪칠 때마다 배가 기우뚱했다.

온몸에 아직 피로감이 남아 있었다. 이틀 전 지인의 결혼식으로 마침 가고시마에 와 있던 친구를 만나, 함께 922미터의 가이몬다케에 올랐다.

'규슈의 후지산'이라 불리는 아름다운 산기슭에 노란 유채꽃이 만발했다.

등산부 활동을 하던 학창 시절에는 매주 암벽 등반을 했다. 정상까지 두 시간 걸리는 가이몬다케라면 달려서도 오를 수 있던 시절이다. 그러나 이제는 몸이 생각처럼 움직이지 않았다. 사회인이 된 후의 불규칙적인 생활과 그로 인해 누적된 피로를 실감할 수밖에 없다.

오하시는 숨을 고르며 걸었다. 둔해진 몸은 어쩔 수 없었다. 천천히 한 걸음 한 걸음 내디딜 뿐. 이럴 때는 페이스 유지가 무엇보다 중요하다. 결국 능선에 닿을 테고 정상에 서면 아름다운 경치를 볼 수 있다. 서둘러야 할 이유는 없다.

〈이번 여행에서 꼭 해답을 얻자.〉

2002년 1월, 1년에 한 번 허가되는 장기 휴가를 신청해 떠난 여행에서 오하시는 이런 생각으로 묵묵히 등산길을 걸었다.

당시에는 은행에 근무하고 있었다. 학생 때부터 여행을 좋아했던 그는 언젠가 해외 지점으로 나가 일하겠다는 꿈을 갖고 있었다. 하지만 금융업계는 혼란의 시기에 접어들었고, 1997년 홋카이도 다쿠쇼쿠은행을 시작으로 야마이치증권, 일본 장기 신용은행 등이 줄줄이 파산했다.

오하시가 은행에 입사한 때는 1999년. 그가 다니던 은행 역시 거품경제기 때의 사업 확대로 막대한 양의 부실채권을 보유하고 있었다. 2001년에는 심각한 경영 부진을 겪고 있다는 내용이 언론에 보도되기 시작했다. 그 많던 해외 지점이 순식간에 폐쇄되어갔고, 해외 지점에서 일하겠다던 오하시의 꿈은 빛을 잃어갔다.

지난 3년간의 연이은 금융기관 파산이 업계의 신뢰를 떨어뜨렸고, 이런 현실을 평소의 영업 활동 중에 체감할 수밖에 없었다.

은행들은 거품경제기에 늘렸던 채용을 이제 대폭 줄였다. 채용 '제로'를 단행한 은행도 있었다. 오하시가 다니던 은행도 신입 채용을 꺼리게 되었고, 1년 후에도 2년 후에도 오하시는 계속 말단으로 남게 되었다.

이런 시대 상황과 맞물려 그의 취직 후 3년은 어둡기만 했다.

선배들이 남긴 잡무 처리를 늘 떠안아야 했다. 노동조합 일도 도맡아야 했다. 노조에서 시시때때로 보내는 자료를 복사해 나눠 주고 "지금 바빠"라며 거들떠보지도 않는 선배들을 붙잡고 의견을 물어야 했다. 각종 사무용지가 떨어지지 않도록 살피고 주문하는 일, 문서 절단기로 서류를 폐기하는 일 등……. 그런 일들을 소화하면서 고객을 응대하고 할당량도 채워야 했다.

문제는 '배우는 과정'으로 삼고 견디겠다는 결심이 좀처럼 서지 않는다는 사실이었다. 실적 악화와 채용 감소라는 현실을 보면 계속 신입으로만 남을 것 같아 초조했다.

존경하는 상사라도 있으면 달랐을까? 기술이나 경험 하나 얻지 못하고 그저 무의미한 날만 보내는 것 같아 공포감마저 들었다.

아침 6시에 일어나 출근해 밤 11시가 넘어 사원 기숙사로 돌아오면 '내가 지금 여기서 뭐 하는 거지?'라는 생각이 들면서 화가 났다.

〈이 상태가 언제까지 계속될까?〉

불안감이 가슴을 가득 메웠다.

해외 지점에서 일한다는 꿈은 실현 불가능해 보였다. 금융위기가 가시화되던 시기에 그런 불확실한 희망을 품고 은행에 취직했다니, 자신의 무른 생각과 너무 낙관했던 자세에 분노가 치밀었다.

그런 기분을 품은 채 중소기업 경영자를 만나 더 이상의 대출은 불가능하다고 차갑게 내쳐야 할 때도 있었다. 혼자 자그마한 회사를 운영하는 경영자 중에는 존경할 만한 인품을 지닌 분도 많았다. 하지만 때로는 그들의 기대에 어긋나는 대답을 은행원으로서 확실히 해야 했다.

"그렇게 마음이 여려서 어쩌냐?"며 혀를 차는 상사나 선배도 있었지만, 그동안 쌓아온 신뢰가 와르르 무너지는 순간은 사회에 갓 나온 20대 청년의 마음에 상처를 남기기에 충분했다.

그런 중에 휴가를 갈 여행지를 찾다가 인터넷에서 발견한 것이 야쿠시마에서 어부를 모집한다는 광고였다. 자세히 보니 어업조합에서 상담도 해주고 경우에 따라서는 그 지역 어부를 소개해주기도 하는 모양이었다.

오하시는 피로에 짓눌린 상태였고 단순하게 생각할 수밖에 없었다.

〈이참에 어부나 될까? 이제는 하기 싫은 일은 안 하면서 살고 싶다…….〉

은행을 그만두고 싶지만 쉽게 결단을 내릴 수는 없었고, 여행이 자신의 상황을 객관적으로 보게 하는 계기가 될지도 몰랐다. 어부라는 직업은 분명 현실적인 선택이 아니겠지만, 일단 현재 상황에서 빠져나오고 싶은 마음을 어떻게든 가라앉히고 싶었다.

창밖에 펼쳐진 바다를 바라보기 시작한 후로 4시간 정도 지났을 때 저 멀리 섬이 보였다. 오하시는 이등선실에 드러누워 책을 읽다 일어나 바깥을 보았다.

야쿠시마의 미야노우라 항으로 페리가 속도를 늦추면서 들어갔다.

부두가 눈앞으로 다가오자 배기가스 냄새가 어렴풋이 감돌았다. 미지의 세계에 대한 기대감과 불안감이 동시에 온몸으로

퍼졌다.

　오하시는 배에서 내리자마자 미리 연락해둔 어업조합 사무소를 찾았다. 그곳에서는 희망자에게 어부를 소개하여 야쿠시마 어업을 체험하도록 도왔다.

　"전화 드렸던 오하시입니다. 체험해볼 수 있을까요?"

　큰맘 먹고 묻자 사무원이 곧 담당자에게 연락해주었다.

　기다리는 동안에 들어보니 고기잡이는 주로 낚시나 후릿그물을 이용하고, 가다랑어와 고등어가 많이 잡힌다고 했다. 조합 직원의 설명으로는 낚자마자 머리를 꺾어 피를 뽑은 고등어랑 고등어포가 야쿠시마의 특산물인데, 대부분 가고시마 시로 운송하여 판매하는 모양이었다.

　시간은 천천히 흘렀다.

　어느덧 오후로 접어들었고 오전에 고기잡이를 나갔던 한 어부가 돌아왔다. 오하시는 그 어부의 안내로 항구에 나가 생선 하역 작업을 도왔다. 작업이 끝난 후 어부가 친근한 표정으로 물었다.

　"오늘 잘 곳은 정했나? 아직 안 정했으면 내가 아는 곳을 소개하지."

　그는 마을에 두 군데밖에 없는 여관 중 한 곳으로 오하시를 데리고 갔다. 어부가 차에서 그날 낚은 물고기를 몇 마리 꺼내

더니 여관 주인에게 말했다.

"어부가 되고 싶다는 젊은이야. 맛있는 생선 좀 먹여줘."

그런데 다음 날도 그다음 날도 날씨가 좋지 않았다. 바다는 계속 거친 상태였다.

이 시기에는 고기잡이를 한 달에 몇 번 못 나간다고 한다. 비록 고기잡이는 못 나갔어도 섬에서 체험한 모든 것이 신선했다. 오하시는 한동안 느끼지 못했던 해방감에 푹 젖었다.

고기잡이를 못 나가니, 햇볕에 그은 건강한 갈색 피부의 젊은 어부와 함께 항구나 해안의 토목공사를 도왔다. 시멘트로 만든 테트라포드를 바닷속으로 내리고 흙 부대에 흙을 채워서 방파제처럼 쌓아갔다.

점심 때 근처 식당에서 먹은 카레라이스가 무척 맛있었다. 몸은 힘들었지만 아침 일찍 일터로 나갔다가 어두워지면 돌아오는 이 생활에서 평안을 느꼈다.

작업 중에 이따금 어부들이 말을 걸었다.

"여기서 일할 마음 있으면 결혼하고 오는 게 좋아."

애인이 있으면 데리고 오라고 했다. 섬에는 젊은 여성이 얼마 없기 때문이란다.

"아직 결혼할 마음이 없는데요."

"그래? 그럼 우리 집에서 살래? 수입은 적어도 아내가 마당에서 채소를 기르니까 먹고사는 데 부족함은 없어. 생선도 맛있고. 배는 나중에라도 한 척 사면 되는 거고."

나이 지긋한 다른 어부가 오하시의 고민을 알아차렸는지 잡담 중에 날카로운 질문을 던졌다.

"무슨 생각으로 여기 왔나?"

오하시는 이 질문에 명확하게 대답할 수 없었다. 뭐라고 할지 몰라 머뭇거렸다.

"은행 그만두고 여기 오긴 왔는데 해본 적도 없는 일이니 어쩔 셈이야. 도시 사람이 고기잡이를 할 수 있을 리가 있나."

여기서 일할 마음이 있으면 꼭 오라는 사람이 있다. 어부 일은 아무나 못 한다며 썩 돌아가라는 사람도 있다.

결국 고기잡이는 한 번도 못 하고 며칠 후 도쿄로 돌아와야 했다.

도움을 줬던 어부가 "다시 오든 안 오든 일단······" 하면서 종이에 전화번호를 적어 손에 쥐어주었다.

짧았던 일주일간의 휴가가 끝났다. 오하시는 항구에서 페리를 타고 왔던 길을 되돌아왔다.

마음속은 안개로 뒤덮였고 기분은 모호했다.

배를 사라는 말을 들었을 때의 일이 생각났다.

오하시는 그들의 따스한 말에 가슴이 뭉클했지만, 한편으로는 배를 사면서 안게 될 리스크를 생각하지 않을 수 없었다. 대출을 받아 배를 사면 빚 갚는 데만 수십 년 걸릴 것이다. 제일 먼저 리스크라는 단어가 뇌리에 떠오른 것만 봐도 은행원인 오하시는 이 섬에 사는 어부들과 다른 세계에 살고 있다.

해답은 역시 쉽게 나오지 않았다. 그러나 지난 일주일간 섬 생활을 일부라도 경험한 덕에 일상에 대한 애착이 조금은 되살아났다.

불신이라 할 만큼 강하지는 않지만, 그는 '직장'을 그리 신뢰하지 않았다.

대학을 졸업하고 사회인이 된 후로는 선배가 시키는 허드렛일을 소화하면서 엄격한 할당량에 쫓기며 사는 하루하루를 보냈다. 그래도 어떤 식으로든 사회에 공헌한다는 자부심이 있었다면 달랐을지 모른다. 그런 나날 속에서 오하시는 부실채권으로 인한 경영 위기에 직면했다.

거품경제기에 어린 시절을 보내고 사회에 나왔을 때 안정과 성장의 '신화'는 이미 무너져 있었다. 당연하게 여겼던 성장 신화가 사라진 '시대' 상황에서는 종신고용, 연공서열 같은 제도도 믿을 수 없었다.

오하시는 1998년에 취업 활동을 시작하며 그런 '위화감'을 어렴풋이 느꼈다고 했다.

나고야대학 법학부 재학 시절에 그가 원했던 직장은 종합상사였다. '해외에서 일하고 싶다'는 것이 이유였는데, 졸업생 방문 행사 때 만난 종합상사 재직 선배들 중에 '활동적이고 리더십이 돋보이는 사람들'이 많아서 영향을 받은 것 같다고 했다.

고등학교와 대학교 때 핸드볼부와 산악부에서 활동했던 오하시는 체격 좋고 성격도 시원시원했던 그 선배들에게 친밀감을 느꼈다. 아직 어떤 일이 기다리고 있는지는 모르지만, 그런 선배들 밑에서 자신을 단련시키면 좋겠다고 생각했다.

그런데 왜 그는 은행에 들어갔을까?

대학교 3학년 2학기가 끝날 무렵에 몇몇 은행의 채용팀에서 연락이 왔다고 한다.

그가 지망한 곳은 미쓰비시 상사나 이토추, 마루베니 같은 종합상사였지만, 채용팀에서 온 연락을 모두 거절할 수 없어서 면접 스케줄이 겹치지 않은 A은행에만 지원하기로 했다.

"종합상사 중 두 곳은 붙을 수도 있겠다고 생각했습니다. 그런데 최종 면접 후 연락이 늦어져서 혹시 안 되면 어쩌나 불안하던 차에 A은행 면접일이 다가왔죠."

그날 나고야 시내 호텔에서 이루어진 A은행의 최종 면접은 지금 돌아봐도 인상 깊었다. 면접을 몇 차례 보고 또 같은 날

장소를 바꿔 최종적으로 인사 담당자 다섯 명과 대화를 나누었다. 그중 책임자와 마지막으로 면담하는 시간이 주어졌는데, 그때 오하시는 해외에서 일해보고 싶다는 것, 지금 어느 종합상사의 최종 면접 결과를 기다리고 있다는 것, 만약 그 회사에 합격하면 그쪽으로 갈 생각이 있다는 것을 솔직하게 말했다.

면접관들은 "해외? 갈 수 있지. 멋진 꿈이네"라며 대부분 긍정적인 반응을 보였다. 오하시는 그런 분위기에서 자기가 마음에 든 모양이라고 느꼈다.

"하지만 저에게는 정보가 없었습니다. 이 은행은 해외에 지점을 몇 군데 두고 있고, 또 어떤 사람이 갈 수 있는지 말이죠. 눈앞의 취업 활동에 쫓겨 제대로 조사하지 않았다는 건 반성할 점이라고 생각합니다."

그는 잠시 후 다른 방으로 불려갔고, 거기서 "자네, 합격이야"라는 말을 들었다.

놀란 건 그 이후부터였다.

담당인 인사과장이 오하시에게로 천천히 다가와 미소 띤 얼굴로 이렇게 말했다.

"지금 ○○에 전화해주겠나?"

그렇게 말하면서 오하시가 결과를 기다리고 있는 종합상사 전화번호를 건넸다.

A은행을 거절해야 할 때 이해될 만한 변명 거리를 만들기 위해 다른 회사의 면접 사실을 알려주었던 것이다. 하지만 오랫동안 대학생을 상대해온 채용 담당자의 계산은 훨씬 빨랐다. 지원자가 희망하는 기업보다 먼저 결과를 내는 수를 두어 두 회사를 저울질하도록 만들었다. 결단을 재촉 받은 오하시는 당연히 불안했다.

"담당 과장님이 전화를 걸더니 수화기를 저한테 내미는 거예요."

망설임을 허락하지 않겠다는 뜻을 품고 있었다.

"나고야대학의 오하시라고 밝히고 의사를 전했습니다. 이런 일이 꽤 많은가 봐요. 상대도 익숙해 보이는 반응이었습니다."

왜 그때 순순히 시키는 대로 했는지 스스로도 알 수 없었다. 너무 놀라 생각할 겨를이 없었다. 등을 떠밀리듯 A은행으로 결정이 나고 말았다.

그 순간부터 '구속'이 시작되었다고 한다. 전화를 끊자마자 여태까지 '고객'을 상대하듯 했던 인사과장의 말투가 싹 바뀌었다.

"지금 당장 집에 가서 짐 챙겨 와. 산에 갈 테니까."

저녁 시간에 집합 장소로 가보니 다른 내정자도 한 명 와 있었다. 입행한 지 1년이 지난 선배도 함께였다. 물어보니 일본

중앙알프스에 은행 소유의 휴양소가 있는데, 그곳이 목적지라고 했다.

휴양소에서 나머지 내정자 두 명이 합류했다.

지루하기 짝이 없는 2박 3일 '여행'이었다. 거기 있는 것 자체가 목적이니 특별히 할 일도 없었다. 2년차 선배도 심심한지 "낚시라도 할까……"라는 말을 꺼낼 정도였다.

취업 활동으로 한창 바쁘다가 갑자기 무료한 시간을 보내다 보니 차츰 불안해졌다. 채용이 결정되자마자 말투가 바뀐 인사과장의 얼굴이 떠올랐다. 이 표리부동한 세계에서 잘 해나갈 수 있을지 걱정이 되었다.

밤이 되자 다들 지쳤는지 조금씩 속내를 털어놓았다.

"정말 어처구니없네. 이게 뭐 하는 짓이지? 이런 회사라면 관두는 게 낫겠어."

2박 3일의 여행에서 돌아온 후로도 A은행의 젊은 직원들이 매일 연락을 해왔다. 대부분 입사 1, 2년차였는데 업무를 일찍 마무리하고 매일같이 회식을 하자며 불러댔다. 주말도 예외가 아니었다. 함께 영화를 보거나 노래방에 가거나 술을 마시는 나날이 3주 정도 이어졌다. 대기업 입사시험과 면접 일정이 줄줄이 이어지는 시기였기에 오하시를 비롯한 내정자들이 다른 곳에 지원하지 못하도록 막으려는 속셈이었다.

그런데 신기하게도 종합상사 취업을 이루지 못해 낙담했던 오하시의 가슴에 은행원으로서의 희망이 조금씩 싹트기 시작했다. 그 사이 제법 친해진 또래의 채용팀원이 쓴웃음을 지으며 이렇게 말하기도 했다.

"요즘은 너희랑 같이 있는 시간이 제일 길어. 애인하고도 이렇게 오래 붙어 있진 않아."

가끔씩 업무에 대한 이야기도 나눴다. 내정자들이 다른 회사에 지원하지 못하도록 벌이는 짓이 바보 같다고 생각했지만, 선배들이 들려주는 은행이라는 세계에 서서히 흥미가 생겼다. 아무리 금융업계가 불황이라지만 그게 무슨 상관이냐는 기분도 들었다. 오히려 종합상사에 입사하여 힘들게 영업하기보다 금융업계에서 역풍을 견디며 필사적으로 일하면 경력에 더 도움이 될 것 같았다.

이 일도 재미있겠다는 생각이 어느새 들었다. 종합상사를 포기했으니 그렇게 생각할 수밖에 없기도 했다.

〈어쨌든 열심히 해보자.〉

오하시는 긍정적으로 생각하려 노력했고, A은행에 대한 기대감을 애써 부풀렸다.

"오하시, 현실을 직시해."

수도권 지점에 배치되고 얼마 후의 일이었다. 회식 자리에서 오하시가 장래의 꿈을 이야기하는데 거나하게 취한 선배가 맞받아쳤다.

"해외에서 일하고 싶다고? 젊은 녀석들은 꼭 그런 말을 하지."

그 말을 듣고 입을 다물지 않을 수 없었다.

업무와 관련된 이야깃거리는 곧 떨어졌다. 그 뒤로는 늘 그렇듯 그 자리에 없는 동료나 상사의 험담이 이어졌고, 같은 지점에서 일하는 여직원을 도마에 올리거나 사귀는 여자에 대해 이러쿵저러쿵 물었다. 빨리 기숙사로 돌아가고 싶었다.

회식 자리에서 큰소리로 떠들며 스트레스를 해소하는 선배들의 기분을 이해하지 못하는 건 아니었다. 다만 자신도 이 은행에서 몇 년 일하다가 결혼하여 아이가 생기고 대출을 받아 내 집을 마련하면 이 선배들과 똑같이 신세 한탄을 하게 될지도 모른다. 그렇게 생각하니 두려웠다.

입사 후 1년의 시간이 지났다. 약 120명의 동기가 전국의 지점으로 뿔뿔이 흩어졌다. 연수 때 친해진 동기와 떨어져 신입으로 홀로 배치되었다. 그렇게 1년간 일하면서 느낀 건 은행원의 업무가 상상보다 훨씬 바쁘다는 사실이었다.

주 업무는 고객에게 자금을 빌려주는 것이었다. 거래처를 돌면서 융자 계획을 간곡히 설명하고, 사무실에 돌아와서는 대출을 위한 서류를 만들어야 했다. 그 자료들로 심사를 받게 되는데 과장, 지점장 순으로 결재를 받은 후에 문제가 없으면 GO 사인이 내려진다.

그 속에서 상사, 선배, 말단 할 것 없이 모두가 각자 엄청난 중압감을 느끼며 일하게 하는 '견고한 구조'를 실감했다. 지점에 한 달 100억 엔의 대출 할당량이 내려졌다고 하자. 그러면 지점장은 100억 엔, 부장은 30억 엔, 평사원은 1억~5억 엔 식으로 할당된다.

"수치를 채우지 못하면 부서 전원이 초조해집니다. 지점장이나 부장은 직접 영업을 하지 않으니 부하들을 다그치기 시작하죠. 오늘 안으로 대출 실적 500만 엔 못 채우면 퇴근하지 말라고 으름장을 놓기도 합니다. 지점장도 이번 주 중으로 1억을 못 채우면 그 윗선인 지역영업본부장한테 얼굴을 못 든다고 합니다. 지위를 막론하고 중압감을 느끼지 않을 수가 없죠."

이런 상황이니 부서의 분위기는 항상 무거웠다.

신입을 상대할 여유가 없는 선배들의 마음이 그대로 느껴졌다. 아래위 할 것 없이 모두 버거워했다. 상사에게 서류를 들고 가도 "지금 바빠!"라는 말을 들을 뿐이었다.

전화, 복사, 문서 폐기 등의 잡일을 신입이 떠맡게 되는 건 "지금 그런 일을 할 때가 아니야"라며 내치는 선배들이 존재하기 때문이었다. 은행은 상명하달 구조에서 여전히 벗어나지 못했다.

월말에 통과되리라 예상했던 대출 심사가 승인이 나지 않으면 초조감이 절정에 달했다.

"그러면 목표치를 달성하지 못할 뿐 아니라 대출을 기다리는 고객에게도 사과를 하러 가야 합니다. 상대 입장에선 사과를 받는다고 해결될 문제가 아니죠. 자금 융통에 대해 상담하거나 다른 은행을 연결해달라고 부탁하기도 합니다. 그러니 심사에서 통과가 안 되면 정말 눈앞이 캄캄해집니다."

'대출해드릴 수 없게 되었습니다'라는 말을 들은 고객의 얼굴만큼 오하시의 가슴을 아프게 찌르는 것은 없었다.

"주택담보대출 심사에 통과되고 며칠 후에 고객이 다니는 회사가 도산하는 바람에 대출이 불가능하게 된 경우도 있었어요. 한밤중에 방문해서 고개 숙이고 빌었습니다. 남편은 업무 정리로 회사에 나갔고 부인만 집에 계셨는데, 그 말을 전하니 쓰러지려 하더군요. 지금 내가 뭐하나 싶어 괴로웠어요."

"실적 없는 인간은 돌아오지 마"라며 외근을 강요하는 상사는 은행원으로서의 생활을 더욱 피폐하게 만들었다.

영업의 세계에서는 수치를 달성한 자가 가장 존중받는다고 한다. 하지만 그건 단순한 명분에 지나지 않는다고 오하시는 생각했다. 그렇지 않다면 '수치'를 절대적 가치로 삼으면서 왜 '수치를 만드는 방법'에도 압력을 행사하는가?

가끔 기한에 빠듯하게 맞추기는 해도 목표치를 달성하지 못한 달은 거의 없었다. 수치로 따지면 칭찬받기에 충분한 성적이었다. '사람마다 방식은 다를 수 있다. 신중히 생각한 후에 행동으로 옮기는 사람도 있고 그렇지 않은 사람도 있다. 최종적으로 수치만 맞출 수 있다면 과정이야 얼마든지 다양해도 괜찮지 않은가?' 이렇게 생각했지만 그가 본 은행이라는 세계는 달랐다.

회사 안에 깊이 뿌리 내린 '평준화 의식'이 그렇게 만드는 것 같다고 오하시는 말한다.

"가장 나이 많은 과장이 몇 살이고 가장 어린 부장은 몇 살이냐, 뭐 이런 걸 굉장히 의식해요. 아무리 대단한 성적을 올렸다 해도 과장이 되려면 '○○살은 돼야지'라는 식의 암묵적인 룰이 있습니다. 만약 그 룰을 깨면, 예를 들어서 서른두 살이 과장이 됐는데 서른다섯 살인데도 아직 과장이 못 된 사람이 있으면 균형이 무너진다고 생각하죠. 이렇듯 아무리 좋은 결과를 내도 중요한 일을 맡겨주는 것도 아니니 이따금 허무해질 때가 있어요. 인사이동 때 그걸 가장 심하게 느끼죠. 인사 발표가 나면 모두 흥분해서 한마디씩 던집니다. 생각할수록 참 이상한 세계예요."

이런 '암묵적 룰'은 업무상의 인간관계를 넘어 퇴근 후 회식 자리까지 이어진다고 한다. 오하시도 그렇지만 동기 중에는 회식에 참석하라는 제의를 거절하는 사람이 몇 명 있다. 그러면 다음번 회식 때 참가율이 낮은 신입이 총무를 떠맡게 된다고 한다. 총무가 식당 예약 같은 일을 해야 하니, 맡은 이상 참가하지 않을 수 없다.

'요즘 신입은 직장에서 교류를 잘 하려 들지 않는다'는 말을 종종 듣는다. 하지만 장래를 기대하기 어려운 처지인데 근무시간이 끝나고도 잡일을 하거나 상사의 눈치를 보면서 술을 따라야 한다면 어떻게 거부감을 느끼지 않을 수 있을까?

"아무리 거절해도 잔말 말고 따라오라고 합니다. 말단한테는 성대모사 같은 개인기를 시키기도 해요. 너무 싫었어요. 무슨 의미가 있나 싶었죠. 그것도 업무의 연장이라고 머리로는 생각합니다. 회식은 사내 영업이라는 말도 있어요. 불참하면 이런저런 소리를 들을 뿐 아니라 승진에도 영향을 준다고 합니다. 연공서열 시스템이 아직 살아 있는 걸까요? 이 사내 '영업'을 잘못하면 내가 제출한 기안서가 뒤로 밀릴지 모른다는 불안감을 느낍니다. 사회생활에서 굉장히 성가셨던 부분이죠. 상사와의 관계에 일일이 신경 쓰면서 일한다는 게 스트레스였어요."

'회식'은 기업의 가치관을 뒤에서 보강하는 기능을 수행한다고 그는 말했다. 은행 내부의 문화는 다른 은행을 참고하면서 유지된다고도 했다.

"인사제도도 이 은행만의 스타일로 만든 것이 아니라 다른 은행이 어떻게 하는지 주시하면서 비슷하게 따라 하는 것 같아요. 만약 '다른 회사'가 변하면 우리도 변하겠죠."

모두가 그렇게 생각하니 결국은 아무것도 바뀌지 않는다.

"타인의 모습을 보고 내 모습을 정한다면 재미없죠."

오하시라고 연공서열 인사제도나 급여체계에 대해 처음부터 거부감을 느끼지는 않았다. 그랬다면 일본의 종합상사나 은행에 취직할 생각은 애초에 안 했을 것이다.

선배들도 오하시 같은 신입의 초조한 마음을 이해하지 못하는 건 아니다. 다만 오랜 기간에 걸쳐 만들어진 시스템이 체념하게끔 만들었다. 그러니 후배에게 '현실을 직시하라'는 조언만 하는 게 아닐까?

문제는 시스템의 틈이 오하시 세대의 눈에 더 선명히 보인다는 것이다.

그는 어릴 때부터 '나이가 들면서 경험을 쌓게 되고 결국 높은 자리에 올라 중요한 일을 한다'는 이미지를 기업 사회에 대해 품고 있었다. 《젊은이는 왜 3년 만에 그만두는가?(若者はなぜ 3年で辞めるのか?)》에서 인사 컨설턴트 조 시게유키가 지적한 대

로 그것은 종신고용·연공서열이라는 제도가 유지되어야 성립되는 사회이기도 했다.

오하시가 은행에 다닌 3년간은 '윗세대'에 비해 신입 직원의 채용수도 적고 미래에 대한 전망도 불투명했다. 금융위기에서 벗어날 수 있는 출구가 이대로 계속 보이지 않는다면 조만간 조직 구성이 역삼각형이 될 게 뻔했다.

사내의 잡일을 떠맡고 회식 자리에서 유명 가수의 성대모사를 멋지게 해내도 할당은 줄지 않는다. 그래도 의욕을 가지고 눈앞의 일을 처리하기 위해서는, 그 노력 끝에 보다 나은 미래가 있다고 상상할 수 있어야 한다. 언젠가는 중요한 일을 맡을 수 있고 언젠가는 이 상태에서 벗어나리라는 믿음이 있어야 지금을 열심히 살아낼 수 있는 법이다.

하지만 그의 눈에 비친 은행이라는 세계는 달랐다. 선배와 상사가 나이를 먹음으로써 더 높은 연봉과 지위 등의 연공서열적 '이익'을 누렸다. 그러는 동안 자신은 그로 인한 '불이익'을 감수해야 했다. 게다가 자신의 부서에 신입이 들어오지 않는 이상 아무리 기다려도 현재와 다름없는 나날이 이어질 뿐이다.

〈아사히신문〉은 이런 오하시 세대에게 '로스트 제너레이션'이라는 이름을 붙여주었다. 오하시로서는 냉소를 머금을 수밖에 없다.

"얼마 전에 8년차가 된 동기를 만났습니다."

직원이 100명 정도 되는 지점인데 아직 후배가 한 명도 없다면서 옛 동료가 쓴웃음을 지었다고 한다.

"8년째 똑같은 나날을 보내고 있다고 합니다. 나 역시 취직한 시기가 나빴는지 그 은행을 선택한 내 머리가 나빴던 건지 지금 생각해도 모르겠습니다. 계속 일해야 할지 다른 길을 찾아야 할지 늘 기로에 서 있는 기분이었죠."

이런 현실이다 보니 그는 점점 '해외에서 일하고 싶다'는 말을 하지 않게 되었다.

"은행에 취직하기로 마음을 정한 이유가 그저 해외에서 일하고 싶었던 것도 문제가 아니었을까요? 내 도움으로 성과를 올려서 고객에게 기쁨을 주면, 그것이 곧 내 기쁨도 된다는 생각을 여태까지는 못 했던 것 같아요. 스트레스에서 벗어날 방법이 없었던 거죠."

관두고 싶다고 매일같이 생각했지만 실제로 취업정보업체 몇 군데에 등록하고 본격적으로 이직 활동을 시작한 것은 입행한 지 3년이 지났을 때였다.

야쿠시마로 여행을 간 후로 A은행의 주가는 연일 최저가를 갱신했다.

퇴직금을 선지급하거나 조기 퇴직자를 모집하던 중에 상사가 이렇게 딱 잘라 말했다고 한다.

"회사는 장래를 약속해줄 수 없어."

선배 중에 이렇게 말하는 사람도 있었다.

"너는 젊어서 좋겠다. 언제라도 그만둘 수 있고. 나도 그럴 수만 있다면 당장 관두고 싶어."

오래전부터 이직을 생각해왔지만 막상 이런 상황에 부닥치니 가만히 서 있어도 다리가 휘청거렸다.

지금도 A은행에서 일한다는 그의 동기는 "오하시가 은행을 그만뒀을 때의 심정을 나도 90퍼센트 정도는 이해합니다"라며 당시를 회상했다.

"직원을 독립된 인간으로 대해주지 않는 곳이죠. 그 생각은 지금도 마찬가지입니다. 예를 들어서 회식에 불참해도 업무상 불이익이 없다는 걸 약속해주면 좋겠어요. 언젠가는 그런 문화에 익숙해지고 대처하는 방법도 배우고, 조직 안에서 재량껏 할 수 있는 일도 많아지면서 참을 수 있게 되겠지만, 처음에는 아무래도 배려를 해줄 필요가 있죠. 그가 그만두고 내가 남은 건 내가 더 보수적인 데다 사회에서 인정받고 싶은 욕구가 강했기 때문일 겁니다. 반면에 오하시는 주변 사람들을 잘 의식하지 않아요. 자기가 좋아하는 일에 도전하는 과정에서 사람들에게 인정받고 싶어 했죠."

2002년 3월, 오하시에게 생각지도 못한 제안이 왔다. 동기가 말하기로는 당시에 오하시는 뉴질랜드로 가서 어학교를 세운다는 뜻밖의 계획에 도전했다고 한다.

친구인 고바야시 다카후미도 오하시가 A은행을 그만두고 창업에 도전한다는 사실을 이 무렵에 알았다고 말했다.

"오하시로서는 은행을 그만두는 게 옳은 선택이었다고 봅니다. 참고 견디면 복이 온다는 말은 거짓이에요. 적성에 안 맞으면 다른 회사를 찾아야죠. 입으로는 불평해도 게으른 녀석이 아니기 때문에 다른 회사에 가도 잘해낼 것이라 생각했어요. 분명히 은행은 안 맞아 보였고, 그만두는 게 좋겠다고 생각했죠. 다만 뉴질랜드로 간다는 이야기를 듣고는 솔직히 걱정이 되더라고요. 그의 비즈니스 파트너는 나도 아는 지인인 데다 아주 좋은 사람이긴 했지만 사업 능력이 어떨지는 몰랐으니까요. 그 녀석 혼자 헛바람 들었다가 결국 실패로 끝날까 봐 걱정되더라고요."

오하시는 인간관계를 능동적으로 맺는 사람이어서 고바야시 같은 친구가 주위에 많았다.

"오하시하고는 대학 졸업여행 때 알게 됐어요. 혼자 배낭여행을 했는데, 마지막 여행지였던 이스터섬에서 그가 '일본인이에요?'라고 묻는 거예요. 거기서 알게 된 사람이 그를 포함해서 다섯 명이에요. 내가 묵던 숙소로 와서 모두 같이 수다를 떨다가 많이 친해졌죠. 나중에 일본에서 다시 만났을 때 모든 친구를 차별 없이 사귀는 사람이라고 느꼈어요. 여행지에서 만난 사람이든 회사 동료든 동네 친구든 가리지 않고 모두 한자리에 모여서 왁자지껄 떠들곤 했죠. 오하시만큼 사람을 사귀면서 벽을 만들지 않는 사람도 없을 거예요. 저도 학생일 때 사회인이 되면 다양한 사람과 사귈 기회가 많으리라 기대했는데, 막상 사회에 나가보니 만날 수 있는 건 회사 동료뿐이었죠. 그래도 오하시가 그런 내 기대에 응해준 사람이었어요."

오하시가 은행을 그만두려고 생각하던 참에 같이 사업을 해보자고 제안한 사람도 이런 친구 중 한 명이었다. 가케 히로유키는 초등학교와 중학교 동창으로 졸업 후 미국에 유학을 간 친구다. 그가 미국에서 만난 친구와 함께 사업을 하려 하는데 동참하지 않겠냐는 내용의 메일을 보내 온 것이다.

오하시는 며칠 후에 귀국한 가케를 만났다. 가케가 데리고 온 남자도 같은 또래였는데, 뉴질랜드의 어학교에 학생을 연결해주는 회사에 근무한다고 했다. 이젠 직접 학교를 만들고 싶다는 말도 덧붙였다.

영어로 적힌 두툼한 사업계획서를 넘기면서 열정적으로 이야기하는 이 남자의 '꿈'을 듣는 동안, 오하시는 사회인이 된 후로 입에 담지 않았던 자신의 꿈을 다시 떠올렸다.

"대학을 졸업하고도 꽤 오랜 시간이 지났는데 다시 그때로 돌아간 기분이 들었어요." 오하시는 그렇게 회상했다.

가케는 오하시가 학창 시절에 '해외에서 일해보고 싶다'는 꿈을 갖게 만든 인물이기도 했다. 오하시는 워싱턴으로 유학을 떠난 가케에게 매년 놀러 갔는데, 그때 소개받은 친구들의 상냥하고 밝은 모습이 오랫동안 기억에 남았다.

회사원이 되어서도 1년에 한 번 있는 장기휴가를 이용하여 몇 번인가 해외로 나갔다. 한국, 중국, 뉴질랜드, 아프리카……. 여행을 할 때마다 새 친구가 생겼다. "오하시는 여행지에서 친구를 잘 사귀어요. 나한테도 소개해준 친구가 많습니다. 덕분에 나도 덩달아 인맥이 넓어져서 다양한 사람들한테 이메일이 오게 되었죠"라고 가케는 말했다. 중고등학교 시절부터 갑갑한 마음을 낯선 땅에서 해소했던 오하시에게 이런 동세대의 인간관계 네트워크는 은행이라는 조직보다 더 믿음직한 '안전망'이었다.

1976년 아이치 현 이나자와 시에서 태어난 오하시는 나고야 시 근교의 공립중학교에서 고등학교로 진학했다. 거기서 아이치 현 특유의 엄격한 관리 교육을 받았다.

"체벌이 공공연하게 이루어졌죠. 특히 고등학교에서는 억압이 심했어요. 체육 시간 내내 행진 연습만 한 적도 있어요."

고등학교에서는 하루 스케줄을 일지에 기록하여 담임선생에게 제출해야 했다. 공부 시간, 동아리 활동, 수면 등을 시간별로 신고했는데 핸드볼에 열중했던 그는 어느 날 '연습 ○시간, 수면 ○시간'만 적고 공부 시간을 빼먹었다. 이 작은 반항이 선생을 화나게 만들었다. 다음 날 교무실로 불려 가 무릎을 꿇고 오랫동안 앉아 있어야 했다. 선생은 앉아 있는 그를 발로 찼다.

당시에는 학생들이 교무실 앞에 무릎 꿇고 줄지어 앉은 광경을 흔히 볼 수 있었다. 잘못이라고 해봐야 교모를 쓰지 않은 정도의 사소한 교칙 위반이었다. 학원에 다니는 학생은 거의 없었다. 1학년 때부터 과목마다 매일 대량의 숙제를 해야 했으니 학원에 다닐 틈이 없었다.

아침 7시에 핸드볼부 훈련에 참가하고 수업이 끝난 후에는 오후 연습과 보충수업이 있었다. 그 후에도 9시까지 넓은 교실에 남아 자습을 해야 했다. 학교는 학생 하나하나의 시간을 철저히 관리했다. 대량의 과제를 냄으로써 학생들이 동아리 활동이나 공부 외에 마음을 빼앗기지 않도록 사전에 방지했다. 그들의 최종 목적지는 나고야대학이었다.

"학교 자체는 즐거웠습니다. 그런데 고등학생이 되니 공부에 대한 압박이 심해서 학교를 그만두고 싶었죠. 선생님과 면담을 할 때마다 '너는 전교 몇 등이니 무슨무슨 대학에는 들어가겠다'면서 값을 매겨요. 그런 중압감이 견디기 힘들었어요."

그는 학교를 그만두고 싶어 부모님께 "그만둬도 돼요?"라고 물은 적이 있다고 한다. 그때 어머니가 의외로 간단히 "그래라" 하고 받아들여 주었다. 핸드볼과 어머니의 대답이 3년간의 고교 생활을 버티게 해주었다고 말한다.

"내가 학교를 그만두면 부모님이 가장 곤란했겠죠. 그런 부모님이 '그만둔다'는 선택지를 인정해주시니 오히려 할 수 있는 데까지 해보자는 마음이 들더라고요."

이 시기에 느꼈던 압박감이 그의 가슴에 무엇에도 구속받지 않고 살아보고 싶은 욕구를 심었으리라. 그리고 사회인이 되어 등산을 하면서 일상의 굴레에서 벗어나고 싶은 마음을 품게 되었고, 그 마음이 '해외에서 일해보고 싶다'는 꿈으로 자연스럽게 연결되었다.

이런 마음은 은행에서 4년간 일하는 동안 또 다른 압박감에 시달리면서 조용히 증폭되었다. 그러던 차에 어릴 때부터 친구였던 가케의 제안으로 그 꿈을 실현할 수 있게 되었다. 뉴질랜드에서의 창업. 꿈을 이룰 절호의 기회였다. 오하시의 눈에는 그렇게 비쳤다.

"고등학교 시절부터 이어져온 압박감에서 잠시라도 해방되고 싶었던 것 같습니다."

가케가 자신을 필요로 한다는 사실이 기뻤다. 사회 경험이 없는 가케의 도전을 친구로서 도와주게 되었다. 그는 자신의 선택에 이런 이유를 붙였다.

"나는 주위 친구들한테 인정받고 싶은 욕구는 강한 반면에 회사에서 인정받고 싶은 마음은 별로 없는 것 같아요."

은행 동기였던 친구도 비슷한 지적을 했다. 오하시는 자신의 성공을 친구와 공유하고 주위 인간관계 속에서 뭔가를 이루고 싶었다. 친구들에게 인정받고 싶었다.

고바야시는 오하시에 대해 이런 말도 했다. "오하시한테 은행 이야기를 들으면서, 솔직히 아직 입사한 지 얼마 되지도 않은 녀석이 왜 이렇게 불평이 많나 생각했습니다. 일이 끝나면 퇴근하면 될 텐데 억지로 재미있지도 않은 회식에 불려 가 동료 험담이나 들어야 한다고 했습니다. 그렇게 말하는 걸 보니 회사랑 안 맞는 것 같았죠. 안 맞는 회사에 들어간 자신의 실수는 덮어놓고 회사만 나쁘다고 말하면 안 되죠."

이렇게 평가하는 친구에게 오하시는 자기 힘으로 이룬 성과를 보여주고 싶었다. 직장을 두고 푸념하는 자기 모습을 가장 혐오하는 이도 다름 아닌 오하시였다. 결과적으로 오하시는 취업 활동을 할 때 범한 실수를 다시 한 번 반복한 셈이 되었다. 뉴질랜드에 학교를 세운다는데, 왜 그곳이 뉴질랜드여야 하고 또 그 사업으로 무엇을 이루고 싶은지 명확한 목표가 있어야 했다.

물론 나름대로 생각은 있었을 것이다. 교육 커리큘럼에 대한 자신감도 상당했으리라. 하지만 가슴 밑바닥에는 이런 생각도 깔려 있었다.

"성공하는 경험을 쌓고 싶었죠. 이 멤버들과 함께해서 성공했다는 장면만 상상했습니다. 할 수 있다고 믿고 싶었죠. 사업에 대해 깊이 생각하기보다는 열정적인 사람들에게 매료되었던 것 같습니다."

결과부터 말하면 그의 뉴질랜드 창업은 실패했다.

오하시는 2003년 초에 A은행을 그만두고 가케를 포함한 두 명에 다른 한 명을 섭외하여 넷이서 뉴질랜드로 건너갔다. 저금해둔 돈을 모아 뉴질랜드 교육법을 참고로 커리큘럼을 짜고 친구들에게 출자를 부탁했다.

뉴질랜드에서 교육 경험자를 모아 커리큘럼을 보완할 계획도 세웠다. 초안이 완성된 시점에 학생을 모집하고 일본 여행사와도 제휴하기로 했다. 준비는 착착 이루어졌다. 공간을 임대하고 학생을 모집하는 절차에 돌입했다.

그러던 중에 계획을 중지해야 할 사건이 터졌다. 뉴질랜드 정부에서 비자가 나오지 않은 것이다.

오하시는 당국의 사정으로 아시아인의 취업비자 취득이 어렵게 되었다고 당시의 분위기를 설명했다.

"학생만 모집되면 시작할 수 있는 상황이었거든요. 현지에서 공동출자자를 찾으려고 했는데, 그때부터 문제점이 드러나기 시작했죠. 네 사람이 각자 다른 생각을 하면서 자기 마음대로 움직이니 뜻이 모아지지 않았어요. 의견 통일도 안 되고 서로에 대한 신뢰감도 사라지고……."

네 사람은 이국의 땅에서 필사적으로 노력했지만 시간이 갈수록 헛돌았다. 밤새 싸움과도 같은 토론이 이어졌다. 저마다 하고 싶은 말만 하고 듣지 않으니 의견이 하나로 모아질 리 없었다.

그래도 사회 경험이 있는 오하시에게 전체 의견을 모으는 역할이 기대되었지만 그것도 쉽지 않았다. 한 사람이 독단적으로 신문광고를 내고, 혼자서 채용 계획을 진행하기도 했다. 보고는 대부분 사후에 이루어졌다. 처음에는 그토록 매력적이었던 사업 계획에서 점점 근본적인 취약점이 드러났다. 애당초 이 교육 사업이 정말로 필요했는지 알 수 없을 지경에 이르렀다.

사업을 뿌리째 뒤흔들 만큼 강한 불안감에 휩싸인 사람은 오하시만이 아니었다. 같은 시기에 가케는 '내가 정말로 어학교를 세우고 싶은 걸까?'라는 회의감에 시달렸다고 한다.

　"뭔가 해야 한다는 강박관념으로 힘들 때 우연히 어학교를 만들자는 제안을 받았습니다. 그런 상황이 내가 하고 싶은 일이라고 착각하게 만들었는지도 모릅니다."

　오하시는 은행원 시절엔 상상도 하지 못했던 불안감을 느꼈다. 친구들이 걱정하는 이메일을 보냈지만 대화를 나눌수록 먼 곳에 홀로 떨어진 것 같았다.

　그만큼 싫었던 조직, 그토록 답답하게 느꼈던 곳. 하지만 은행원이 아닌 개인으로서의 자신은 너무나 작고 무력했다. 조직 속에 존재할 수 없다는 것이 얼마나 불안한 일인지 그제야 알았다. 조직의 일원이 되면 무엇을 잃고 무엇을 얻고, 또 조직을 그만두면 무엇을 얻고 무엇을 잃을 수 있는지 몸소 체험했다.

　은행을 그만두고 사원 기숙사에서 나올 때도 비슷한 감정을 느꼈다. 그날 골판지 상자가 가득 쌓인 방에서 음악을 들으며 〈일본경제신문〉을 뚫어져라 보았다. 그때까지는 신문을 봐도 제목만 스윽 훑었는데 이날은 기사가 머리에 쏙쏙 박혔다. 이제 정말로 회사를 그만둔다는 실감이 들었다

　다음 달부터 월급이 나오지 않는다. 조직 속에 있었기에 접

할 수 있었던 다양한 정보로부터 차단된다. 기사 한 문장 한 문장을 보는 집중력은 해방감과 함께 가슴에 새겨진 위기감 때문이었는지 몰랐다. 횅한 방에서 갑자기 서글픈 생각이 들었다. 사회인이 된 지 3년 동안 회사에서 일하는 것밖에 몰랐다. 별안간 의지할 데 하나 없는 외톨이로 느껴졌다.

이런 기분도 사업을 시작한다는 설레는 기분에 금세 묻혀버렸다. 그리고 결국 열정이 식었을 때, 자신이 무척 불확실한 길을 걷고 있음을 깨달았다. 등 뒤로 현실이 덮쳤다. 그와 동업자들은 결단을 내려야 했다.

직장을 그만두면서까지 도전했는데 쉽사리 포기해도 될까? 비자 문제는 언젠가는 해결될 것이다. 시작된 건 아무것도 없다. 아직 아무것도 시작되지 않았다면 그 매력적인 사업계획서의 가치도 느껴보지 못했다는 뜻이다. 게다가 일본에 돌아가도 할 일이 없다. 지금 의지할 수 있는 건 이 세 사람뿐이라고 생각하니 설사 어떻게 될지언정 이곳에 더 머무르고 싶었다.

그러나 네 사람의 생각은 이제 너무나 달랐다. 창업에 도전한 지 불과 1년이지만 앞으로는 더 위험하게만 보였다. 아무도 인정하고 싶지 않았지만, 이 사업은 실패다. 돌이켜야 한다면 아직 상처가 깊지 않은 지금밖에 없다……

결국 네 사람은 오랜 대화를 나누고 창업을 '무기한 연기'하기로 했다.

"망연자실했죠." 오하시는 회상했다.

"여러 사람의 얼굴이 떠올랐습니다. 가족이랑, 결혼을 생각하고 있었던 애인도. 그리고 응원해줬던 친구들. 친구들한텐 메일매거진을 발송했었거든요. 대체 어떻게 설명하면 좋을지⋯⋯. 처음에는 믿으려 하지 않더군요. 가장 친한 친구가 왜 그렇게 안이한 선택을 하느냐는 메일을 보냈을 땐 나 자신이 정말로 너무 한심했죠. 다른 친구들의 반응도 비슷했습니다. '다들 오하시한테 퍼부어!'라고 하는 것 같았죠."

사업을 시작할 때 상상했던 것과 전혀 다른 상황에 처하고서 그는 깨달았다

〈나는 내가 뭘 하고 싶은지 모른다.〉

이 사업을 시작하려고 마음먹을 때부터 그랬다. 사업 계획을 열정적으로 설명하는 친구와 함께 '성공 체험'을 하고 싶었다. 하지만 그건 타인의 꿈에 편승하는 행위에 불과했다. 그렇다면 오하시의 진짜 꿈은 무엇인가?

"지금도 그렇습니다. 뭘 하고 싶은지 모르겠어요⋯⋯."

어쩌면 이 질문부터 시작해야 했는지도 모른다. 결국 그는 일본으로 돌아온다. 그리고 이직 활동을 시작한다.

뉴질랜드에서의 실패는 그의 인생에서 꼭 필요했던 경험이

라고 나는 생각한다. 성공 여부를 떠나 무언가에 위험을 무릅쓰고 도전할 수 있다는 사실을 확인함으로써 그는 비로소 기업이라는 조직에서 일하는 것과 화해를 한 셈이다.

그리고 오하시는 깨달았다. 자기 마음속에 늘 존재했던 공백에 작은 자신감이 싹트고 있다는 사실을.

"뉴질랜드에서 돌아오면서 결심했어요. 내게 부족한 것을 채우기 위해 일하자고."

적어도 조직에서 빠져나와 뭔가를 새롭게 시도할 수는 있었다. 그 도전은 분명 엉성했고 실패로 끝났지만 뒤돌아보지 않고 힘껏 뛸 수 있었다. '자신감'이라고 표현하기엔 너무 작은 확신이었는지도 모르지만, 가슴속에 열정의 작은 씨앗을 품을 수 있었다.

언젠가 또 도전을 하고 싶을 때가 올지도 모른다. 그건 조직이라는 기댈 곳이 없어진다는 의미다. 이번에야말로 실패를 하지 않으려면 어떻게 해야 할까? 그건 앞으로 사회인으로서 얼마나 경험치를 높이고, 어떻게 폭넓은 능력을 갖추는가에 달려있다.

그러니 한 번 더 '조직'에서 일하는 것이 현재의 그에게 딱 맞는 선택인지도 몰랐다. 일하다 보면 때로는 호된 실패가 있을지도 모른다. 하지만 조직이기 때문에 어느 정도의 실패가 허용된다는 걸 뉴질랜드에서 알게 되었다.

그는 반복해서 말한다.

"동업자를 하나로 모을 수 없었다는 점, 스케줄 감각이 없었다는 점…… 반성할 점이 산더미 같아요. 일본으로 돌아오면서 내가 못 했던 일을 할 수 있는 인간이 되자고 다짐했습니다."

2008년 늦여름, 나는 오하시와 그의 친구들과 함께 일본 남알프스의 기타다케에 올랐다. 2년 정도 전에 제안받은 등산이었다. 그는 자신의 그물망 같은 친구 관계 속으로 나를 당연한 듯 맞아주었다.

그날 오하시는 한 걸음 한 걸음 자신의 속도를 확인하면서 발을 내디뎠다. 서두르면 도중에 지치고, 그렇다고 너무 천천히 걸어도 안 된다. 산에 오르면 신비한 기분이 든다. 저만큼 멀리 보여서 아무리 걸어도 도달하지 못할 것처럼 보이던 산꼭대기도 적절한 속도를 유지하면서 조금씩이라도 나아가다 보면 어느새 가까이 다가와 있다.

삼림 한계선이 가까워지고 능선을 따라 그림 같은 풍경이 펼쳐지면 오하시는 늘 천진난만한 미소를 지어 보였다. 그리고 산에 익숙하지 않은 나에게 이 경치를 보여주고 싶었다는 듯 숨을 고르며 "기분 좋죠?" 하고 물었다.

처음 만난 후로 약 3년이 흘렀다. 도쿄 아에스에 있는 중화

요리점에서 처음 만나기로 한 날, 양복에 배낭 차림으로 나타난 그는 "왜 일을 그만뒀습니까?"로 시작된 나의 질문에 하나하나 정성껏 대답해주었다.

그는 뉴질랜드에서 돌아오자마자 A은행 시절부터 사귀던 여성과 결혼하고 그 후 취업정보 업체 몇 곳에 등록했다. 몇몇 회사의 면접을 거쳐 최종적으로 선택한 곳이 증권 관련 상장기업이었다. A은행에 비하면 소규모였지만 그래도 직원이 수백 명인 회사였다. 그로부터 4년이 지나 지금은 두 아이의 아버지가 되었다.

"지금도 책상을 깨끗이 정리한 후에 퇴근합니까? 언제 그만둬도 좋도록?"

등산길을 걷고 있는 그의 등 너머로 물었다.

"……예, 전부 정리한 후에 퇴근합니다. 당장 내일부터 내가 없더라도 곤란하지 않게."

이미 A은행 시절보다 더 많은 시간을 지금 회사에서 보냈다. 그때는 질퍽질퍽한 늪 속을 걷는 듯 시간이 더디 갔는데, 지금은 세월이 무척 빠르게 흐른다고 했다.

2008년 9월, 리먼브라더스 사태로 '100년 만의 위기'라는 불황이 시작되려 하고 있었다. 하지만 과거에 근무했던 은행에서 금융위기의 절정을 경험했던 오하시로서는 그리 심각하게 와 닿지 않았다.

지난 몇 년간 젊은이를 둘러싼 노동 시장은 크게 변했었다. 채용을 줄였던 금융업계도 직원 수를 늘렸고, 2006년 봄에는 약 10년 전의 수준을 회복했다. 이직 시장도 활황을 보였다. 대형 취업정보업체인 리크루트 에이전트나 인텔리전스의 매출이 지난 3년간 각각 두 배로 증가했다.￼

그러나 고도 경제 성장기를 넘어선 듯한 호황의 분위기도 2007년 후반에 서브프라임 모기지론 문제가 터지면서 종말을 맞았다. 대형 은행이 먼저 구인수를 일제히 줄였다. 이듬해 9월의 '리먼 쇼크' 이후로 거의 모든 업계의 실적이 곤두박질쳤다.

당시에 《프레지던트》지에서 인터뷰한 리크루트 에이전트의 무라이 미쓰루 사장이 이런 말을 했다.

"IT 거품 붕괴의 시기를 거치면서 이직 시장이 뜨겁게 달아올랐습니다. 하지만 지금 수치를 보면 취업빙하기에 채용을 극단적으로 줄인 것에 대한 반작용 현상에 불과하다고 생각합니다. 자연스러운 고용 조정이지요."

대기업은 이 시기에 경력 채용의 범위도 확대했다. 취직 후 몇 년 안에 이직하는 젊은이를 가리키는 '다이니신소쓰(第二新卒, 학교를 졸업하고 일단 취직했지만 입사 1, 2년 만에 이직을 희망하는 사람들을 가리키는 용어. 신입사원 연수를 통해 사회인으로서 필요한 기본적

소양을 갖춘 데다 보통 경력직 채용자에 비해 젊으며 또한 특정 기업 문화의 영향을 많이 받지 않은 상태라서 기업들이 채용 대상으로서 주목한다— 옮긴이)'라는 단어가 유행인데, 이처럼 이직 시장이 활성화된 것은 '젊은 세대'의 의식 변화라기보다 조직 내의 연령 구성을 조절하려는 기업의 움직임 그리고 원하지 않은 직장에 취업한 젊은이들의 '설욕전'이 합치된 결과였다고 그는 말했다.

리쿠르트 워크스 연구소의 '워크스 대졸 구인배율 조사'에 의하면 2010년 3월 졸업자의 구인배율은 1.62였다. 나쁘지 않은 수치였지만 이후 문부과학성과 후생노동성의 조사에 의하면 2010년 2월 1일 시점 대학생 취업 내정률은 80.0%로, 1996년 조사 시작 이래 최저치를 기록했다.

이런 노동 시장의 변화를 통해 학생들의 '대기업 지향', '안전 지향'을 엿볼 수 있다는 조사 결과가 신문에 보도되었다. 2009년 10월에 라쿠텐 리서치가 인사 담당자들을 대상으로 실시한 조사에서 9.5%의 기업이 채용을 늘리겠다고 대답했지만, 전체의 21.6%가 '전해보다 채용 인원을 줄일 예정', 7.4%가 '채용계획 없음'이라고 답하여, 2011년 졸업생의 취업 활동이 더욱 어려워지리라는 우려가 커졌다.

앞으로 신규채용이나 다이니신소쓰에 대한 경력직 채용이 극단적으로 줄고 새로운 취업빙하기가 닥친다면 은행원 시절의 오하시 같은 젊은이들이 사회에 대거 출현할지도 모른다.

오하시는 2003년 가을에 증권회사로 이직했다. 그의 주된 업무는 비영업 사무 수탁 관리였다. 주주명부 관리, 계좌 개설 신청서 작성을 비롯해 주식이나 투자 신탁에 관한 서류를 제작하고 발송하는 일이다.

처음 배속된 곳은 총무부 총무과였다. 총무부의 업무는 새로 이사하는 건물의 임대계약이라든가 청소 업체와의 계약, 사내 잡무까지 다양했지만 그중에서 꽃은 주주총회 운영이었다. 총회를 앞두고 3월부터 6월까지가 가장 바쁜 시기였다. 총회에서 결의될 안건을 하나하나 검토하고 최종적으로 내용을 서류로 만들어야 한다.

정관(定款) 변경, 사임 임원 퇴직위로금 안건, 신임 임원 승인 준비, 총회 예상 질문 답안 작성……. 원안을 만들어 총무부장과 담당 임원, 고문변호사 사이를 오가면서 내용을 재검토하고 최종적으로 사장에게 전달한다. 법안 서류인 만큼 실수는 용납되지 않는다. 임원회 전에 완벽한 서류를 만들어야 한다.

임원회에서 결의되면 총회 때 주주에게 배포할 서류를 준비한다. 관계 부서장에게 예상 문답을 확인받고 답안도 작성해야 한다. 언제라도 내용이 변경될 수 있으므로 그 시기에 접어들면 A은행 시절과 맞먹을 정도로 바쁘다.

아무리 바빠도 그는 퇴근 전에 책상을 완벽하게 정리한다. 다음 날로 넘기는 일을 최대한 줄이고 자기만 아는 안건에 대한 서류는 공유해놓는다.

A은행에서는 개인정보를 취급하는 업무가 많았기 때문에 서류가 책상 위에 방치되어 있거나 서랍이 잠겨 있지 않으면 감점을 받았다. 책상 정돈은 당시의 습관이기도 했지만, 이 회사에서 계속 일하기 위한 의식이기도 했다.

언제라도 그만두고 이곳에서 사라질 수 있는 마음의 준비. 고등학교 시절에 '그만둬도 된다'는 부모님의 허락이 학교를 계속 다니게 해준 것과 같은 이치였다. 마음속 어딘가에 도망칠 길을 만들어두는 것이다. 하루하루의 생활에서 멀리 떨어지기 위해 산에 오르는 것과 같은 이치였는지도 모른다.

2009년, 오하시는 총무과에서 경영기획부로 발령되어 조직 개혁 업무를 맡았다. 경영기획부는 입사 시 희망한 부서이기도 했지만 그동안 좋은 평가를 받았다는 뜻이기도 했다.

같은 해 실시된 주권전자화(2009년, 일본 정부 주도로 상장기업의 주식을 전자 데이터로 바꾸었다—옮긴이)로 인해 그동안의 업무와 각 부서 인원 구성에 큰 변화가 생겼다. 조직 구조가 극적으로 변화하는 중에 경영기획부에도 개혁의 분위기가 짙어지면서 기업의 핵심에 직접 관여하는 업무가 많아졌다.

A은행 시절에 느꼈던 것처럼 이 조직에도 '눈치 보기'는 어김없이 존재했다. '다른 회사는 어떤가?' '다른 부서는 어떤가?'라는 질문이 끈질기게 이어졌다. 조직 개혁을 위한 조사라고는 하지만 결국 이 개혁으로 누가 이익을 얻고 누가 손해를 보는지 선명해질 때마다 그는 A은행 시절을 떠올리며 몸서리쳤다.

그래도 오하시는 태연했다.

뉴질랜드에서 실패하고 돌아오면서 '나한테 부족한 것을 채우겠다는 마음가짐으로 일하자'라고 생각했던 그에게 회사 경영 전반을 보는 일은 무척 보람 있었다. 무엇보다 이 회사에서 일하고 있으면 자신이 예전보다 훨씬 강해진 것 같아 좋았다.

예를 들면 늦은 저녁에 상사가 급한 일을 부탁할 때 더욱 실감한다고 한다. 예전 같으면 막중한 임무를 안고 패닉 상태에 빠졌을 텐데 지금은 "알겠습니다"라며 담담히 맡는 자신의 모습에 스스로 놀라곤 한다. 그런 침착하고 안정된 태도를 보고 "오하시는 늘 여유롭네"라며 칭찬하는 상사도 있다. 그런 모습이 좋은 평가로 이어졌고 입사 때 원했던 경영기획부로 옮겨진 결과를 얻었는지도 모른다.

A은행에 있을 때 오하시는 "길고 긴 터널 속에 있는 것 같았다"고 말했다.

달의 마지막 날에 가까스로 목표를 달성해도 다음 날 아침이면 다시 할당량에 쫓기는 나날이 시작되었다. 그런 숨 막히는 일상이 주위에 대한 불만을 만들었는지도 모른다. 주변이 깜깜하니 내가 지금 나아가고 있는지 후퇴하고 있는지도 알 수 없었다. 그런 마음이 회식이나 잡무에서 느끼는 스트레스와 압박을 증폭시켰을 것이다.

'그만둔다'는 선택지를 가슴에 품고 일하고 있지만 정말로 그만둘 생각은 없다. 오히려 지금 눈앞의 일에 몰두하기 위해서라고 할 수 있다.

"하던 일을 내팽개칠 수는 없죠. 주주총회 준비를 일단 시작했다면 총회가 끝날 때까지 책임을 져야 합니다. 그만두고 싶다 해도 지금 일에 최선을 다해야 가능한 법이죠."

A은행을 그만두고 과감히 뉴질랜드로 건너갔던 오하시. 사업은 잘되지 않았지만 그 경험에서 깨달았다고 한다. 길고 긴 터널은 마음속에만 존재한다는 사실을.

기업이라는 조직에서 벗어나니 밖은 전혀 다른 세계였다. 내일부터 조직의 일원이 아니라는 불안감. 압박감에서 해방되고 얻은 자유. 그런 다양한 감정이 뒤섞였다.

오하시를 계속 지켜본 고바야시는 '이직'하지 않은 입장에서 다음과 같은 이야기를 했다.

"내 눈엔 지금 다니는 회사도 A은행도 큰 차이는 없어 보입니다. 어쩌면 그에게 중요했던 건 '여기나 저기나 다 똑같다'고 스스로 납득시키고 일하게 하는 마음가짐인지도 모릅니다. 인간은 상대적인 동물이잖아요? 오하시는 두 환경을 비교한 후에 비로소 납득하고 눈앞의 일에 집중할 수 있게 된 것 같습니다."

이직으로 변화된 것은 회사가 아니라 오하시 자신이었다. 친구의 말을 증명하듯 오하시도 이렇게 말했다.

"이제는 은행에서의 경험보다 은행을 그만두고 겪은 일들이 내게 더 중요했다고 느낍니다. 결국 잘 안 되었지만 과감히 뭔가를 시도했다는 것만큼은 스스로 칭찬해주고 싶어요. 그때 생각했습니다. 터널 따위 머리에서 지워버리자, 애초에 나는 터널 안에 있지 않았다……. 그렇게 생각하고 나니 압박감에 짓눌려 일하는 경우가 준 것 같습니다."

그에게는 또 다른 꿈이 생겼다. 이 회사에서 경영을 배우고, 회사의 중심에 서는 중대한 일을 하길 원한다. 그런 경험을 쌓으면 또 언젠가 회사를 떠나 뭔가를 새로 시작할지도 모른다.

함께 도전했던 동료들을 생각한다. 언젠가 그런 동료들을 다시 만나 한번 크게 날아오를 자신의 모습을 상상하면서, 말로 해버리면 너무나 단순한 것을 굳게 믿기로 했다. 눈앞의 일을 하나하나 해나가기. 그런 태도가 언젠가는 자신의 인생을 비약시킬 원동력이 되리라는 것을.

2

d r i f t

도대체 내가
할 수 있는 일은 무엇일까?

과자 제조업체 → 중견 식품회사

나카무라 유카코

30세

가장 안전한 선택은
꿈을 유지한 채 적당히
취업 활동을 하면서
눈앞의 아르바이트에
최선을 다하는 생활이었다.
그러면 아직 아무것도
시작되지 않았고,
아직 아무것도 잃지
않은 셈이 된다.

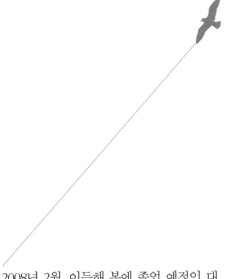

2008년 2월, 이듬해 봄에 졸업 예정인 대학생을 대상으로 채용 박람회가 열렸다. 그때 나카무라 유카코는 근무 중인 식품업체 부스 안에 있었다.

그녀는 박람회장을 자유롭게 오가는 학생들에게 팸플릿을 나눠 주고, 필요하다면 회사 개요를 설명하는 역할을 맡았다. 박람회는 주로 대학교 식당이나 강당에서 이루어졌다. 설명회를 위해 주어지는 시간은 채용 실적이나 대학에 따라 다른데, 보통 회당 30분에서 1시간 정도다. 반나절에 세 번 정도 열린다.

나카무라는 2년 전에 이 비상장 업체로 이직했다. 빙과류가 주력 상품인 사원수 600명 정도의 회사인데, 배속된 지점의 부서에 여성은 나카무라를 포함하여 두 명밖에 없었다. 다른 한 명은 아직 신입이었기에, 채용 담당 부장은 "여직원이 있어야 여학생도 편하게 이야기하지"라며 박람회에 나카무라를 데리고 가고 싶어 했다.

회식이 많고 직원끼리 자발적으로 테니스 동아리나 골프 동아리를 만드는 회사의 친밀한 분위기가 마음에 들었다. 하지만 '여직원'에 대한 전근대적인 태도에 '너무하다'라며 눈살을 찌푸리게 되는 경우도 종종 있었다.

나카무라는 총무부에서 경리 부문을 담당했다. 거의 사무실에만 있다 보니 박람회에서 대학생과 대화를 나누는 시간이 신선하게 느껴졌다.

'언젠가는 채용 업무도 해보고 싶다'고 생각했다. 원래 의자에 앉아서 전표나 컴퓨터만 상대하기보다 이렇게 사람과 이야기하는 것을 더 좋아한다.

학생들의 분위기는 작년과 많이 달랐다.

리쿠르트 워크스가 매년 시행하는 '워크스 대졸 구인배율 조사'에 의하면 올해 구인배율은 2.14였다. 조사 보고서에 〈구인 수는 역대 최대인 95만 명으로, 거품 경제기를 웃돌아〉라는 제목이 달렸다.

직원 1000명 미만인 기업(4.26)과 그 이상의 기업(0.77)이 달랐고 업종에 따라서도 배율에 큰 차이가 있었지만, 기업의 채용 의욕은 예년보다 높았다. 하지만 그 이듬해에 내정된 계획이 취소되었다는 뉴스가 신문에 크게 실릴 정도로 불황이 가시화되었다. 이렇듯 시대는 늘 극단을 달리지만, 적어도 '취업 빙하기'라는 단어는 과거의 유물이 되었다.

나카무라의 회사는 잘 알려진 기업이 아니어서 부스가 학생들로 북적이는 일은 없었다. 식품업체 일람표를 보고 찾아왔다는 학생이 다였다. 취업정보 사이트인 리쿠나비를 통해 방문한 학생도 별로 없었다.

그래도 작년에는 '절 뽑아주세요!' 하고 열심히 문을 두드리는 학생이 없지 않았다. 그런데 올해는 대기업 부스는 성황인 반면, 자사 부스를 찾는 학생 수는 확실히 적었다. 언론이 중소기업의 인력 부족 현상에 대해 떠들기 때문일까? 주위 학생들에게 말을 걸어보지만 모두 바쁜 척 관심을 보이지 않는다.

나카무라는 취업 활동을 하던 과거 자기 모습을 애잔한 마음으로 떠올렸다. 와세다대학교 문학부에서 공부하며 졸업까지 미루고 출판사를 목표로 2년간 노력했다. 이런 기업 설명회에도 몇 번 참가했다. 당시에는 지금 나카무라가 하는 것처럼 학생의 관심을 끌려고 노력하는 기업은 없었다.

대졸자 구인배율은 1991년 2.86이 정점이었고, 2000년에

0.99로 바닥을 친 후 1.3대에서 보합 상태를 유지했다. 그리고 2004년경까지가 취업빙하기였다.

10년 이상에 걸친 혹독한 채용 상황 탓에 2003년에는 프리터(정규직을 갖지 않고 아르바이트로 생계를 유지하는 사람— 옮긴이)의 수가 219만 명으로 치솟았다. 이때는 아직 '니트족(Not in Education, Employment or Training의 줄임말. 일하지 않고 일할 의지도 없는 청년 무직자— 옮긴이)'이라는 단어가 널리 퍼지지 않은 시기였다. 이즈음부터 '일을 대하는 젊은이들의 의식'에 문제가 있다는 목소리가 높아졌다.

자사의 연령 구성을 보면 나카무라의 세대만 신기할 정도로 텅 비어 있다. 이런 사실에 그녀의 마음이 복잡해진다. 앞 장의 오하시도 그랬던 것처럼, 나카무라의 회사에도 신규 채용된 또래 직원이 거의 없다. 나카무라처럼 이직한 경우가 아니라면 보기 힘들다. 연구직으로 들어오는 대학원 졸업생이나 단기대 졸업생까지 포함하여 매년 10~20명 정도 채용하는데, 조사해 보니 그녀가 입사한 2002년에는 채용수가 제로였다.

"내가 어떤 시대에 취업 활동을 했는지 알겠더라고요."

그녀는 소탈한 목소리로 말했다.

"저는 출판 업체에만 관심을 둬서 그런지 빙하기를 별로 의식하지 못했어요. 원래 취직이 어려운 업종이니까요. 그런데 이렇게 채용 업무를 돕다 보니 아 그때가 빙하기였구나 싶더라고요."

나카무라는 당시를 되돌아볼 때마다 '내가 참 세상 물정을 몰랐구나' 하는 후회가 가슴을 적신다고 했다.

'와세다 출신이니 잘되겠지?'라고 생각했지만 세상은 만만치 않았다. 게다가 왜 그토록 출판사만 고집했는지……. 그 때문에 20대 초반의 나이에 굴곡진 인생을 경험했다.

약 6년 전 2002년 4월, 나카무라는 일부러 학점 1점을 채우지 않고 대학에 남았다. 그렇게 취업 재수생이 되어 반찬가게 체인점과 인터넷 통신사 지원센터에서 아르바이트를 했다.

두 곳 중 대학교 2학년 때부터 일했던 반찬가게에 마음이 더 갔다. 당시에는 정직원을 돕는 업무를 맡았고 판매대로 나갈 일이 많지 않았다. 가게 안에 정직원이 한 명도 없을 때면 대부분의 일을 나카무라처럼 경험 많은 비정규 종업원들이 나서서 해야 했다. 그런 날이 많았다.

정오 전후로 손님이 가장 많이 몰렸다. 나카무라는 15시경에 출근했고, 폐점 후 계산대를 정리한 다음 23~24시까지 다음 날을 위한 준비를 했다.

특히 재고 관리 업무가 재미있었다. 이 체인점은 갓 상장한 기업인데, '로스율'이라 불리는 반찬 폐기율을 철저히 낮추기 위해 노력했다.

닭튀김이나 춘권, 샐러드는 봉투에 넣어 납품된다. 그것들을 어느 타이밍에 개봉하고 조리하여 가게에 진열할 것인지 판단하고, 다음 날 각 상품이 얼마나 팔릴지도 예상해야 한다. 폐점 시 모든 상품이 조금씩 남아야 이상적이다.

저녁 시간 전 두 번째 피크타임이 지나고 19시가 살짝 넘었다. 나카무라는 재고를 체크하면서 주문할 상품을 생각했다. 발주한 식재료나 요리는 이틀 후 도착한다. 매장에 골고루 갖춰진 상품으로 능력이 드러난다. 전날에 발주하지 않은 상품이 예상보다 많이 팔리면 과감히 품절로 돌리고 다음 날을 위해 남겨두는 작전도 써야 한다.

나카무라의 머릿속엔 늘 로스율이 있었다. 식재료는 각각 유효기간이 다르다. 너무 많은 양을 요리하면 다음 날 폐기로 이어질 우려가 있다. 고객이 별도로 주문하는 경우도 예상해야 한다. 하루하루의 데이터를 참고하면서 수많은 상품의 재고를 퍼즐처럼 조정하는 일에서 큰 보람을 느꼈다.

나카무라는 지난해 취업 활동을 할 때부터 이 아르바이트에 몰두했다.

"1월과 2월에 지원서를 받고 3월에 면접을 보고 4월에 내정자를 발표하는 것이 그 당시 대형 출판사의 스케줄이었습니다. 4월쯤 되니 불안감이 극에 달하더군요. 큰 출판사는 다 끝나고 작은 출판사에서라도 연락이 오기를 기다렸는데 면접 보러 오라는 데가 없는 거예요. 마케팅 업무라도 좋으니 어디든 됐으면 싶었어요. 다른 업계에 대해서는 전혀 모르는데 어떻게 해야 할지……."

출판사에서 책을 만들고 싶었던 그녀는 대학 밖 취업 활동 동아리에 소속되어 있었다. 1990년대에 만들어진 동아리인데, 지원서나 소논문을 같이 쓰고 서로 읽어봐 주곤 했다. '주간지', '여성지' 같은 식으로 분야를 정하고 각 잡지의 특성, 대상 독자, 광고 경향 등에 대해 멤버들과 토론했다. 때로는 출판업계에 취직한 선배들의 이야기를 듣고, 이력서 첨삭을 부탁하는 경우도 있었다. 지원서를 돌려보며 서로의 장점을 찾아주거나 결점을 지적해주는 관계로 성장했기에 대학 시절 후반에는 동아리 멤버들과 무척 가깝게 지냈다.

출판사 취직만 생각하고 늘 이 멤버들과 취업 활동을 한 것이 잘못이었을까?

출판사는 원래 채용수가 적었고 동아리 친구 모두 시험에 떨어졌다. 그러면 직장이 결정되지 않은 채로 한 해 더 준비하는 '동료'가 주위에 수두룩해진다. '나만 그런 게 아니다'라는 안

도감과 연대감이 다른 업계나 업종으로 전환할 기회를 놓치게 했는지도 모른다.

실제로 취업빙하기 한가운데 있는 주위 친구들의 행보가 취업 활동에 열의를 잃어가는 그녀의 마음에 박차를 가했다. 취직이 여의치 않자 고향에 가버린 친구도 있고, 은행 창구직원으로 눌러앉는 이도 있었다. 원하는 업종이나 기업이 아니라도 일단 합격하면 바로 취업 활동을 중단하는 사람들이 많았다.

"다들 포기 상태였어요. 취직이 잘 되던 시기가 있었다는 사실이 믿기지 않았어요. 나름 노력한다고 생각했는데 성과가 안 나오니 점점 될 대로 되라는 식이었죠."

전혀 모르는 업종에 도전하기가 두려웠다고 그녀는 고백했다. 5월이 지나면 모집이 종료된 구인 광고를 종종 볼 수 있다. 1차 모집 때는 수많은 기업이 이름을 올리기에 '어디든 취직은 되겠지'라는 마음이 들 수 있다. 하지만 2차 모집, 3차 모집으로 갈수록 그 수가 급격히 줄어든다. 취업빙하기의 한 가지 특징이었다.

이때 나카무라는 '만약 업종을 바꿔도 취직이 안 되면 어쩌지?'라는 불안감에 앞서, 취직도 못하면서 업종에서 망설이는 자신의 상황이 더 두려웠다고 했다. 그러니 아예 출판사를 끝까지 고집해야 스스로 납득이 되고 마음도 편해졌다.

반찬가게 아르바이트에 자꾸만 마음이 갔다. 일종의 현실 도피였는지도 모른다.

'하고 싶은 일'은 있지만 원하는 곳에 취직할 수 없다. '하고 싶은 일'에 대한 미련은 사라지지 않고, 다른 직종으로 깨끗이 갈아탈 마음도 생기지 않는다. 만약 '꿈'을 포기했는데도 취직이 되지 않는다면? 자존감이 와르르 무너질 것이다.

게다가 졸업을 미루는 친구나 프리터로 만족하는 친구를 여기저기서 흔히 볼 수 있는 시대였다. 지금 생각하면 그다지 합리적이지 않지만, 당시에 나카무라는 이렇게 스스로 위로하며 지냈다.

아르바이트만 한다 해도 생활이 어려운 건 아니지 않은가? 정규직이 아닌 사람은 나 말고도 많다.

이런 자신의 생각을 정당화하려 할 때 가장 안전한 선택은 '출판사에서 일한다'는 꿈을 유지한 채 적당히 취업 활동을 하면서 눈앞의 아르바이트에 최선을 다하는 생활이었다. 그러면 아직 아무것도 시작되지 않았고, 아직 아무것도 잃지 않은 셈이 된다.

"그때 취직을 우선으로 생각하면 좋았을 텐데 그러지 못했어요. 아르바이트를 하고 있으니 취업 걱정을 덜 하게 돼요. 점장보다 더 오래됐으니 재량껏 할 수 있는 일도 많아졌죠. 성과가 없는 취업 활동에 비하면 아르바이트가 훨씬 편하고 보람도 있었죠."

그녀는 2년간 아르바이트에 몰두하다가 세 번째 취업 활동을 시작했다.

아직 빙하기는 끝나지 않았지만 그 이유 때문만은 아니었다. 첫해 면접에서는 책을 좋아하는 마음을 순수하게 전할 수 있었다. 1년이 지나니 그것만으로는 좋은 평가를 받기 어려웠다. 큰 출판사부터 작은 출판사까지 다양하게 지원했지만 면접관의 질문은 똑같았다.

"왜 졸업을 미루면서까지 출판사에 취직하고 싶나요?"

나카무라는 이런 질문을 받을 때마다 '책을 만들고 싶은 마음'이 왜 그렇게 강한지 스스로도 알 수 없게 되었다.

"그렇게 하면서까지 만들고 싶은 책은 어떤 책인가요?"

"1년을 준비하면서 느낀 점을 이야기해주세요."

……최종 면접 직전까지 갔지만 결국 떨어졌다.

어릴 적 어머니가 읽어주는 그림책이 재미있었다. 초등학생 때부터 독서의 즐거움을 알았던 것 같다. 틈만 나면 소설을 들고 이야기 세계에 푹 빠졌다.

하지만 그게 뭐 어떻다는 것인가.

점점 확신이 사라졌다.

'나는 안 되나 봐······.'

1년이 지나고 또 2년이 지났다. 그녀는 정해진 직장 없이 졸업식을 맞았다.

졸업은 '전환점'이 되지 못했다. 지금까지 그랬듯 반찬가게 아르바이트가 계속 이어졌다.

"졸업을 미루고도 바뀐 건 나이뿐이에요. 스물둘에서 스물넷까지 거의 같은 생활을 했으니까요."

졸업을 해도 무엇 하나 바뀌지 않았다. 나카무라는 취업 활동으로 느낄 수 없었던 명확한 '구체성'을 아르바이트 생활을 통해 경험했다.

크림고로케, 새우튀김, 감자고로케, 춘권, 주먹밥, 조림, 생선, 볶음·······. 상품을 가게에 진열할 수 있는 기간을 '라이프'라 부른다. 매일매일 재고를 파악하고 유효기간을 조정하면서 다음 날 주문수를 결정해야 했다.

예를 들어 고로케는 빵가루를 묻힌 상태로 아침 일찍 배달되는데, 납품받은 100개 중 몇 개를 튀겨서 가게에 진열할지 판단해야 한다. 80개를 튀기면 나머지 20개는 다음 날 재고에 넣는다. 봉투에 든 냉동 닭튀김은 라이프 기간이 길다. 샐러드나 날것은 유효기간이 하루고, 주먹밥은 라벨을 붙인 후 6시간이므로 5시간째에는 진열대에서 치워야 한다. 매출은 날씨에 따라서도 다르다. 대량 주문이 들어올 때도 있다. 이런 다양한 조건에서 폐기율을 최대한 낮추려면……!?

일의 구체성. 나카무라는 이 가게에서 일하면서 스스로 판단하고 결정할 수 있었다. 돈도 먹고살기에 부족하지 않을 만큼 벌었다. 무엇보다 로스율을 낮췄을 때 '일'하는 맛을 느꼈다.

언젠가는 회사에 취직해야 한다고 생각한다. 하지만 프리터 생활이 뭐가 나쁜가라는 생각도 든다.

2004년 3월 나카무라는 정장을 입고 졸업식에 참석했다. 강당에 자기보다 어린 졸업생들이 나란히 서 있었다.

그녀는 의자에 앉아 식이 진행되는 장면을 멍하니 바라보았다. 학번 순으로 이름이 불리는 걸 듣다 보니 자기처럼 졸업이 늦은 동급생의 수를 알 수 있었다. 차례차례 불리는 졸업생들의 모습을 보는 동안 마치 딴사람의 졸업식에 와 있는 것 같았다.

10명 정도였던 취업 활동 동아리 멤버들도 거의 다 사회인이 되었다. 어떤 이는 중소 출판사에 들어갔고, 뒤늦게 출판사 입성에 성공한 이도 있었다. 출판업계 취직을 이룬 사람은 네 명뿐이었다. 나머지 친구들은 꿈을 포기하고 다른 업계에 취직했다.

취업 활동을 하던 당시에는 '이제 와서 나를 어떻게 바꿀 수 있나?'라고 생각했다. 사실은 바꿀 수 없는 게 아니었다. 바꿨음에도 불구하고 취직을 못할까 봐 두려웠던 것이다.

"지금 생각하면 출판사만 고집하지 말고 어디든 취직할 걸 그랬다 싶어요. 당시에는 동아리 친구가 출판업계를 포기하는 걸 보고 나도 바꿀 수 있다는 걸 뒤늦게 깨달았을 뿐이에요."

그녀는 분했다. 왜 그렇게까지 출판사에 집착했을까? 어떤 자리든 일단 취직부터 하자는 마음을 왜 먹지 못했을까? 왜 이렇게 인생에 서툴까?

"내가 나를 속박했던 거예요. 지금이라면 당연히 어떤 일이든 가능합니다. 그렇게 하나만 고집하다가는 평생 일을 못 찾을 거예요."

그해 여름이 지나고 가을 냄새가 느껴지기 시작할 무렵, 나카무라는 리쿠르트가 발행하는 구인 정보지 《도라바유》의 페이지를 넘기며 지원할 만한 기업을 찾고 있었다.

인터넷 검색으로 기업을 찾으면 아무래도 세세한 조건에 집착하게 된다는 걸 학창 시절의 취업 활동을 통해 알았다. 검색할 키워드를 고르다 보면 괜찮은 곳을 놓칠 수가 있다. 그에 비해 다양한 정보가 실린 구인 잡지는 하나하나 신중하게 읽어가며 자신에게 맞는 직장을 찾기에 편리한 매체였다.

이즈음에 《도라바유》는 지면을 리뉴얼하여 표지에 일하는 여성의 웃는 얼굴을 게재했고 구인 정보도 모두 컬러판으로 바꾸었다. 1980년에 창간된 이 잡지는 1990년대 후반부터 '나답게, 우리답게'라는 캐치프레이즈를 내걸었는데 이번에 리뉴얼하면서 키워드를 '성장하는 자유'로 변경했다.

나카무라는 대학을 졸업한 후 반년 동안 프리터로서 반찬가게 체인점에 나갔다. 이미 가게 운영을 도맡다시피 하는 베테랑에게 마음 편한 직장이었다. 상품 발주 업무도 재미있었고 신입 아르바이트를 지도하는 역할에서도 보람을 느꼈다. 이따금 본사에 가서 신메뉴 개발에 대해 의견을 나눌 때도 있었다. 도쿄에서 파트타이머로 일하는 베테랑 점원들이 한자리에 모여 조미료 배합이나 포장법에 대해 토론하곤 했다. 정사원들도 모두 싹싹했고 분위기는 늘 화기애애했다.

그녀는 이대로 계약사원이 되는 방법도 생각한 적이 있다. 점장을 보좌하여 매장을 운영하다 보니 출판사 취업을 고집하던 자신이 먼 존재로 느껴졌다. 뒤늦게 '이렇게 일하는 것도 괜찮겠다'는 생각이 들었다. 게다가 졸업하고 얼마간의 시간이 지났기에 취직은 갈수록 어려워질 게 뻔했다.

출판사가 안 된다면 식품업계는?

그런 사고방식 자체가 실수의 씨앗이었다고 지금에야 느낀다.

"2년간 취업 활동에 실패하긴 했어도 아르바이트 경험이라면 가슴 펴고 이야기할 수 있어요. 그 경험도 충분히 활용할 수 있지 않을까요? 언젠가는 가게 점장이 되어 전체를 책임지고 관리하는 일을 하고 싶거든요."

그런 식으로 '하고 싶은 일, 좋아하는 일'에만 집착하는 마음이 출판사를 목표로 했다가 좌절했던 과정을 되풀이하게 만들지도 모른다는 것을 그녀는 깨닫지 못했다.

"머릿속에 '업종'만 있고 '일'은 없었습니다. 식품업계로 마음을 돌리고 나니 그만큼 원했던 출판업계도 조금씩 잊히더군요."

졸업 후 부모님과의 관계가 조금씩 틀어지기 시작했다. 부모님은 두 분 다 고향에서 초등학교 교사로 일한다. 어머니는 취직하지 않는 딸을 야단쳤다. 아버지는 "정말 출판사를 포기해도 되겠어? 후회하지 않겠어?"라고 잔소리를 했다.

"그렇게 물으면 이루지 못한 꿈을 포기하는 건데 어떻게 후회 안 한다고 자신 있게 말할 수 있겠어요? 부모님이 지금 50대이신데 '꿈은 노력하면 이룰 수 있다!'고 생각하는 경향이 있어요. 그런 말 듣는 게 싫어서 그 무렵엔 연락도 잘 안 했어요."

그런 상황 속에서 나카무라는 식품업계로 업종을 좁히고 정사원을 모집하는 회사를 찾기 시작했다. 그러던 어느 날,《도라바유》한쪽 구석에 실린 구인 광고를 보았다. 역이나 백화점에서 선물용 과자를 파는 가게의 구인 광고였다.

월급은 20만 엔 정도. 보너스를 합하면 연수입 300만 엔은 될 것이다. 그녀는 바로 이력서를 작성했다.

면접을 통해 '내가 할 수 있는 일'을 이야기할 수 있는 분야라면 면접관의 질문도 이제 전혀 힘들지 않다고 느꼈다. 6년간의 아르바이트 경험은 출판사 면접에 직접적인 도움이 안 되었지만, 같은 업종의 취직에는 강력한 무기가 되었다. 인사 담당자 앞에서 자신의 체험을 술술 풀어놓으니 상상 이상으로 이야기가 잘 통했다.

반찬가게 체인점에서 쌓은 경험이 자신감을 주었고 표정으로 드러났다. 로스율을 최대한 낮추기 위해 매출 데이터를 분석했고 납품받을 물품을 조정해왔다. 언젠가는 가게를 책임지는 점장이 되어 회사 전체의 효율화와 매출 신장을 목표로 노력하고 싶다.

"언젠가는 가게 운영을 맡아보고 싶습니다."

그렇게 말하자 인사 담당자가 대답했다.

"전력을 다해주십시오."

도쿄의 어느 역 앞 대형 백화점. 나카무라는 그 안에서의 하루를 이렇게 묘사했다.

전날의 피로를 그대로 안은 채 눈을 뜨고 만원전철에 몸을

싣는다. 샐러리맨들로 북적이는 역에서 인파에 밀려 개찰구를 빠져나와 백화점 뒤편 직원 전용 출입구에 도착하면 8시다. 종업원들이 마치 쓰나미처럼 입구로 빨려 들어가는 모습을 처음 봤을 때는 경악을 금치 못했다.

사람들의 눈에서 살기가 느껴진다. 백화점 내 매장은 밖에 있는 가게와 달리 오픈 시간이 되면 직원이 지각을 해도 가차 없이 문이 열린다. 널찍한 화물용 엘리베이터가 사람을 차곡차곡 싣고 스태프 전용 탈의실과 각 층을 오간다.

엘리베이터는 각층에 서기 때문에 한 번 놓치면 오래 기다려야 한다. 계단은 매장에만 있어서 기다릴 수밖에 없다. 오픈 시간이 가까워질수록 얼굴에 초조한 표정이 떠오른다.

매장 업무는 체력으로 승부하는 일이었다. 탈의실에서 유니폼으로 갈아입고 매장에 이를 즈음에는 몸도 마음도 지쳤지만 그래도 속으로 파이팅을 외치며 박스를 카트에 싣고 창고와 매장 사이를 왕복한다. 가게 뒤편에선 선뜩한 겨울 추위가 느껴지지만 케이크 같은 상품을 옮기거나 냉장고에 넣다 보면 이마에 살짝 땀이 맺힌다.

나카무라는 2004년 11월, 크리스마스 시즌에서 연초로 이어지는 가장 바쁜 시기에 이 과자 업체에 취직했고 백화점 매장에서 일을 시작했다.

입사 후 일주일은 1층이 매장으로 꾸며진 본사에서 연수를 받고 취급하는 상품에 대해 공부했다. 그러고 도심에 있는 이 백화점에 배속되었다. 월급은 구인 광고대로 실수령액이 20만 엔 정도였지만 자세히 들어보니 판매 수당이 포함된 금액이어서 아무리 열심히 해도 그 이상은 받을 수 없는 구조였다. 야근 수당까지 포함된 금액이기에 출퇴근 기록카드도 없었다.

하지만 그녀는 불만스럽지 않았다. 아르바이트를 했던 가게에서도 야근 시 퇴근 기록을 일찍 하기도 했다. 시급으로 따지면 얼마 안 된다는 생각도 들었다. 무엇보다 정사원이 되어야 했고, 급료 같은 조건은 덮어두고 일단 열심히 일하는 게 우선이라고 판단했다.

첫 한 달간 나카무라는 악착스럽게 일했다. 오전조는 8시 반에 출근하는데 아르바이트 점원은 18시가 되면 퇴근할 수 있지만 사원은 20시까지 남는 게 일반적이었다. 오후조는 14시부터 업무가 끝날 때까지 가게에 남는다. 폐점 업무는 빨라도 22시, 막차를 놓칠 뻔한 적도 있다. 백화점 폐점은 20시 반이고 손님이 완전히 빠져나갈 때까지 30분 정도 걸린다. 손님이 다 사라진 휑한 매장에서 계산대 정리를 하고 재고 조사를 하고 발주 작업을 하고 배송 준비를 한다. 마지막으로 구석에 쥐덫을 설치하면 그날 업무가 모두 끝난다. 휴일은 일주일에 하루지만 못 쉴 때도 있다.

이렇게 한 달간 일하면서 아르바이트로 쌓았던 자신감이 흔적도 없이 무너져가는 걸 느꼈다.

특히 위화감을 느낀 부분은 상품을 폐기 처분하는 방식이었다. 형태가 망가진 케이크나 부서진 쿠키, 유효기간이 보름 정도 남은 선물용 상품은 모조리 폐기 처분 대상이었다. 예전에 아르바이트하던 가게에서는 로스율을 엄격하게 체크했지만, 이 가게는 '매출만 좋으면 상관없다'라고 생각하는 경향이 강했다. 점장은 여성이고, 폐기 처분 대상 케이크를 자비로 사서 매출에 넣곤 했다. 그 때문인지 전국 매출 1위 자리를 고수했다.

점장은 화나면 무서운 사람이었다. 상품을 떨어뜨리면 혹독한 질책이 이어졌다. 아르바이트를 포함하여 모두가 이 사람 앞에서는 위축되었다. 누가 시킨 것도 아닌데 종업원들이 나서서 폐기 처분될 상품을 구입하는 분위기가 형성되었다.

"만약에 상한 생선이라면 버릴 수밖에 없잖아요. 그런데 망가진 케이크나 부서진 쿠키는 먹을 수 있으니까요. 특히 선물용은 빨리 폐기되죠. 유효기간이 2주 이상 남아 있기도 해요. 상자만 우그러져도 폐기해야 하거든요. 아깝다고 생각하니까 우리도 따라 사게 되는 것 같아요. 더구나 내가 망가뜨린 상품이라면 안 살 수가 없죠."

매일 폐기 처분 상품을 쓰레기봉투에 던져 넣고 백화점 쓰레기장으로 끌고 갈 때마다 나카무라는 우울했다. 자기가 팔지 못했기 때문이라는 죄책감에 빠지곤 했다. 그런 자기혐오와 죄책감이 폐기 상품을 구입하는 이유가 되었다. 그러던 어느 날, 케이크를 직접 구입하면서 "죄송해요, 이 정도밖에 못 사서"라고 사과하는 자신의 모습에 놀랐다.

그렇게 구입한 케이크 한 판을 혼자 사는 집 냉장고에 넣을 때의 비참함이란…… 아침에 케이크를 먹고 출근해서 저녁에 또 케이크를 먹은 날도 있다. 어느 날 같은 나이의 선배 직원에게 "원래 이런 거예요?"라고 물으니 어이없는 대답이 돌아왔다.

"그 사람은 이런 식으로 매출을 올려왔어요. 본사에서는 모르죠. 매출만 보고 평가하니까."

'이건 뭔가 잘못됐다.'

예전에 일했던 반찬가게 체인점에서는 이런 속임수가 일절 통하지 않았다. 이 직장을 경멸하는 마음이 생기려 했다. 그래도 하루가 시작되면 묵묵히 일했다.

나카무라가 입사한 때는 크리스마스 직전의 가장 바쁜 시기였다. 그 무렵 가게 안의 긴장감은 절정에 달했다. 휴일도 없었다. 피로가 쌓이니 실수도 잦았다. 점장은 무슨 일이 있을 때마다 직원들을 나무랐다. 신입인 나카무라로서는 흘려들을 만한 마음의 여유가 없었다.

그러던 어느 오후에 사람들이 보는 앞에서 여대생 아르바이트 점원이 해고를 당했다.

"너 같은 아이는 못 쓰겠어!"

손님을 맞으며 상품을 진열하느라 바쁘게 움직이는 나카무라의 귀에 점장의 화난 목소리가 들렸다. 깜짝 놀라서 보니 "내일부터 안 와도 돼, 그만 돌아가"라고 말하고 있었다. 점원은 울면서 뛰쳐나갔다.

언젠가 나카무라보다 몇 개월 전에 입사한 직원이 과자 상품 발주량을 너무 많이 잡은 적이 있었다. 커스터드 크림이 든 케이크였기에 유효기간은 단 일주일. 그렇다면 가게에서 판매할 수 있는 기간은 3, 4일이 한도인 셈이다. 이대로 팔지 못하고 남으면 10여 만 엔의 손실을 입게 된다.

"너, 이거, 어쩔 거야"라고 점장이 말했다. 점장에게는 매출 유지가 지상 목표다. 문책을 당한 직원은 패닉에 빠졌다.

다음 날 어머니의 도움을 받아 손실분에 해당하는 금액을 준비해 와서 상품을 사겠다고 말했다. 하지만 그럴 수는 없었다. 그 직원과 나카무라는 점장이 시키는 대로 지점을 돌아다니며 상품을 다른 것과 교환해달라고 부탁했다.

실수한 직원은 죄책감에 "제가 사겠습니다"라고 계속 말했다. 그 모습을 옆에서 지켜본 나카무라는 남의 일이 아니라고 느꼈다. 점장이 그녀를 호되게 꾸짖은 데에는 발주 업무의 중요성을 가르치기 위한 '교육적 지도'의 측면도 있었을 것이다. 하지만 눈앞에서 문책당하는 동료를 보니 위축되지 않을 수 없었다. 언젠가 그 분노가 자신을 향하면 과연 견뎌낼 수 있을까?

크리스마스가 지나고 중견 스태프가 출산휴가로 쉬게 되었다. 여섯 명이었던 스태프가 이제 네 명으로 줄었다. 그때까지 기본적인 업무만 맡았던 나카무라에게 정사원으로서의 책임이 무겁게 다가왔다.

점장은 무슨 일이 있을 때마다 이렇게 말했다.

"반찬가게에 있었던 것 치곤 할 줄 아는 게 없네. 못 쓰겠어."

"지금까지 쌓은 지식은 아무 의미 없으니 자만하지 마."

이 '못 쓰겠다'는 표현은 점장의 입버릇이었다. 예전에 일했던 아르바이트생에게도 "넌 아무 짝에도 못 쓰겠네. 그렇다면 그만둬야 하지 않겠어?" "그런 식으로 할 거면 아르바이트로든 뭐로든 못 써"라고 다그치곤 했다.

나카무라도 점장의 입장을 헤아리지 못하는 건 아니었다. 안 그래도 적은 스태프 중에서 두 사람이 이탈했고, 남은 네 명 중 한 명은 입사한 지 한 달 된 신입이며, 다른 한 명도 몇 개월의 경험밖에 없다.

소매업에서 매출이란 '가치' 그 자체다. 점장 입장에서는 매출 하락보다 큰 공포도 없으리라. 그런데 함께할 멤버들은 하나같이 경험이 부족했다. 그렇다면 불안에 떨면서 가장 힘들게 일했던 사람은 점장이 아니었을까? 그녀가 생각한 최선의 방책은 직원들을 압박하여 가게를 지배하고 긴장감을 유지하는 것이었다. 그 긴장감은 나카무라에게 최악의 방향으로 작용했다.

나카무라는 '못 쓰겠다'는 말을 들을 때마다 그저 입버릇에 불과하다는 걸 알면서도 괴로웠다.

한편으로는 이 회사에 들어올 수 있었다는 것만으로도 무척 감사했다. 졸업하고 한참이 지났고 정사원으로서의 경험도 없다. 그런 나카무라를 채용하는 건 회사 입장에서도 도박이었을 것이다. 인사 담당자는 면접을 보면서도 나카무라의 불안한 마음을 이해해주고 장래에 대해 상담도 해주었다. 그랬기에 몇 년간의 아르바이트 경험에 자신감을 가지고 앞으로의 직장 생활에 희망을 품을 수 있었다.

그런데 점장에게 '못 쓰겠다'는 말을 들으면 자신감마저 와르르 무너졌다.

'견뎌야 한다. 겨우 정사원이 되었는데 여기서 그만두면 사회인이 될 자격이 없다'라고 생각했지만, 뭐라 표현하기 힘든 불쾌감이 가슴을 가득 채웠다.

"아르바이트로 일했던 시절보다 내가 원하는 것에서 더 멀어진 것 같았어요. 그 점이 제일 힘들었습니다. 전에 다니던 회사가 규모도 더 크고 늘 활기가 넘쳤거든요. 그런데 여기서 '못쓰겠다'는 말을 듣다니 납득할 수 없었어요."

예전 직장을 자랑스럽게 여기고 현재 직장의 방식에 의문을 품는 나카무라의 마음이 혹시 점장에게도 전달되지 않았을까? 점장은 그래서 나카무라에게 '지금까지 쌓은 지식은 아무 의미 없으니 자만하지 마'라고 했는지도 모른다.

나카무라는 난생처음으로 인간관계에 대해 고민했다. 가게에서 쫓겨난 아르바이트생의 우는 얼굴이 가슴에 박혀 떠나지 않았다. 언젠가 자신도 그렇게 쫓겨나지 않을까? 하루하루 지날 때마다 마음이 위축되었다.

"나카무라 씨, 표정이 안 좋아요. 안색도 창백하고."

아르바이트 점원 중 한 사람이 걱정되는지 말을 걸었다. 손님이 들어오면 웃으면서 상품 설명하는 것이 기본 업무다. 그런데 웃는 것에 신경 쓰다 보면 말이 잘 나오지 않았다. 상품 설명도 제대로 못 하고 실수만 늘어갔다.

계기는 분주했던 2005년 설 연휴가 지난 직후에 찾아왔다. 나카무라의 상품 설명을 들은 손님이 이렇게 말했다.

"고마워요."

늘 듣는 인사인데도 왜 그런지 눈물이 나왔다. 혼자서도 운적이 별로 없는 자신이 사람들 앞에서 울었다는 사실에 흠칫 놀랐다. 어쩐지 자기감정을 잘 조절할 수 없는 상태가 된 모양이었다.

회사를 그만둘 생각은 없었다. 그냥 쉬고 싶었다. 한 번 그런 생각이 들기 시작하니 '더 이상 이대로 일하는 건 무리'였다.

그날 밤 나카무라는 집으로 가지 않고 도쿄에서 혼자 대학에 다니는 여동생에게 갔다. 오늘은 여기서 자도 되냐고 묻는데 또 한바탕 눈물이 쏟아졌다.

"왜 그래? 언니 이상해."

깜짝 놀란 동생은 엄마에게 전화를 걸었다.

나카무라는 수화기를 들고 자신의 처지를 모조리 털어놓았다. 그러자 어머니가 말했다.

"밥은 잘 먹고 있어? 안 챙겨 먹지?"

늘 밤늦게 지친 몸으로 집에 들어갔다. 편의점에 갈 기력도 없이 그대로 잠들었다. 아침에는 부서진 쿠키나 망가진 케이크를 먹었다.

"……안 먹어요"라고 그녀는 답했다.

설 특수가 지나고 밸런타인데이 시즌 전까지 직원들이 순서

대로 휴가를 냈다. 신입인 나카무라에겐 첫 휴가였다.

휴가까지 아직 일주일 남았지만 엄마와 동생에게 '이제 한계 아니야?'라는 말을 듣고서 긴장이 풀렸는지 몸 상태가 점점 나빠졌다.

도망치듯 유급휴가를 내고 규슈에 있는 부모님 집으로 내려갔다.

그녀는 휴가가 끝나도 도쿄로 돌아오지 못했다.

기타큐슈 시에 있는 부모님 집으로 오랜만에 내려갔을 때, 나카무라는 자신이 처한 상황을 직시하기 어려웠다.

휴가는 눈 깜짝할 사이에 끝났다. 그러나 도쿄로 돌아갈 마음이 생기지 않았다. 학창 시절부터 사귀어온 프리터 애인이 조금 걱정될 뿐이었다. 취직 후 3개월간 너무 바빠 거의 만나지 못했다. 나카무라는 일도 인간관계도 애인도 모조리 내팽개치고 고향에 내려온 것이다.

무단결근을 할 수도 없는 노릇이라 정신과에 가서 진단서를 끊었다. 휴가를 연장하자 곧 점장에게 전화가 왔다. 나카무라가 겁에 질려 있으니 어머니가 대신 받아주었다.

왜 이렇게 돼버린 걸까…….

그녀는 아파트에서 자랐다.

다섯 동 규모의 아파트 외에도 고층맨션이 두 동, 은행 사택도 근처에 있었다. 초등학생 때 사택이 지어졌고 은행원의 자녀들이 전학을 와 한 학급 학생이 마흔 명까지 늘었다. 지금은 그 은행도 합병되어 이름이 바뀌었다.

　철강회사 공장이 다른 지역으로 이전하고는 이 마을에도 적막이 감돌기 시작했다. 어릴 때는 사람들이 많이 사는 마을이라고 생각했는데 어느 순간 백화점도 철거되었다. 친구가 "여긴 일자리가 없어"라고 투덜거리는 것도 이해가 되었다. 마을에 남아 있던 친구들이 일자리를 찾아 하나둘 도시로 떠났다.

　이 단지에는 추억이 많았다.

　부모님이 맞벌이라서 항상 목에 열쇠를 걸고 다녔다. 학교에서 집까지 걸어서 5분 거리인데도 늘 느릿느릿 귀가했다. 같은 단지에 사는 친구들과 장난을 치고 이웃 강아지와 놀기도 하고, 누군가의 집에 가방을 맡기고 놀러 다니곤 했다. 아파트 단지를 뛰어다니다 보면 어느새 땅거미가 지고 있었다.

　나카무라가 책을 좋아한 건 그 무렵부터였다.

　어머니가 교사였기 때문인지 집에 그림책이 많았다. 출산하고 몇 개월 후 어머니는 직장으로 복귀해야 했고 나카무라는 할머니 집에 자주 맡겨졌다.

　그래도 밤이 되면 어머니는 늘 책을 읽어주었다. 《싫어 싫어 유치원》,《구리와 구라》,《배고픈 애벌레》,《다루마짱과 덴구 짱》……. 후쿠인칸 쇼텐의 《어린이의 친구》와 《과학의 친구》를 정기 구독하여 매달 새로운 이야기에 빠져들었다.

초등학교에 입학하자 완전히 책벌레가 되었다. 혼자 있을 때면 늘 책을 펼쳤다. 집에서는 아동서 전집을 읽고 학교에서는 도서 위원을 맡아 점심시간마다 이야기 세계에 몰두했다. 고단샤의 X문고나 화이트문고, 코발트문고의 라이트노벨부터 차례차례 읽은 후에, 그다음부터는 도서관에 있는 책을 손에 잡히는 대로 빌려 읽었다. 미하엘 엔데의 《끝없는 이야기》나 《모모》를 가방에 넣고 다니면서 자습 시간마다 꺼내 보았다. 아파트 단지 안에서도 걸어 다니며 책을 읽을 정도였다.

열 살 때 할머니가 돌아가신 후로 책의 세계에 더 깊이 빠져들었다. 나쓰메 소세키를 읽고, 모리 오가이를 읽고, 아쿠타가와 류노스케를 읽었다.

아름다운 문장에 감동하거나 책의 가치를 가슴에 새기기보다는 이야기 속을 맴돌다가 현실로 영영 돌아올 수 없을 것 같은 감각을 즐겼다. 괴롭고 상처 입은 자신을 어딘가 머나먼 세계로 데리고 가줄 것만 같았다. 중학생 때는 신쵸문고와 가도카와문고에서 발표하는 '여름의 100권'을 읽었다. 읽고 싶어서라기보다 있으니까 읽었다.

이렇게 책을 사랑하는 마음이 '책 만드는 일을 한다'는 꿈으로 바뀌어갔다.

내가 그녀를 인터뷰하기 시작한 후 몇 번째 만남이었던가, 그녀가 품고 있던 '일에 대한 이미지'가 처음에 어떻게 형성되었는지를 들려준 적이 있다.

"제 어머니가 초등학교 선생님이에요. 늘 할 일을 집에 들고 와서 밤늦게까지 일하셨죠. 시험 점수를 매기거나 통지표를 만드는 일이었죠. 오후에 나를 집에 데려다놓고 다시 학교로 간 적도 있어요. 학교에 엄마 따라 간 적도 많아요."

그녀가 처음 접한 '일하는 어른'의 모습이자 '일에 몰두하는 여성'의 모습이었다.

남녀고용기회균등법이 제정된 1985년 이후로 어머니가 그렇게 일에 몰두할 수 있었던 것은 공무원이라는 직업 때문일 것이다. 육아와 병행할 수 있는 일이니 더욱 그렇다.

교원은 어머니의 오랜 꿈이었다고 한다. 고등학교에서 진학반은 아니었지만 열심히 공부하여 교육대학에 들어갔다.

"엄마는 늘 '나는 운이 좋았다'고 해요. 할머니가 '아이는 내가 봐줄 테니 일해라'고 하셔서 일할 수 있었대요. 일하고 싶어도 상황이 안 돼서 못 하는 사람도 많으니 당연히 그런 생각이 들었겠지요."

그렇게 쟁취한 일을 지켜가는 어머니의 모습은 아직 어린 그녀에게 강한 인상을 남겼다.

밤늦게까지 일하면서도 어머니는 무척 즐거워 보였다고 한다.

그녀는 궁금해졌다. 엄마는 왜 그토록 일하는 게 즐거울까? 자신이 '좋아하는 일'을 직업으로 삼으면 하루하루가 어떤 기분일까?

그런 호기심과 책을 좋아하는 마음이 만나 출판사라는 직종에 강한 집착이 생겼는지도 모른다.

나카무라는 그때는 어렸기에 엄마의 처지를 다 이해하지 못했던 것 같다는 말도 덧붙였다.

"어른이 된 후에 동생이 '직장 다니면서 집안일도 해야 하니 힘들겠다'라고 하니 '아이가 생겼을 때 이미 각오했어'라고 하셨대요. 우리 앞에선 힘든 내색을 안 하려고 노력하신 거죠……."

도쿄에서 고향에 내려온 지 한 달이 되었다. 그동안 그녀는 집 밖으로 거의 나가지 않고 멍하니 하루하루를 보냈다. 하지만 언제까지 이러고 있을 수는 없었다. 퇴사 절차를 밟으려면 도쿄에 가야 한다.

며칠 후 그녀는 본사 인사부로 전화를 걸었다.

"그만두고 싶으면 점장한테 먼저 말해야죠. 여기로 전화하면 곤란해요."

도쿄에 올라가 약속한 시간에 본사로 가니 점장이 기다리고 있었다.

당연한 말이지만 점장은 화난 상태였다. 그래도 '그만두고 싶다'는 뜻을 전하니 가슴이 조금 후련했다.

인사 담당자를 포함해 셋이서 면담을 했다. 나카무라는 상품을 폐기하는 방식이나 상품을 사비로 구입하는 관례에 대한 위화감을 토로했고 아르바이트 점원이 쫓겨날 때 느꼈던 점을 이야기했다. 그런 이유로 마음이 극도로 불안정해졌고 더 이상 일하기 어렵다고 말했다.

그 말을 짜증스러운 표정으로 듣고 있던 점장은 "그만두고 싶어 하는 사람은 필요 없어"라고 내뱉더니 돌아가는 길에 한마디 덧붙였다.

"그만둔다는 말을 부모가 대신 해줘야 하는 사람이라면 어차피 다음 직장도 오래 못 가겠네."

맞는 말이라고 생각했다. 나카무라는 그에 대해 아무 말도 할 수 없었다.

다시 고향으로 내려갔다. 어머니와의 싸움이 끊이지 않았다.

건강해지면 다시 도쿄로 올라가 취업 활동을 하자고 다짐했다. 그러나 어머니는 도쿄로 돌아가는 것에 반대했다.

"아르바이트라면 여기서 해도 되지 않아? 굳이 무리해서 도쿄에 갈 필요 없잖아."

이대로 부모님 집에서 살기는 싫었다.

'나는 아직 도쿄에서 아무것도 이루지 못했다. 대학교에서도 빛을 보지 못했고 원하는 직장도 얻지 못했다. 취직했다 해도 힘든 아르바이트를 3개월간 한 거나 다름없다. 제대로 한 게 아무것도 없다.'

고향에서 일한다는 선택에 현실감을 느낄 수 없었다. "내가 알아보면 일자리는 구할 수 있을 거야"라는 엄마의 위로 다음에 "그러니까 도쿄에 가지 마"라는 말이 이어질까 두려웠다. 대화가 늘 언쟁으로 발전했다.

고향 친구에게는 회사를 그만뒀다는 사실을 알리지 않았다. 그래서 되도록 집 밖에는 나가고 싶지 않았다. 모아둔 돈도 없고 할 일도 없이 자기 방에 처박혀 있다가 이따금 생각났다는 듯 집안일을 도왔다. 그런 딸을 지켜보는 어머니의 마음은 새까맣게 타들어 갔을 것이다.

'자립해서 혼자 살고 싶다'는 마음만 커졌다. 가능하면 이 마을이 아닌 다른 곳에서.

부모님 집에서 두 달을 지내고 나니 점점 여기에도 있을 수 없다는 생각이 들고 갑갑해졌다. 3월이 되자 그녀는 '도쿄에서 직장을 구하겠다'는 말을 남기고 다시 부모님 집을 나갔다.

3개월 후 '일'에 대한 그녀의 사고방식이 또 조금 바뀌었다.

나카무라는 일할 때 어떤 면이 즐겁고 어떤 면이 괴로웠는지를 냉정하게 분석해보았다. 점장이 주는 스트레스가 가장 괴로웠고, 아르바이트 점원들과 대화를 나눌 때나 동료와 가게를 어떻게 꾸려갈지 의논할 때 가장 즐거웠다. 상품을 파는 것보다 상품을 파는 사람들과 소통하는 즐거움이 더 컸다.

취업정보업체에 등록하고 면담을 했다. 아니나 다를까 컨설턴트가 그녀의 이런 성향을 날카롭게 지적했다.

"나카무라 씨, 업종은 잠시 접어두고 업무 내용으로 접근해보면 어떨까요? 사람을 대하는 일이 좋다면 굳이 일터가 매장일 필요는 없겠지요."

나카무라는 이런 생각이 들었다. 출판사에 들어가고 싶었던 게 아니라, 혹시 그것밖에 몰랐던 게 아닐까? 자기가 잘할 만한 일을 찾다 보니 이것밖에 없는 것 같았다. 매장에서 일하고 싶은 마음도 혹시 그런 게 아닐까…….

이어서 컨설턴트는 그렇다면 몇 군데 소개해줄 수 있겠다고 말했다. 스태프를 배치하고 관리하는 콜센터 관리직이나 인재파견회사, 매장의 인사 담당 부서…….

"한 번도 경험해보지 않은 업종인데 괜찮을까요?"라고 물으니 "업종이 아니라 업무 내용을 보고 찾으면, 금융도 건설도 하는 일은 비슷하니까요"라고 했다. 그 말을 들으니 안심이 되었다.

이렇게 소개해준 기업 몇 군데에 지원했는데, 결과적으로 채용된 곳은 취업정보업체를 경유한 회사가 아니었다.

소개받은 회사 몇 군데에 면접을 보러 다니는 사이에 아버지에게서 연락이 왔다. 와세다대학 취업과에 일자리를 찾고 있다는 사실을 전해두라는 것이었다.

나카무라는 1년 전쯤 아버지와 함께 취업과를 방문한 적이 있다. 졸업을 2년이나 미루고도 직장을 못 구한 채 졸업식에 참석한 직후였다. "넌 취업과에도 안 가봤니?"라며 아버지가 어이없어 했지만, 당시에 출판사만 고집하던 나카무라에게 대학 취업과는 매력적인 구인 정보를 제공해주지 못했다. 그때 취업과의 남자 직원이 아버지와 같은 세대였는데 서로 이야기가 잘 통했는지 그 후에도 종종 연락을 하는 것 같았다. 그분을 찾아가 인사라도 한마디하고 오라는 뜻인 듯했다.

그러다 문득 1년 전 취업과에서 어느 식품업체 총무부 자리를 소개해준 일이 생각났다.

"학생이 원하는 업종은 아니지만 회사 분위기가 굉장히 좋아. 총무부 일에 흥미가 없을지는 몰라도 일자리를 선택할 때 회사 분위기도 무시할 수 없으니까."

그때는 그 말이 썩 와 닿지 않았지만 이젠 무슨 뜻인지 알 것 같았다고 했다.

내가 취재를 위해 와세다대학 취업과를 방문했을 때, 그 직원이 이런 말을 들려주었다.

"그 시기엔 본인보다 부모들의 전화 상담이 많아요. 취직을 못하고 졸업하게 됐는데 어떻게 하면 좋겠냐는 거죠. 그리고 자녀에겐 비밀로 해달라고 합니다. 프리터의 증가가 문제시되던 시기였거든요. 그때부터 취업과에 커리어센터라는 이름을 붙이고 강좌도 열고 본격적인 커리어 교육을 실시하기 시작했죠."

나카무라가 취업과를 방문한 시기가 마침 그 무렵이었다.

"빙하기에는 이력서를 20장, 50장, 심지어는 100장을 돌린 사람도 있었어요. 그게 전부 떨어지죠. 인사 담당자는 지원자의 커뮤니케이션 능력을 가장 중요시한다고 합니다. 지원자가 스무 군데, 서른 군데 면접을 보고도 계속 떨어지면 기분이 어떻겠어요. 좌절감이 엄청나겠죠. 그렇게 마음이 한 번 어두워지기 시작하면 악순환에 빠지는 겁니다. 인사 담당자는 그런 사람을 척 보면 안다고 해요. 아아, 이 사람은 정해놓은 곳이 없구나 하고요. 그러면 또 떨어뜨리는 거죠. 어디에도 합격하지 못했다는 사실이 떨어뜨리는 이유가 되는 겁니다. 솔직히 문학부가 제일 어려워요. (나카무라 같은) 문과 여학생이 그 당시엔 최악이었습니다. 그래도 와세다대학이라서 지원은 할 수 있으니 그나마 나은 편이긴 하지만요……."

하지만, 하고 그는 말을 이었다.

"그 시절에 취직을 이룬 사람들은 그만큼 노력했기 때문이라고 저는 생각합니다. 나카무라 씨도 기업의 풍토를 바꿀 수 있는 능력을 보여줄 것으로 기대합니다."

나카무라가 오랜만에 대학을 방문했을 때 그 직원이 예전에 소개했던 식품업체의 마스코트 인형을 보여주며 "귀엽지?" 하고 웃었다고 한다.

"지금 어디 지원한 데는 있어?"

"인재파견회사에 지원했어요."

"인사 업무는 어때? 이 회사에서 모집하는지 한번 물어볼까?"

전화를 거니 마침 총무부 사원이 그만두었다고 한다. 그녀는 일단 면접만 보기로 했다.

주로 빙과류를 만드는 이 회사는 전쟁이 끝나자마자 설립된 유서 깊은 업체였다. 전국의 주요 도시에 영업소를 두었고, 상품을 연구, 제조하는 공장이 몇 군데 있다. 비상장기업에 안정적인 시장 점유율을 확보하고 있어 회사 전체가 편안하고 가족 같은 분위기라고 한다.

마침 그날에 신규채용시험이 있어 나카무라는 다시 1년 전으로 돌아간 것처럼 대학 졸업반 학생들 사이에 섞여 대기했다.

면접은 맥 빠질 정도로 간단했다. 자기소개를 요구하지도 않고 질문이라고 해봐야 "자네, 술은 잘 마시는가?" 같은 것뿐이었다. 술을 좋아하는 편이라고 대답하니 상대는 만족했다. 어쩐지 씩씩하고 활기찬 사원을 선호하는 회사인 것 같았다.

얼마 후 채용하겠다는 연락이 왔다.

나카무라는 조금 망설였다. 컨설턴트를 통해 소개받은 또 다른 취업정보업체의 면접 결과가 아직 나오지 않았다. 골든위크 연휴가 끝나면 확답을 주겠다고 했다. 그쪽의 조건이 더 좋았다. 그러나 떨어진다면 또 다른 곳에 지원해야 하고, 그러다 보면 계절이 눈 깜짝할 사이에 바뀐다. 잘못하다가는 같은 과정을 반복해야 할지도 모른다.

'우선 일하자. 일단 시작하는 것이 나를 위한 길이다.'

그렇게 스스로 타일렀다. 이로써 그녀의 '취업 활동'이 진정한 의미로 종료되었다.

2008년의 어느 날, 나카무라는 지사 사무실의 컴퓨터 앞에 앉아 있었다.

이 회사에서 일한 지 2년이 넘었다.

입사 때 희망한 부서는 영업사무부였지만 총무부에 배치되었다. 나카무라가 맡은 업무는 경리 부문이었다. 매일 책상 앞에 앉아 은행 서류나 전표를 보고 있으면 희망과는 꽤 다른 일을 하고 있다는 생각이 든다. 출판사도 아니고 식품에 직접 관여하는 일도 아니다. 더구나 사람을 대하는 일도 아니다.

이제는 예전만큼 일에 '집착'하지 않게 되었다. 이걸 성장이라 해야 할지 포기라 해야 할지는 잘 모르겠다. 회사 동료와 상사는 모두 좋은 사람들이고 매출도 안정적이어서 숨 막히는 압박감은 없다. '가족 같은 분위기'의 이런 회사가 자신에게 맞다고 느꼈다.

꽤 옛날 일처럼 느껴지는데, 학생 시절 취업 활동 동아리 멤버 중 출판사에 취직한 친구가 몇 명 있다. 그녀들의 이야기를 들어도 이젠 그리 부럽지 않다.

솔직히 그들을 보면 왜 채용되었는지 알 것 같았다.

"좋아하지 않는 분야라도 일단 맡으면 열심히 해내는 사람들이에요. 나라면 그렇게 못 했을지도 몰라요. 그게 안 될 것 같으니까 떨어진 게 아닐까요?"

책은 지금도 좋아한다. 예전에는 '책을 좋아하는 마음'만 있으면 일로 연결되리라고 막연히 생각했다. 현실은 전혀 달랐다. 지금도 여전히 책 만드는 일을 하고 싶으냐고 누가 묻는다면 독자로서 책을 즐기고 좋은 책을 친구에게 전하는 것만으로 행복하다고 말하고 싶다.

이 식품업체에서 사무직으로 일하면서 나카무라의 마음은 안정되었다.

아침 6시 넘어 일어나 아침밥을 먹고 7시 반에 전철을 탄다. 8시 반에 도착하여 유니폼으로 갈아입고 8시 45분에 업무를 시작한다. 거래처나 영업부에 대금을 지불하고 개인 경비 지출서를 한 장 한 장 체크하면서 처리해간다.

점심시간은 12시부터 1시간이고 전화 당번일 때는 13시부터 1시간이다. 업무가 끝나는 시각은 17시 40분으로, 큰 문제가 없는 한 야근은 드물다. 이따금 회사에 남아 있으면 영업부 사원이 "오늘 웬일로 남아 있어?" 하고 어깨를 두드릴 정도다.

좀 더 일하고 싶다고 생각할 때도 있다. 하지만 예전 회사에서 체험한 연이은 야근에, 해도 해도 끝나지 않을 것 같아 초조했던 상황을 되새겨보면, 자기 페이스대로 하는 일이 얼마나 큰 행복인지 알 수 있었다.

경리 업무는 처음이었는데 2년간 근무하면서 조금씩 파악하게 되었다. 이런 점이 이 회사에서 계속 일할 동기가 되었다. 최근에 직속 상사가 다른 회사로 옮겼고 새 과장이 부임했다.

아무래도 새 과장은 구체적인 거래 상황에 어두울 수밖에 없었다. 그러는 동안 타부서에서 들어오는 문의가 나카무라에게 집중되었다. "이것도 접대비에 들어가요?" "회사 규정에는 어떻게 되어 있어요?"

예전에는 문의가 들어오면 "일단 알아보겠습니다" 하고 본사 재무 담당자에게 전화해 확인했다. 그러던 것이 요즘에는 스스로 판단하고 어느 정도 대답할 수 있게 되었다. 경리에 관한 문의에는 몇 가지 패턴이 있다. '그건 본사의 ○○ 씨가 안다', '이건 차장님한테 여쭈면 된다'라며 판단하고 알아보는 사이에 어느덧 공부가 되었다. 그러는 동안 회사 전체의 회계 시스템과 방향성이 보이기 시작했고, 이제는 아주 복잡한 문제가 아니라면 스스로 해결할 수 있다.

어떤 문의에도 척척 대답하다 보니 '성장하고 있다'는 자긍심이 가슴을 조금씩 채워갔다. 자신이 설 자리가 이 회사 안에 확실히 존재한다는 자신감으로 연결되었다.

물론 불만도 있고 가끔씩 불안해질 때도 있다.

예를 들면 나이가 그렇다. 나카무라는 올해 스물여덟이 된다. 남자 직원도 서른이 넘으면 대부분 결혼하여 아빠가 된다.

"여직원이 결혼을 안 하고 있으면 '일하느라 결혼을 못 한다'라는 뉘앙스로 말해요. 악의는 없겠지만 일과 결혼은 양자택일의 문제가 아니잖아요? 나는 결혼도 하고 싶고 일도 하고 싶고 아이도 낳고 싶은데, 그렇게는 안 되는 건가요."

이 회사에서 2년을 보내는 동안 주위의 그런 시선을 느끼게 되었다.

상사는 여직원이 결혼한다고 하면 "아기 가졌어?" "회사 그만 둘 거야?"라고 쉽게 물었다. 그게 그렇게 간단한 일인가? 왜 여자만 '일이냐 결혼이냐'를 선택해야 하는가? 직업을 가진다는 것이 왜 여자에게만 인생을 좌우할 만큼 중대한 선택이 되는가?

대학 시절의 친구가 잇따라 결혼하고 아이를 가진 친구도 생기니 이런 문제가 더 심각하게 와 닿았는지도 모른다. 결혼을 생각했던 남자가 해외로 부임해버린 것도 계기였다.

학생 시절부터 사귀었던 애인과는 도쿄로 돌아온 후에 헤어졌다. 그러고 건설회사에 근무하는 남자와 사귀었는데 갑자기 해외 프로젝트 멤버로 선발되었다.

"그 사람 입장에선 좋은 기회죠. 서로 결혼하고 싶어 하지만 프로젝트가 끝날 때까지는 돌아올 수 없어요. 내년에 돌아올 예정이었는데 어쩐지 연장될 것 같아요. 그러면 앞으로 2, 3년 은 결혼이 불가능하겠죠. 그이도 나한테 기다려달라고 말할 수 없고, 나도 기다리겠다고 말할 수 없는 그런 상태예요."

이런 경위로 그녀의 장래는 불투명해졌다. 그러던 어느 날 문득 이런 생각이 들었다고 한다.

"결혼 후에는 회사를 그만둬도 상관없다고 생각한 것 같아요. 지금은 어느 쪽이든 보류 상태지만요. 솔직히 이 회사에 미련은 없습니다. 하지만 당장은 결혼하지 않을 게 확실하니 일단 일을 열심히 해볼까 해요. 지금까지는 대충 손에 익은 대로 일했는데, 이젠 내 능력을 키워보고 싶어요."

나카무라에겐 아직 경험이 부족하다. 품의서를 봐도 명확히 알지는 못한다. 청구서만 보고도 거래처와 자사의 관계를 추측할 수 있어야 하는데 아직 그러지는 못한다. 그러니……

'장래에 대한 고민은 일단 서른에 시작하자.'

스스로 그렇게 다짐했다.

수많은 감정과 생각을 '보류' 상태로 둔다.

언젠가 경험을 쌓아서 경리 '전문가'라고 자신 있게 말할 수 있을 때 다시 생각해보자.

또 호들갑을 떨면서 이직하겠다고 나설지도 모른다. 아니면 이 회사에 오래 남겠다고 결심할지도 모른다. 그때 자신이 무엇을 할 수 있는지 다시 한 번 천천히 생각해보자……

나카무라와의 인터뷰는 3년에 걸쳐 이어졌다. 마지막 인터뷰는 그로부터 1년 후 봄이 끝나려는 때였다.

2008년 가을부터 시작된 불황의 영향으로 고용 상황은 더욱 악화되었다. 계약직 해고와 채용 취소에 관한 뉴스가 연일 신문지상에 오르내렸다. 연초에는 히비야 공원의 '파견촌'(직장과 주거를 잃은 실업자를 위해 설치한 임시 숙소— 옮긴이) 모습이 TV에 여러 번 방영되었다.

오랜만에 만난 나카무라의 표정은 전보다 훨씬 자신에 차 있었다. 기업 조직의 일원으로 일하는 사람 특유의 안정된 모습이라 할 수 있을까? 물어보니 다른 부서로 이동하여 '주임'이라는 직책을 얻었다고 한다. 영업부의 수주와 발주를 관리하는 업무를 맡았단다.

"예전엔 내 입장만 생각했던 것 같아요. 책을 만들고 싶다, 본부 일을 하고 싶다, 점장이 되고 싶다……고요. 내가 원하는 일을 할 수 있을지, 언제 그게 가능할지, 머리에 그 생각만 가득했어요. 지금은 '내가 그만두면 회사는 어떡하지?' 하고 걱정하는 마음이 생긴 것 같아요. 이 일을 마무리하지 않고 도중에 그만두면 회사가 곤란하다, 뭐 그런 생각을 하고 있더라고요."

사내에서의 지위가 그녀에게 미묘한 변화를 주었는지도 모른다.

"지금 연봉으로는 솔직히 말해 도쿄에서 혼자 생활하기는 버거워요. 영업직 남자 직원은 전근 수당으로 연봉이 오르지만, 사무직 여직원에겐 전근도 없거든요. 제도가 정비된 대기업에 비하면 남녀 차가 너무 커요. 우리 회사는 낡은 문화를 가지고 있어서 사무직 '아가씨'를 고용할 때 부모님이랑 같이 사는 여자가 좋다는 말을 태연하게 해요. 서른쯤 되면 결혼해서 그만둘 것 같은 아가씨를 고른다는 말도 있어요."

나카무라는 이 기업에서는 보기 드문 4년제 대학 졸업 사무직 여성이다. 그녀가 관리직에 취임하거나 주택수당 등을 협상할 때 회사의 '배려'가 고스란히 전례가 된다.

"제가 들어온 다음부터 여직원을 꽤 채용하게 되었어요. '왜 쟤는 저렇게 말이 많냐고 할지도 모르지만 후배들을 생각해서 자네가 요구할 건 요구해야지'라는 말을 상사한테 들었어요."

이런 시대의 흐름 속에서 나카무라는 자기도 모르는 사이에 여성 진출의 첨병 역할을 담당하고 있었다.

"왠지 시험대 같아요. 왜 내가 희생해야 되나 싶은 생각도 들어요" 하며 웃더니 "하지만······" 하고 망설이다가 입을 열었다.

"만약 지금 그만두면 다음에 들어올 여직원한테 미안하잖아요. 저도 찜찜할 테고요. 요즘에는 제 마음이 그렇습니다."

'내가 하고 싶은 일'에만 집착하던 예전의 모습은 볼 수 없었다.

나는 사회에 어떤 식으로 기여할 수 있는가? 또 사회는 나에게 무엇을 기대하는가? 의식하든 하지 않든 '일한다는 것'이 지니는 또 하나의 의미를 그녀는 확실히 알아가고 있었다.

3

d r i f t

이상적인 상사를 만나
회사를 그만두었다

중견 IT기업 → 취업정보업체

야마네 요이치

30세

베테랑 영업사원과
내 업무 내용이
전혀 다르지 않다는 게
말이 되나요?
아무리 경력을 쌓아도
팔아야 할 통신기기가
바뀌지 않아요.

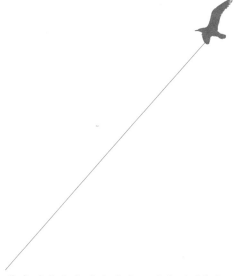

　　내선 전화가 울려 수화기를 귀에 대니 "저기, A업체 건 말인데……"라는 영업 담당자의 어두운 목소리가 들렸다.

　　그 목소리를 듣는 순간 야마네 요이치는 무슨 일이 생겼는지 알 것 같아 마음속으로 혀를 찼다.

　　'느낌이 좋았는데 말이야.'

　　여기서 불평해봐야 소용없다. 정신 차리고 정보를 조금이라도 받아내야 한다.

　　"절대 안 되는 거예요? 안 된다면 이유가 뭔지 정보가 필요합니다……."

2008년 9월 리먼브라더스 파산으로 세계 경제가 얼어붙기 시작한 이후, 원래는 "결정됐습니다!"라는 밝은 목소리가 나와야 하는 상황에 침울한 목소리를 듣는 경우가 한층 많아졌다. 대형 취업정보업체에서 컨설턴트로 일하기 시작한 지 2년. 이만큼 채용이 안 된 적은 처음이었다.

취업정보업체는 이직을 희망하는 사람을 기업에 소개하고, 성사되면 기업으로부터 소개료를 받는 식으로 서비스를 제공한다.

일반적인 '등록형' 취업정보업체를 이용할 경우, 앞의 오하시나 나카무라 같은 이직 희망자는 우선 개인정보를 등록하고, 경력이나 이직 동기, 희망 등에 대해 컨설팅을 받은 후, 제시된 구인 정보 중에서 지원할 기업을 선택하게 된다. 면접 준비와 스케줄 조정, 이력서 교정, 추천서 첨부는 모두 무료다. 이런 서비스가 무료인 대신, 취업정보업체는 등록자의 이직이 결정되는 시점에 기업으로부터 소개료를 받는다. 금액은 이직자 연봉의 30~35퍼센트가 일반적이라고 한다.

총 이직자 수로 따지면 취업정보업체를 통해 이직한 경우는 지극히 일부에 불과하다. 그러나 후생노동성 직업안정국 자료를 보면 여태까지 제한되었던 소개 직종이 1997년에 자유화된 후로 유료 직업소개사무소 수가 3,375에서 11,028(2006년)로

급증했다는 걸 알 수 있다. 또한 대형 취업정보업체들의 추이를 분석해보면 소개 사례가 해마다 대폭 증가한 사실이 드러난다. 업계 전체가 급격한 성장을 이룬 것이다.

앞으로도 계속되리라 예상했던 그 성장세가 2008년 가을부터 이듬해에 걸쳐 꺾이기 시작했고, 야마네는 변화를 피부로 느꼈다.

"오히려 인사 담당자가 더 적극적이지 않았나요? 한 번 더 말한다고 해서 결과가 바뀌진 않겠지만" 하고 그가 중얼거렸다.

그렇다고 해서 '알겠습니다' 하고 물러날 수는 없었다. 지금은 기업 측을 담당하는 영업부 직원에게 조금이라도 많은 정보를 얻어내야 한다. 성사될 것 같았던 채용 건이 불발된 이유를 지원자에게 설명하는 것도 컨설턴트가 해야 할 일이다.

면접 결과가 나빴기 때문인지, 채용 인원수가 줄어서인지, 회사가 어려워졌는지, 인사 담당자가 제출한 품의서가 통과되지 않았는지, 협상의 여지는 있는지…… 어떤 경우에 해당하는지 질문하여 기업 측의 이야기를 들어둬야 한다.

"채용 계획을 재검토할 경우, 이번에 지원했던 사람의 재도전 가능 유무는 반드시 확인해야 할 부분입니다. 만약 된다면 어느 단계부터 밟아야 하는지도 알아둬야겠죠. 서류 전형부터 시작해야 하는지, 혹시 바로 내정을 받을 수 있는지, 아니면 최종 면접을 한 번 더 해야 하는지…… 물어도 기업 측에선 아마 '모른다'고 하겠지만요."

미국발 불황으로 경력직 채용 시장이 이 정도까지 침체되리라 누가 예상했을까?

지금 되돌아보면 2008년 여름 전부터 징후가 있었다. 예를 들어 IT기업의 영업직에 25세 지원자를 소개하는 경우, 예전에는 영업 경험이 없어도 어느 수준 이상의 대학을 졸업하면 별 탈 없이 서류는 통과되었다. 그랬던 것이 언젠가부터 '설계'나 '구축' 같은 경험이 필요하다고 하는 등, 여태까지 해왔던 방식으로는 원만하게 진행되지 않았다. 그래도 여름 전에는 특수한 경우로 판단하고 경기가 풀리면 좋아지리라 기대할 수 있었는데, 가을에 들어선 후로는 더 이상 특수한 사례가 아니게 되었다. 일반적인 상황이 되어버린 것이다.

"각종 경비나 마케팅 예산뿐 아니라 채용 비용도 대폭 삭감했다는 인상을 받았습니다. 정도의 차이는 있겠지만 제가 느끼기로는 모든 업종에서 3, 40퍼센트 감소한 것 같아요."

취업문이 좁은 시기엔 유능한 인재일수록 이직하려 하지 않는다. 채용에 적극적이던 기업에서도 구인 계획을 하나둘 철회한다. 그런 상황을 지켜보는 동안, 야마네는 자신의 앞길마저 위태롭다고 느꼈다.

2009년 초에 야마네를 만났을 때는 그래도 어두운 표정은 아니었다. 회사 실적이 많이 떨어졌다며 "큰일이에요"라고 하면서도 이 곤경에서 어떻게든 벗어나겠다는 열정을 보였다.

"같이 일하는 동료들도 좋은 분들이고, 함께 열심히 해보고 싶은 마음이 큽니다. 내가 소속된 팀이 살아남으려면 우선 회사가 살아남아야겠지요. 일이 아무리 재미있어도 주위 사람들이 싫으면 회사 다니는 게 힘들잖아요. 역시 사람이 중요하다는 생각이 듭니다."

2년 전 이 회사에 이직하기 직전에도 그를 만났다. 그때는 새로운 환경에 대한 불안감을 감추려는 허세가 느껴졌다. 그랬던 그가 어깨 힘을 빼고 차분한 목소리로 지극히 자연스럽게 이야기하는 모습이 인상적이었다.

"요즘은 저도 일하는 방식이 많이 달라진 것 같아요. 이직 시장이 활발했던 2008년까지는 '이 정도 스펙이라면 이 기업은 가능하겠다'라고 판단하고 옮길 의사가 있는지 물어보기만 하면 되었어요. 그런데 지금은 그것만으로는 안 돼요. 현재 직장의 어떤 점이 싫고 무엇이 어떻게 바뀌면 지금보다 나아질지 끊임없이 이야기를 나눠야 합니다. 어떻게 하면 지원자가 행복해질지 깊이 생각하지 않으면 좀처럼 어울리는 자리를 찾지 못해요."

'업종'에 집착했던 나카무라가 컨설턴트의 조언으로 '업무 내용'의 중요성을 알게 되었듯이, 지원자의 마음속 깊은 곳에 있는 이직 동기를 끄집어내어 엉킨 실을 풀듯 만족스러운 직장을 찾아가는 과정은 야마네의 직업이 지닌 묘미였다.

야마네는 지난 2년간 수백 명의 지원자를 담당하여 100명 이상의 이직을 성사시켰다. 그도 과거에는 그런 지원자 중 한 사람이었다. 현재 이직 전문 컨설턴트로서 경험을 쌓고 성과를 남기고 있는 그의 '자긍심'은 2년 전 자신의 이직을 두고 고민했던 순간부터 이미 형성되고 있었는지 모른다.

2006년 7월 초, 야마네는 도쿄에 우뚝 솟은 어느 고층빌딩으로 향했다. 그는 건물 안에 있는 취업정보업체 사무실을 방문했다. 커리어 컨설턴트와의 첫 면담이다.

3개월 전, 이 회사의 홈페이지에 접속해 현재 직업과 프로필을 기입하고 회원으로 등록했더니 곧 컨설턴트에게 답신이 왔다. 몇 차례 메일을 주고받은 후에야 구체적인 면담일이 정해졌다.

경비원에게 면허증을 보여주고 행선지를 알린 후 널찍한 엘리베이터에 올랐다. 지정된 층에 도착하니 깔끔하게 꾸며진 접수처가 보였다.

접수를 마치고 잠시 기다리자 담당인 여성 컨설턴트가 나왔다. 안내하는 대로 안쪽으로 따라 들어갔다. 한 평 반 정도 되어 보이는 밀실 부스가 시티호텔의 객실층처럼 죽 늘어선 광경이 인상적이었다. 부스 안에는 새하얀 책상과 의자 두 개가 놓여 있었다. 밀실인 이유는 개인정보가 새 나가는 것을 방지하기 위해서리라. '카운슬링룸'이라는 이름에 딱 어울리는 공간이었다.

이 업체에는 하루 약 200명의 회원이 방문한다고 한다. 복도는 고요해도 룸에서는 이직을 희망하는 회원과의 컨설팅이 한창일 것이다.

'컨설팅'은 어떤 식으로 이루어질까?

이직 비즈니스가 호황이었던 2007년에 이직 시장의 동향을 취재한 적이 있다. 그때 어느 남성 커리어 컨설턴트에게 다음과 같은 이야기를 들었다.

"커리어 카운슬링은 인간과 인간이 만나 신뢰관계를 구축하는 장이라고 볼 수 있어요. 처음에는 편하게 잡담도 하면서 서비스에 대해 설명한 후에 현재 직장에 대한 불만을 천천히 들어봅니다. 그러면서 이직 동기로 연결되는 점을 짚어가죠."

대형 통신회사 입사 5년차인 27세 청년이 회사를 옮기고 싶다며 찾아왔다. 통신 서비스나 시스템을 기업에 파는 일을 하는데, 몇 년이나 같은 담당자와 얼굴을 맞대고 영업해야 하는 자사의 보수적인 구조에 싫증이 났다고 했다. 그런 이유로 취업정보업체에 등록한 그는 컨설턴트 앞에서 털어놓았다.

"좋은 회사가 나타나면 당장이라도 옮기고 싶습니다. 다양한 사람을 만날 수 있는 직종이라면 좋겠어요. 되도록 조건을 낮추고 싶지는 않고요. 마케팅 업무라든지……."

처음에는 막연하지만 이런 이야기를 하나씩 들으며 범위를 좁혀간다. 먼저 구체적으로 생각하는 회사가 있는지 물어본다. 대형 통신회사에 근무했는데 조건을 낮추고 싶지 않다면 'P&G'나 '가오(花王)' 같은 대기업을 생각하는지도 모른다. 하지만 그런 인기 있는 기업의 구인 안건은 가뭄에 콩 나듯 하기 때문에 희망대로 이직하기는 사실상 불가능에 가깝다.

그렇다 해도 회원에게는 말하지 않는 것이 좋다. 다수의 취업정보업체에 등록하는 경우가 대부분이므로 부정적인 정보를 흘리면 다른 업체로 가버릴 가능성이 있다. 물론 이직을 하지 않는 편이 좋다고 판단될 때는 그 사실을 단호하게 전할 필요도 있다.

면담은 평균 2회로, 회당 한 시간 반 정도 이어진다. 구체적인 기업 소개는 보통 2회째로 넘긴다. 첫날은 되도록 긍정적인 분위기 속에서 대화를 진행하는 게 좋다. 컨설턴트는 회원에게 현재 직장 생활에 대한 이야기나 업무상의 성과를 들으며 속으로 전략을 세운다.

"머릿속에는 이미 결론이 나 있어요. P&G나 가오나 혼다처럼 유명하지 않아도 탄탄한 회사를 찾는다거나, '다양한 사람을 만나고 싶다'고 했으니 홍보 쪽은 어떨까 생각해보는 거죠. 그런 식으로 소개할 기업을 하나씩 떠올리면서 내가 내린 결론으로 유도하려 합니다."

커리어 컨설턴트가 된 지도 몇 년이 지났다. 야마네는 수많은 이직 희망자들의 이야기를 듣다 보니 가치관의 변화를 느꼈다고 한다. 옛날(이라고 해도 2002년 정도)에는 '죽느냐 사느냐'의 심정으로 찾아오는 사람이 많았다고 한다. 이직이라는 단어 자체가 주는 부담감이 낮아진 건 아니지만, 그래도 옛날에 비해 지금은 '이직 활동'을 가볍게 시작할 수 있는 분위기가 형성되었다.

이즈음 거리에는 이직 사이트 광고가 넘쳐났다. 지하철만 타면 취업정보업체 광고를 볼 수 있었다. 그중에서도 폭소문제(바쿠쇼몬다이, 일본의 인기 개그맨 콤비―옮긴이)를 기용한 이직 지원 사이트 '엔재팬'의 광고가 유명하다. '이직은 신중하게'라는 카피가 인상적이었다.

야마네는 그런 경향을 '이직의 캐주얼화'라고 불렀다. 이직은 안 해도 된다면 안 하는 편이 좋다. 하지만 나와 전혀 맞지 않는 회사에서 일하는 건 불행이다. 그러니 일을 하면서 괴로움을 느끼고 이직에 흥미가 있다면 적극적으로 움직여보는 것이 좋다. 자기에게 어울리는 옷을 찾아 한번 입어보듯이……. 우리가 하는 일은 회원에게 어울리는 옷을 옷가게의 점원처럼 권하는 것에 지나지 않는다. 실제로 '그것'을 사느냐 마느냐 선택하는 것은 본인의 몫이다.

3년 전 야마네를 안내했던 컨설턴트도 친근한 미소를 지으며 간단한 잡담부터 시작했다. 서비스가 어떤 형태로 진행되는지 흐름을 대충 설명하고 한 시간 반에 걸친 컨설팅이 마무리될 즈음에 소개가 가능한 기업 후보를 제시했다.

"어떤 회사를 희망하시나요?"

제시된 기업을 보니 대부분 IT 계열이었다.

야마네가 방문한 취업정보업체는 지금껏 성사시킨 실적을 토대로 독자적인 데이터베이스를 만들었고, 그 기반 위에서 매칭 시스템을 운용했다. 사실은 면담이 이루어지기 전부터 기업 후보가 이미 나와 있다. 야마네가 기업을 대상으로 통신기기나 소프트웨어를 개발·판매하는 IT기업에 있었기 때문에 이직 가능한 기업 후보도 IT 계열을 중심으로 간추려졌으리라.

하지만 야마네의 머릿속에는 다른 생각이 있었다. 그는 '커리어 업'이 아닌 '커리어 체인지'를 원했다. 인재를 적재적소에 배치하는 여기 이런 회사에서 일하고 싶었다. 처음부터 그럴 생각으로 이직 활동을 시작했다.

그해 봄 도쿄 어느 간선도로 옆의 방 세 개짜리 아파트를 빌려 학창 시절 친구 두 명과 셰어하우스를 시작했다. 12층 창밖으로 도심의 빌딩촌이 보였다. 밤이 되면 반짝이는 빌딩 조명과 길게 이어지는 자동차의 빨간 미등이 도회적인 아름다움을 자아냈다.

3평, 3평, 3.5평 크기의 방 세 개였다. 쓰레기 버리기나 청소 당번만 잘 지키고 서로의 사생활을 존중하기로 했다. 쉬는 날이 맞으면 같이 거실에 모여 놀기도 했다. TV를 보기도 하고 일 이야기나 예전 이야기, 이런저런 인생 이야기를 나누었다.

그 친구 중 한 명이 바로 야마네가 방문한 취업정보업체 직원이었다. 인터넷 구인광고를 제작하는 부서에서 일했다.

야마네는 이직 활동을 시작하기 전, 그와 잠시 상담한 적이 있다. 동갑인 그는 홋카이도 출신인데, 고향에서 출판사에 다니다가 도쿄로 이직했다.

친구는 "하고 싶은 마음만 있으면 충분하지 않겠어?"라고 말했다.

커리어 컨설턴트란 어떤 직업인지, 어떤 식으로 인재를 소개하는지, 그리고 어떻게 하면 취직할 수 있는지…… 친구는 궁금한 것이 많은 야마네에게 같은 회사 동료를 소개해주었다. 이야기를 들으면 들을수록 야마네가 원했던 직장은 이런 곳이었다는 생각이 들면서 희망이 싹텄다.

그렇게 방문하게 된 카운슬링룸.

"사실은……" 하고 야마네는 어렵사리 말을 꺼냈다.

"사실은 IT기업보다 귀사에서 일하고 싶습니다."

컨설턴트는 이렇다 할 반응을 보이지 않았다.

얼마 후에 이 회사에서도 모집 중이라는 연락이 왔다. 야마네는 그 외에도 다른 취업정보업체와 인사 관련 컨설팅 회사에 지원했지만 모두 포기하고 이 회사에 집중하기로 했다. 2주 후 채용이 결정되었다. 취업정보업체를 경유하면 보통 한 달 반 정도 걸린다고 들었던 터라, 채용 연락이 왔을 때 그는 조금 어리둥절했다.

야마네는 1980년에 태어나 사이타마 현의 마을에서 자랐다. 아버지는 고등학교 미술 선생이었고 전업주부인 어머니도 미대를 졸업했다. 남동생과 여동생이 하나씩 있는데, 여동생은 도예를 전공하여 대학원에 진학했다. 이렇듯 예술가 기질이 다분한 가정에서 자랐는데도 그는 미술이나 음악의 세계에 뜻을 둔 적이 한 번도 없다. 초등학생 때 피아노를 배우긴 했지만 음악적 감각이 없어서 조금 배우다 그만뒀다.

부모님은 교육에 열심인 편은 아니었어도 대학에 관해서만큼은 "되도록 높은 곳을 목표로 해야지"라고 압력을 가했다. 5등급일 때는 4등급을 목표로 해라, 3등급일 때는 2등급을 목표로 해라…… 사춘기 즈음에는 부모님과 다투기도 했지만, 시작하기 전부터 포기해선 안 된다는 부모님의 생각은 어느새 그의 가치관이 되었다.

고향에서 고등학교를 졸업한 후 (원래 이과 지망이었지만) 요코하마국립대학교 경제학부에 들어갔다. 사립대학 이과 계열에도 지원했지만 모두 떨어졌었다. 그러나 낙담하지 않았다. 요코하마국립대학교 경제학부가 제1지망이었다.

야마네는 표정이 별로 없는 편이지만 학창 시절 이야기만 나오면 늘 얼굴이 활짝 폈다.

"하하, 그땐 정말 놀기만 했어요. 친구랑 여행도 가고요. 축제가 또 볼 만하거든요. 모두 같이 가게를 냈던 게 즐거운 기억으로 남아 있습니다. 대학을 사람 만나는 장소로 생각했나 봐요."

대학에서 '유일하게 열심히 했던 활동'은 지역경제를 주제로 삼은 세미나였다. 미나토미라이 지역의 재개발에 관한 신문기사와 논설을 모아, 개발을 맡은 미쓰비시지쇼의 의견이나 민관

합동 제3섹터의 의견을 듣고, 그 당시 요코하마 시장이었던 나카다 히로시의 코멘트를 분석하고 발표했다. 같이 사는 친구도 이 세미나에서 만났다.

대학 동기 대부분이 소테쓰선의 와다마치에 살았다.

와다마치 역 앞에서 높은 계단을 오르면 학교 건물이 나온다. 매일 아침 숨을 헐떡이며 계단을 올랐다. 여름에는 땀범벅이 되었다. 야마네는 같은 마을 친구들과 자주 술을 마셨다. 취하면 술병을 들고 친구 집으로 쳐들어가기도 했다. 같이 여행도 많이 다녔다. 그는 대학에서 인간관계를 충분히 즐겼다.

언제까지고 계속될 것 같았던 학창 시절이 눈 깜짝할 사이에 지나갔다.

야마네가 미래를 의식하기 시작한 때는 '취업 활동' 개시 시기와 딱 겹친다. 3학년 여름부터였다. 일한다는 것에 대해 조금씩 생각을 하게 되었다. '나는 무엇을 하고 싶은가?' '매일 만원전철을 타야 하다니 정말 싫다.' '어차피 일해야 한다면 멋진 직업을 갖고 싶다.' '지금 생활이 계속 이어지면 얼마나 좋을까?' 이런 추상적인 생각만 떠올랐다.

이런 그가 사회인이 되고 2년이 지났을 때 내게 말했다.

"회사에 다녀보니 사고방식이 변하더군요. 지금은 아무것도 안 하면 나 자신이 썩을 것 같아요. 구체적으로 뭐라 표현하면 좋을지 모르겠는데, 사회의 가치에 내 가치를 맞추고 싶다고 할까요. 사회가 나한테 기대하는 것이 있지 않겠습니까? 회사도 기대하고 고객도 기대하고요. 그런 기대에 부응했을 때 일하는 보람을 강하게 느껴요."

하지만 학생 신분이었을 때는 빨리 취직하고 싶은 생각이 전혀 없었다고 한다.

야마네는 취업 활동을 하면서 그동안 세미나를 통해 알게 된 미쓰비시지쇼나 미쓰이부동산 같은 부동산회사의 설명회에 우선 가보았다. 입사시험도 쳤으나 일찌감치 떨어졌다. 면접으로 이어졌다 해도 '이 회사다!'라는 생각은 들지 않았으리라.

나아가야 할 지점은 명확하지 않았지만 방향성은 서서히 보이기 시작했다. 키워드는 '인간력'이었다. 요코하마 역 근처의 작은 서양식 이자카야에서 바텐더 아르바이트를 하던 때, 친해진 손님이 야마네에게 물었다.

"무슨 요일에 나오나?"

"월수금에 나옵니다."

"그럼 수요일에 오지."

'일한다는 것'에 대해 진지하게 생각하다 보니 문득 아르바이트 시절의 이런 사소한 체험이 의미심장하게 다가왔다. 이자카야에서 카시스오렌지나 진토닉을 마신다면 어느 가게든 누가 만들든 큰 차이는 없을 것이다. 그런데 내가 있는 가게에, 내가 있는 시간에 와준다고 한다. 그렇게 웃으며 말하는 손님의 얼굴이야말로 '일'이 주는 기쁨이 아닐까?

'이런 게 그 사람이 지니는 가치야…….'

그가 생각하는 인간력이었다.

도쿄전력과 JT(일본담배산업)에 지원했지만 종합상사에 더 매력을 느꼈다. 전기는 누가 팔아도 똑같은 전기이고 담배 역시 똑같은 담배다. 하지만 종합상사라면 취급하는 상품이 다양하다. 어떤 상품이 얼마나 팔리는지는 본질적으로 인간의 매력에 달렸다고 보았다. 그렇게 생각했다.

상품을 소개할 때 어떻게 '나'라는 부가가치를 붙여 팔 수 있을까……. 인간력이란 키워드는 취업 활동 중에도 업종을 정하지 못한 자신을 합리화하려는 변명인지도 몰랐다.

결국 합격한 곳은 법인을 대상으로 IT·통신기기를 파는 회사였다. 자회사를 포함하면 사원수도 많고 매출도 순조롭게 오르고 있는 전망 있는 기업이었다. 도쿄전력이나 미쓰비시지쇼는 떨어졌지만 결과적으로 만족했다.

입사하기로 한 회사가 취급하는 상품은 다양했다. 야마네가 맡은 일은 통신시스템(네트워크, 전화, IP전화, 화상회의장비 등)의 법인 영업이었다. 그의 눈에 통신기기나 시스템 기술은 어느 회사든 큰 차이가 없어 보였다. 그렇다면 인간력이 중요한 요소가 되리라 생각했다.

"우리 회사에서만 판매하는 상품도 아니고, 더구나 나만 팔수 있는 것도 아닙니다. 똑같은 상품을 취급하는 여러 회사 중에서도 '나 자신'을 선택하게끔 만들고 싶었습니다. 상품의 가치가 아닌 나 자신의 가치로 선택받는 거죠."

하지만 자기가 좋아하는 일, 하고 싶은 일이 무엇인가라는 문제는 아직 남아 있었다. 이 회사에 뼈를 묻고 싶은 마음은 처음부터 없었다. 일단 사회에 나가 일을 시작하면 원하는 것을 저절로 발견할지도 모른다고 생각했다. '그것'이 뭔지 아직 모르지만, 발견하면 '그것'을 위해 노력하자. 그는 막연한 불안감을 애써 떨쳐버리고 사회인으로서 한 걸음 내디뎠다.

2004년 3월에 대학을 졸업하고 입사 후 신입사원 연수가 끝나자마자 야마네는 통신시스템 기기를 취급하는 부서에 배치되었다.

부서별로 매일 아침 조례가 있다는 사실을 입사 후에 알았다. 그가 소속된 부서에서는 신입사원이 먼저 사훈을 크게 읽고 출결을 체크한 다음, 연락 사항이 있는 경우 해당 사원이 보고하는 형식으로 진행되었다. 마지막에 스피치 시간이 마련되어 있었다. 일상 속의 뉴스를 주제로 3분 동안 자기 의견을 말하는 시간이다.

"주제는 뭐든 좋으니 일단 말해야 합니다. 예를 들면 '얼마전 신문 보도에 의하면 ○○사가 신제품을 발표했다고 합니다' 같은 거죠. 스피치가 끝나면 부서장이 한두 마디 거들어요. 아무 말 안 할 때도 있지만요. 당시에는 그 시간이 너무 싫었어요. 모르는 사람들 앞이라 더 긴장되기도 했고요."

야마네는 본사에 배치되었는데, 전국 각지에 흩어진 지점에 비하면 분위기나 대우 면에서 훨씬 양호했다. 그의 동기 200명 중 150명 정도가 지점 영업직으로 발령되었고, 본사에는 그를 포함해 30명 정도만 올 수 있었다.

본사 사원 중 파견사원이나 계약사원을 제외하면 그만둔 사람이 거의 없었다. 그에 비해 지점에 배치된 신입사원 중에는 그만두는 사람이 많았다. 본사 직원은 아침에 거래처 미팅이 있으면 조례에 참석하지 않고 거래처로 직행했지만, 지점에서는 아침, 점심, 저녁 세 번의 회의가 정례화되어 있었다. 게다가 매달 책임량을 달성하지 못하면 상사의 화난 목소리를 들어야 했다.

그것도 모자라 반나절마다 성과를 요구하는 지점도 있었다. 야마네는 남의 일인데도 들을 때마다 소름이 끼쳤다. 실제로 지점에 배치된 동료는 계속되는 관리에 질려 그만두고 싶다고 늘 호소했다.

그래도 야마네는 사회인이 되어 겪는 문화적 충격 속에서도 일을 즐겼다. 특히 첫 1년간은 생각할 여유도 없이 새롭게 뛰어든 세계가 그저 재미있었다.

통신시스템 영업에 인간력이 필요하다고 느낀 만큼 하루하루의 과제에 적극적으로 도전할 수 있었다.

거래처 회의실에 단말기를 설치하고 네트워크로 연결하는 경우, 회선의 종류를 선택해야 한다. 만약 오사카와 도쿄를 잇는 회선이 필요하면 안전과 보안을 담보할 수 있는 가장 확실한 방법은 전용선 연결이다. 하지만 비용이 많이 든다. 통신회사는 그런 단점을 보완하기 위해 인터넷망을 경유한 통신기술을 제공한다. 야마네의 주요 업무는 통신시스템 이용의 이점을 설명하고 고객 예산에 맞춰 가장 효율적인 방법을 제안하는 것이었다.

야마네는 비슷한 기기와 시스템을 판매하는 타사와의 경쟁에서 이겼을 때 가장 큰 보람과 즐거움을 느꼈다. 고객 앞에서 경쟁사와 겨뤄 자사 상품을 도입하도록 만든 순간의 쾌감은 말로 표현하기 힘들 정도다.

입사 첫해 겨울이었다. 상대적으로 저렴하지만 기능이 적은 제품과 비싸지만 기능이 많은 제품이 경쟁했다. 전자는 규모가 큰 타사 상품이고 후자는 자사 상품이다. 거래처 담당자는 후자를 마음에 들어 했지만 예산 때문에 고민했다.

야마네는 과감하게 말했다.

"싼 물건을 들여서 만족 못 하시는 것보다 조금 비싸더라도 좋은 물건을 들이는 게 옳은 투자가 아니겠습니까?"

잠시 뜸을 들인 후 "한번 생각해보십시오"라고 말을 이었다.

"100엔을 투자해 150엔을 회수하는 것보다 100만 엔을 들여 150만 엔을 회수하는 편이 훨씬 이득이지 않겠습니까? 게다가 중요한 때 문제가 생기면 어떡하실 겁니까?"

이 프레젠테이션이 좋은 평가를 얻어 제안이 통과되었다. 그는 정말 기뻤다. '나도 제법 하네'라는 생각이 들었고, 일에 자신감이 붙었다.

야마네는 이 회사에 들어온 후로 약 3년간 분기별로 설정되는 매출 목표를 달성하지 못한 적이 한 번도 없었다.

하지만 자신은 신입이므로 같은 상품을 파는 다른 회사 직원에 비해 지식과 경험이 부족하다는 점을 늘 염두에 두었다. 한 걸음 앞서기 위해 네트워크망과 통신기술 공부는 물론 고객의 신뢰도 얻어야 했다. 그래서 늘 겸허해지려고 노력했다.

"기대한 것 이상을 받으면 감동한다고 하잖아요." 그가 말했다. 메일 답변은 누구보다 빨리 보내려고 노력했다. 상대가 사흘 내로 회신을 달라고 요청했다면 이틀 안에 답했다. 자료도 고객이 원하는 것 이상을 만들었다.

그런 자세가 성과로 연결되었다고 생각한다.

나중에 야마네가 이 회사를 그만두었을 때 거래처를 인수받은 후배가 말했다.

"야마네 씨 덕분에 참 편해요. 아무것도 안 했는데도 주문이 와요. 야마네 씨는 고객의 요구에 늘 정확히 대응하고 회신도 빨랐답니다. 제안서도 정말 순식간에 작성했대요."

직원 천 명 규모의 지방 제조업체가 통신시스템 기기 구입을 검토한 적이 있었다. 담당자는 당연히 여러 회사에 연락하여 상품을 비교했을 것이다.

야마네는 메일과 전화로 "궁금하신 점이 있으면 언제든 편하게 연락주세요"라고 했다. 아마도 이미 같은 질문을 몇몇 회사의 영업사원에게 했을 것이다. 네트워크 구성도, 네트워크 연결법, 기종별 세세한 차이에 대해……. 야마네는 문의가 들어올 때마다 즉시 친절한 답변을 작성하여 보냈다. 나중에는 질문이 그에게만 집중되었다.

담당자로부터 연내에 쓸 수 있는 예산을 구체적으로 들었을 때 '이제 됐다'라고 생각했다. 수백만 단위의 예산을 외부에 공개하는 건 드문 일이다. 이 회사가 야마네로 거래 대상을 좁히는 중이라는 걸 알 수 있었다. 야마네는 그 예산 안에서 최고의 제안을 하면 되는 것이다.

이 업체는 야마네에게 몇 가지 기기를 구입하는 데 그치지 않고, 추가 기능을 주문하거나 다른 회사 고객도 소개해주었다. 그렇게 긴밀한 관계를 형성해갔다.

"그러면서 성장한 것 같아요." 그가 말했다. "구체적으로 표현은 잘 못하겠지만, 사회의 가치와 내 가치가 일치되면 좋겠다는 생각을 했어요."

내가 즐겁게 한 일이 '사회'에도 좋은 영향을 줄 수 있다는 경험. 그가 상상한 '사회'가 그리 거대한 것은 아닐지라도 분명 소중한 경험이리라.

"사회인이 되면 회사가 기대하고 고객도 기대합니다. 저는 그 기대에 부응했을 때 보람을 느껴요. 고객이 질문했을 때 성심성의껏 대답하면, 언제라도 이 사람에게 물으면 된다는 믿음을 가지겠지요. 그런 이상적인 환경을 만들고 싶은 욕심이 있습니다."

입사 후 1년간은 마냥 즐겁게 일했다. 그러다 언젠가부터 가슴 한구석이 답답했다.

다른 회사와 경합을 벌이다가 이기면 기뻤고, 자신을 신뢰하여 상품을 선택해주면 행복했다. 자부심이 생기고 자신감도 붙었다. 그러나 일에 익숙해질수록 '내가 하고 싶었던 일'이 아니라는 생각이 커졌다. 경쟁에서 이기는 기쁨에 대해서도 의구심이 들기 시작했다. 어쩌면 남들보다 야망이 큰지도 몰랐다.

'분명 이기면 기쁘지만, 내가 이기든 지든 어차피 같은 네트워크 시스템이 깔리지 않는가? 결국은 똑같다.'

그가 여태까지 품어왔던 생각과 모순되는 의문이었다. '누가 팔아도 똑같은 상품'을 판매하는 영업맨이 된 것은 애초에 '인간력'으로 승부하고 싶었기 때문이 아닌가? 그에게 상품을 구입하는 고객이 있다는 건 인간적 가치를 인정했다는 뜻이 아닌가?

입사 당시와 너무 다른 자신의 모습이 혼란스러웠다. 납득할 수 없어도 일은 해야 했다. 느끼지 못했던 허무감이 서서히 가슴을 채웠다. 그러자 '사회의 가치와 내 가치' 사이에 일치되는 부분이 적어지는 듯했다.

그가 느낀 '허무감'은 어디서 왔을까?

"고객과 함께 다양한 네트워크 구성을 검토하다가 최종적으로 자사 제품을 도입하기로 결정이 났어요. 그때 경쟁사가 기기 가격을 낮추는 거예요. 그러면 우리도 어쩔 수 없이 타사보다 1엔이라도 더 저렴하게 제공해야 해요. 그렇게 계약이 체결 되는 경우도 많았습니다. 뭔가 바보 같다는 생각이 들어요. 이런 게 인간력과 무슨 상관이 있어요. 비슷한 일을 자주 겪다 보니 상상했던 것과 많이 다르다는 걸 깨달았죠. 일은 재미있어요. 그런데 가격은 내 힘으로 낮출 수 없잖아요. 회사의 힘이죠. 영업을 잘해 고객의 마음에 드는 건 좋지만, 결국은 회사 힘이에요. 수많은 영업맨 중에서 내가 선택받으면 물론 기쁘지만, 내가 아니라도 심지어는 우리 회사가 아니라도 결국 기능에 차이가 없으니 허무한 거죠."

가격 인하는 기업의 필수 '전략'이다. 회사라는 옷을 벗고 승부하고 싶다면 애초에 조직에 들어가면 안 된다. 그건 야마네도 충분히 이해했다. 현실을 인간력이라는 아름다운 말로 설명할 수는 없다. 하지만 알고 이해할수록 이 회사에서 잘해보려던 긍정적인 마음이 퇴색되는 건 왜일까? 하루하루 시간이 갈수록 톱니바퀴가 더 어긋나고 있었다.

사회인이 되고 1년이 흘렀다.

회사 생활에 익숙해지고 주위를 차분한 시선으로 보게 되었다. 그러고 보니 지금 하고 있는 일에 불만스러운 점이 하나둘 보이기 시작했다. 젊은이들의 이직 이유로 자주 언급되는 부분이기도 하다. 그렇다면 야마네가 객관적으로 보게 된 주위 풍경이란 무엇일까?

이상과 현실 사이에서 느끼는 괴리감만이 그를 불편하게 했던 것은 아니다. 그는 선배 직원들의 모습을 다소 부정적인 시선으로 지켜보았다.

그가 소속된 과에는 50대 상사, 30대 영업사원, 동갑인 영업사원, 40대 중반의 과장 등 10명이 있었다. 그 위에 몇몇 과를 총괄하는 부가 있다. 부서장이 이따금 얼굴을 내밀곤 한다. 직무에 따라 승진 속도가 다르다 보니 30대에 관리자가 되어 1000만 엔 이상의 연봉을 받는 사람도 있고 여전히 평사원인 사람도 있다.

야마네는 지금의 연봉에 만족했다. 회사는 싫지 않았다. 업무에 적응하면서 노하우도 생겼다. 그런데도 이런 생각을 떨쳐버릴 수 없었다.

"윗사람들의 모습을 볼 때마다 절대 저렇게 되기 싫었어요. 일은 재미있었고 인간관계도 좋았습니다. 회사 자체는 좋았어요. 그런데 50대 선배 직원이 나랑 똑같은 일을 하는 거예요. 게다가 내가 일을 더 잘해요. 직책이 높아도 연봉은 별로 오르지 않고, 그런 선배를 보면 내 장래가 보이는 것 같아서……."

이 무렵부터 회사를 곧 그만둘 것 같았다고 했다. 그러나 정말 하고 싶은 일을 찾지 못하면 이직한다 해도 같은 과정이 되풀이될 수 있었다.

지금 하는 일에 대해 진지하게 생각해보았다. 문득 자신이 뭔가 오해했다는 사실을 깨달았다. '인간력'을 내세우며 '상품이 아닌 자기 자신을 파는 영업맨'이 되겠다고 했는데, 역시 상품이 마음에 걸렸다.

야마네는 통신기술 시스템이 좋아서 파는 게 아니다. 딱히 좋아하지도 않(지만 싫어하지도 않는, 즉 별 생각이 없)는 상품을 팔고 나면 갑작스러운 순간에 혐오감이 밀려왔다. 전철을 탈 때, 집에서 책을 읽을 때, 하던 일이 마무리되었을 때……

'이 일을 언제까지 계속해야 하나?'

진지하게 생각할 시점이라고 느꼈다. 계속은커녕 앞으로 10년이나 버틸 수 있을지 의문이었다.

입사 초기의 태도와 모순되지만, 현재의 기분을 인정하고 나니 마음이 순식간에 변했다. 사물을 보는 관점에 따라 느껴지는 현실이 너무나 달랐다.

그런 상황이 싫었다.

"이 회사에서 10년 동안 일한 선배들처럼 되고 싶지 않았습니다. 10년 동안에 평사원에서 주임, 계장, 과장으로 직급이 오르는데, 하는 일은 똑같아요. 베테랑 영업사원과 내 업무 내용이 전혀 다르지 않다는 게 말이 되나요? 아무리 경력을 쌓아도 팔아야 할 통신기기가 바뀌지 않아요."

이런 생각을 품기 시작하면서 초조했고 불안했다.

그런 기분으로 입사 2년차를 맞은 어느 날, T라는 신임 과장이 부임했다

40대의 T과장은 30대에 이미 과장이 된 능력자로, 예전 직장에서는 주로 복합기 영업을 한 모양이었다.

'성가신 사람이군.' 그에 대한 야마네의 첫인상이었다.

T과장은 부임하자마자 영업 실적을 체크하고 "좀 더 팔 수 있지?"라고 말했다.

야마네는 목표치를 늘 달성했지만, 입사 1~3년차의 젊은 직원 중에는 실적이 모자란 사람이 많았다. 까다로운 통신시스템을 완벽하게 이해하는 데 시간이 많이 걸리고, 신입에게는 담당 고객이 많이 붙지 않기도 했다. '3년은 지나야 제값을 한다. 젊은 애들은 어쩔 수 없다'라며 너그럽게 봐주는 분위기였다.

통신기기로 도쿄와 오사카를 네트워크로 연결하는 작업을 수행해야 한다면, 다양한 네트워크의 특성을 파악하고, 이용빈도나 비용, 고객의 필요를 복합적으로 고려해 최적의 방법을 도출해야 한다. 최선책을 발견했다 해도 제안만으로 쉽게 끝나는 것이 아니다.

기존 네트워크를 이용한다면 음성, 영상 전송 장치와 기업에 이미 설치된 보안장치도 이해해야 한다. 최적이라 판단한 방법도 기기 간에 충돌이 일어나 동작하지 않을 때가 있다.

영업 과정에서 경쟁이 붙는 경우, 상대가 대기업 베테랑 영업사원이라면 지식에서 딸리기 쉽다. 상품에 따라 치밀한 제안서를 만들 필요도 있다. 이런 기술적인 지식을 습득하고 어떠한 상황도 유연하게 대처하기 위해서는 3년 정도가 필요하다. 그래야 제값을 한다는 말을 들을 수 있다.

T과장은 통신시스템 기술과 관련 없는 회사에서 왔다. 그래서인지 제안서를 작성 중인 젊은 사원에게 "왜 맨날 회사에 있는 거야? 영업직은 외근 아냐?" 하면서 밖으로 내몰았다. 문제점에 대응할 때도 "왜 그렇게 시간이 많이 걸려?"라며 다그친 적이 한두 번이 아니었다. 그에 관해 야마네가 말했다. "가상사설망과 이더넷의 차이도 몰라요. 그러니 말이 통할 리 없지요." 기술적 지식도 없고 속사정도 모르니 "더 팔 수 있지?"라고 쉽게 말하는 것이다. 이런 일이 계속되면 직원들에게 반발심이 생길 수밖에 없다. '알지도 못하면서 무슨 말이 저렇게 많아?' 야마네는 그렇게 중얼거렸다.

하지만 얼마 지나지 않아 T과장이 진가를 발휘했다.

부임 초기에는 직원들과 섞이지 못한 이질적 존재였지만 '아직 젊으니 어쩔 수 없다'라는 기존 분위기를 하루가 다르게 바꾸어갔다.

T과장은 솔선해 지식을 흡수하고 상품 이해도를 급속도로 높여갔다. 부족한 지식으로도 상품을 팔아 치우는 영업 기술은 야마네를 포함한 모든 직원을 매료시켰다. 원래 서너 번의 미팅으로 결정되면 '빠르다'는 말을 듣는데, T과장이 동행하면 이유는 몰라도 당일에 결정되는 경우가 많았다.

어떻게 그게 가능한지 야마네는 도무지 짐작이 안 갔다. 얼마 후 T과장과 함께 상담을 나갔던 직원이 사무실에 돌아오자마자 말했다.

"굉장해."

이야기를 들어보니 "결정권을 가지고 계신 분을 만나게 해주십시오"라고 하거나, 몇 가지 요구를 전했는데 그대로 관철되더라는 것이다. 만약 자신이 같은 요구를 했다면 어땠을까? 불쾌한 표정을 지었을 것이다. 그런데 T과장의 요청에는 호의적으로 반응했고, 어느새 거래가 성사되는 쪽으로 분위기가 흘러갔다고 한다.

야마네는 IT기기 전시회장에서 T과장이 고객과 이야기하는 걸 딱 한 번 본 적이 있다. 전문적인 이야기는 일절 하지 않았다. 커뮤니케이션의 중요성을 말하다가 비용 대비 효과에 대해 설명하더니 제품의 장점으로 자연스럽게 넘어갔다. 논리에 모순이 없었고 말투는 부드러웠다.

'나도 경험을 쌓으면 저렇게 될까?' 대화의 능숙함에 혀를 내두르지 않을 수 없었다. 팩스든 인터넷 통신기기든 상품 종류에 상관없이 영업의 핵심은 변하지 않는 것일까? T과장은 자신의 영업 방법을 몸소 시연하여 '지식이 없으면 못 판다'는 고정관념을 버리게 했다.

그러던 어느 날 사건이 터졌다. 야마네는 이 사건으로 T과장을 깊이 신뢰하게 되었다.

고객으로부터 클레임 전화가 왔다. 며칠 전부터 통신에 장애가 생긴다는 것이었다. 납품한 기기를 조례 시간에 사용했는데 음성이 뚝뚝 끊어지는 문제가 발생했다고 한다.

네트워크 품질이 나쁜 건지, 기기 간에 충돌이 일어났는지, 혹은 마이크 배선 문제인지, 야마네는 바로 원인 분석에 들어갔다. 일단 기기를 교환하면 되는 문제라고 판단하여 후배에게 대응을 맡겼다.

하지만 거래처로 향했던 후배는 아무것도 못 하고 돌아와야 했다.

거래처의 담당자가 "왜 이런 풋내기를 보낸 거야! 책임자 데리고 와"라고 했다고 한다. 방문을 요구한 시간은 토요일 오전

8시였다.

야마네는 다음 날 휴일을 반납해야 했다. 마음이 무거웠다. 모두 자신이 뿌린 씨앗이다. 그 시간에 그 회사에 가기 위해서는 새벽 5시에 일어나야 한다. 책임자인 과장에게 보고할 생각을 하니 더 우울했다.

하지만 T과장은 다음 날 역에서 기다리는 야마네를 보고 이렇게 말했다.

"미안, 이렇게 아침 일찍. 내가 혼자 처리할 수 있으면 좋은데 아직 모르는 부분이 많아서 말이야. 자네가 같이 가주니 든든하네."

야마네는 틀림없이 야단맞을 줄 알았다. 안이하게 후배한테 맡긴 자신의 잘못이 컸다. 그때 귀찮다는 생각을 했던가? 그래서 후배를 보낸 게 아니었나?

쉬는 날인데도 다른 사람의 잘못으로 새벽같이 나와야 한다면 누구든 기분이 나쁠 것이다. 자신이라면 아마 불평 한마디쯤 했을 것이다.

그런데 T과장은 어떤가? 오히려 야마네에게 미안해하며 같이 가줘서 고맙다고 했다.

죄송한 마음이 가득했다.

이런 마음도 동시에 차올랐다.

'이런 분이 상사여서 좋다……'

새 과장이 부임하기 전에는 '이런 상사 밑에서 일하기 싫다'라고 생각했다. 관리자는 실적으로 평가되는 게 현실이라 해도, 이전 과장은 지나치게 실적만 강조했다.

누구에게나 잘나가는 시기가 있다. 그리고 뭘 해도 안 될 때가 있는 법이다. 슬럼프에 빠지면 초조해지고 자신의 상태를 직시하기 어렵다.

야마네가 생각하는 이상적인 관리자의 조건 중 하나는 부하직원의 컨디션 변화에 신경 쓰고 실적 부진을 객관적으로 지적할 수 있는 '눈'이다. 그가 원하는 자신의 미래상이기도 했다. 예전 과장은 영업 실적에만 사로잡혀 '왜'를 생각하지 못하는 사람이었다. 적어도 야마네의 눈에는 그렇게 보였다.

문의를 해도 이렇다 할 해답을 주지 않았다. "그건 어쩔 수 없잖아"가 그의 입버릇이었다. 그러는 동안 젊은 영업맨들이 점점 그를 의지하지 않게 되었다. 과 전체에 회사 이익은 제쳐두고 개인의 인센티브에만 열을 올리는 분위기가 조성되었다.

그런 분위기가 돌고 돌아 결국 과장을 궁지에 몰아넣었다. 실적이 좋지 않은 직원은 아무리 독려해도 슬럼프에서 빠져나오지 못했다. 반면에 실적이 좋은 직원은 '나는 이미 달성했다'라며 우쭐해했다. 그 결과 직원들의 단합이 어려워졌다. '3년은 지나야 제값을 한다. 신입은 못 팔아도 어쩔 수 없다'는 말도 이런 상황이 만들어낸 무기력의 표출이었다.

T과장이 오고 나서 이런 분위기가 바뀌었다.

그는 직원들에게 기술적인 부분을 배웠고, 그와 동시에 선배 영업맨으로서 조언을 아끼지 않았다. 클레임이 들어오면 당연히 함께 사과하러 갔다. "자네는 안 와도 되니까 자기 일에 집중해. 내가 어떻게든 해결해보지" 하고 방패막이가 되어줄 때도 있었다.

과의 실적이 나쁘면 과장은 부장의 험악한 시선을 견뎌야 한다. 하지만 그는 사이에 낀 입장에서 받는 스트레스를 부하직원에게 풀지 않았다. 직원 한 사람 한 사람의 특징을 파악하고 그에 맞는 조언을 하려 애썼다. 여태까지 실적이 나빴던 직원이 10만 엔 정도의 사소한 계약을 따냈을 때 "오오! 축하한다!" 하고 양손으로 악수를 하면서 자기 일처럼 기뻐했다.

언젠가 그에게 이런 조언을 들었다. "사람 보는 눈이 있다는 건 큰 장점이야. 상대를 믿고 맡기는 것도 좋지만, 협상 전에 미리 어떤 결론을 이끌어내는 것이 좋을지 생각해두는 습관을 기르면 나중에 큰 도움이 될 거야." 협상이 길어지면 당초에 예정되었던 납기가 늦춰지고 결국은 흐지부지되는 경우도 허다하다. 그런 실수를 방지하려면 과정을 역산하여, 이 시점에는 상품을 확보한다, 이 시점까지는 도장을 찍는다는 식으로 협상을 단계적으로 진행해야 한다.

"어떤 상품을 팔든 똑같이 적용되는 말 같았어요. 그 조언이 가슴 깊이 와 닿았어요." 야마네는 말했다.

그가 느낀 것처럼 'T과장님, 괜찮은 분인 것 같다'는 평판이 들리기 시작한 후로 '과장님을 생각해서 힘내자'라는 연대감이 직원들을 모으기까지 그리 많은 시간이 필요치 않았다.

"상품을 못 팔아서 곤란해하는 직원이 있으면 '자네는 반드시 팔 수 있어'라고 격려해줬어요. '열정도 있고 센스도 있는 자네가 왜 못 파는지 모르겠네. 방법이 조금 틀렸을 뿐인지도 모르니 다른 방향으로 접근해보자'라고 하셨지요. 영업에 동행해서 조언도 해주시고요. 직원 한 사람 한 사람을 붙들고 영업하는 방법을 가르쳤어요. 개인적으로 이번 달 목표를 달성했어도 우리 팀 실적이 모자라면 과장님을 위해 더 노력하고 싶어지더군요. 과장님이 기뻐하는 걸 보고 싶었어요."

그 무렵부터 야마네는 회사를 그만둘 생각을 본격적으로 시작했다. T과장이 부임한 후로 1년이 지났을 때였다.

좋은 상사를 만난 것이 회사를 그만둘 이유가 될 줄은 몰랐다. 야마네는 사무실 분위기가 좋은 방향으로 바뀌어가는 걸 지켜보면서 '인재를 적재적소에 배치하는 일을 하고 싶다'는 생각을 품게 되었다고 한다.

"한 사람 때문에 회사가 이만큼 변할 수 있다는 걸 알고 놀랐습니다. 팀 전체 분위기가 확 달라졌어요. 한 사람이 바뀐 것만으로 이렇게 달라지다니요. 정말 굉장하다고 생각했어요. 나도 이렇게 회사를 변화시키는 일을 해보고 싶었습니다."

자신의 힘을 시험해볼 수 있는 업계라면 상품 종류는 상관없다고 생각했다. 경쟁에서 이기는 기쁨도 맛보았지만, 그런 것은 결국 허무해졌다. 그런 야마네에게 T과장과의 만남은 새로운 도전의 '이유'가 되었다. 회사의 변화와 함께 자신도 변화되는 걸 느꼈다. '이대로 평생 이 회사에 다니게 될까?' 이런 생각으로 불안한 건 여전했다. 그런 중에 '사람'이라는 키워드를 떠올렸고, 인재 비즈니스에 흥미가 생겼다. 인터넷으로도 조사해보고 같이 사는 친구의 이야기도 열심히 들었다. 그렇게 하여 관심을 가지게 된 곳이 취업정보업체였다.

'사람과 회사를 적절히 연결해주면 양쪽 다 행복해진다. 회사에 가장 큰 변화를 일으킬 수 있는 요인은 사람이다.'

미지의 일을 알아가면서 '한 사람의 인생을 좌우하는 일이니 분명 보람도 클 것이다'라는 생각도 하게 되었다.

그렇게 하여 입사 허가를 받은 곳이 처음에 언급한 취업정보업체다.

사회인이 되고 2년 반이라는 세월이 흐른 후였다.

야마네는 합격 통지를 받고 2주 정도 더 고민하다가 8월에 사의를 밝혔다.

T과장은 당연히 붙잡았다.

비교적 실적이 좋았으므로 상사 입장에서 기대하는 부하였을 것이다.

"이직에 반대하지는 않지만 지금은 때가 아니야. 일단 3년은 있어야지." 그가 말했다.

"자네가 영업에 대해 더 배우면 좋겠는데. 이 일에는 재미있는 부분도 많아. 그만두려면 일단 주임 자리에 오르도록 해. 그러면 회사를 나가더라도 더 좋은 자리로 옮길 수 있을 테니까."

T과장이 설득했다. 그 말이 옳다고 생각하지 않을 수 없었다.

마음이 괴로웠다. 입사 후 얼마 지나지 않았을 때부터 이 회사에 오래 있으면 안 되겠다고 생각해왔다. 그러나 이직은 신뢰하는 상사를 배반하는 행위인 것만 같았다. 어쨌든 '하고 싶은 일'에 대해 다시 생각하게 해준 사람이 T과장 아닌가? 그가 지금 눈앞에서 야마네를 붙잡고 있다. 울고 싶은 기분이었다.

야마네는 더 좋은 조건을 찾아 옮기는 것이 아니라 전혀 다른 업계로 갈 예정이라고 말했다. 만약 하고 싶은 일을 발견하지 못했다면 지금 다니는 회사 안에서 길을 찾았을 것이다. 지난 1년간 그랬듯이.

솔직히 말하면 모처럼 좋은 상사를 만났으니 조금 더 함께 일하고 싶기도 했다. 하지만 이곳의 경험이 직접적인 도움이 되지 않을 업계로 이직할 계획이라면, 경력을 쌓기 위해서라도 결단이 빨라야 했다. 그것이 현재로서는 정답이었다.

"한 가지 커리어를 완벽하게 쌓고 나서 다음으로 가는 게 좋아. 그런데 자네는 아직 미숙해."

T과장의 말은 충분히 이해했다. 한 가지 일을 마스터한다는 것은 무척 의미 있다. 이직을 한다면 그 후에 해도 괜찮으리라. 그러나 야마네는 커리어가 만들어지는 것이 두려웠다. 그게 어떤 심리인지 스스로 분석해보았다.

'어느 정도 경력이 쌓이면 의도치 않게 여기 계속 있어야 할지도 모른다. 이 회사에 물들어버리는 것이다. 계속하다 보면 전문가가 될지도 모르지만, 흥미가 없는 길이라면 위험하다. 애초에 전문가가 되고 싶은 생각이 없으니 이직하는 게 아니겠는가? 물론 되고 싶지 않다면 될 수도 없다. 이런 생각으로 초조하다.'

현재 직장뿐 아니라 IT업계에 귀속의식이 생기기 전에 이직해야 했다. 지금이라면 되돌릴 수 있다고 생각했다.

"지금밖에 없습니다." 야마네가 말했다.

"지금은 자네가 필요해. 도와주면 좋겠고, 같이 일하고 싶네."
T과장이 말했다.

"그렇게 말씀해주시니 정말 기쁩니다……. 하지만."

속마음을 감춘 대화가 평행선만 달렸다.

이날 저녁에 본부장과 T과장이 셋이서 식사를 하자고 불렀다. 야키니쿠를 먹고 이자카야에 갔다. T과장이 맥주를 마시며 "좀 더 있다가 옮겨" 하고 같은 말을 되풀이했다.

야마네는 "인재를 적절한 곳에 배치하는 일을 하게 될 것 같습니다"라고 말했다. 옮길 직장에 대해 자세히 말하지 않았기에 본부장은 파견회사에 가는 것으로 착각했다. 본부장이 말했다.

"우리도 파견직을 자주 쓰잖아. 대기업 공장 같은 데는 반이 파견직이야. 서른다섯 남자 연봉이 200만 엔대라는 것에 대해 어떻게 생각하나? 그런 사람들을 파견하는 일을 하겠다니……. 그건 사람들을 불행하게 만드는 직업이야."

이건 도리어 자기 얼굴에 먹칠하는 발언이 아닌가? 파견직을 자주 쓴다고 말한 사람은 본부장 자신이다. 회사가 어려울 때 비용 절감의 우선 대상은 파견사원 같은 비정규직이다. 이런 사실을 가장 잘 아는 사람이 본부장이다.

야마네는 속으로 생각했다. 본부장이 언급한 '서른다섯 남자'도 자기 기술을 제대로 활용할 수 있는 회사에 간다면 정사원으로 일할 수 있지 않을까?

비정규직 고용이 나쁘다고 생각하지는 않는다. 문제는 정규직으로 일하고 싶은데 그러지 못하는 사람이 많다는 사실, 더 괜찮은 직장으로 옮길 수 있는데 기회를 잡기 힘들다는 현실, 자기 직업에 만족하지 못하는 사람을 양산하는 이 사회의 구조다. 야마네는 그들에게 기회를 제공하는 일을 하고 싶었다. 그 가능성이 취업정보업체에 있다. 그렇게 생각하면서 술잔을 기울였다.

오해는 풀릴 길 없이 헛된 대화만 오갔다. 술기운이 오를수록 '이직 반대'를 주장하는 두 상사의 목소리가 커졌다. 시간은 흘렀고, 야마네는 화장실에 다녀왔다. 돌아오니 어느새 계산이 끝나 있었다. 술자리도 끝났다.

며칠 후 T과장과 한 번 더 이야기할 기회가 있었다. 이제 설득은 포기한 듯했다.

"나는 하고 싶은 말을 다 했어. 이제 자네 차례야. 물론 원하는 일을 할 수 있다면 무척 행복하겠지. 그런데 말이야, 어쩌면 자네가 아직 싱글이고 젊어서 그것밖에 생각 못 하는지도 몰라. 30대쯤 돼서 가족이 생기면 어쩔 셈이야? 우리 회사에 있으면 연봉 1000만 엔도 받을 수 있어. 그 회사는 어떤가?"

"돈이 문제가 아닙니다……." 야마네가 대답했다.

30대에 1000만 엔이라는 연봉은 T과장이 말하는 것처럼 그리 간단하지 않다. 전체의 10퍼센트도 안 된다. 그렇게 되리라는 보장도 없다. 그리고…….

"과장님이 이 회사에 오신 후로 그런 생각을 하게 되었습니다."

한 사람이 팀을 바꿀 수 있다. 그렇다면 한 사람이 조직 전체를 바꾸는 것도 가능하다. 누가 조직을 이끄느냐에 따라 구성원의 의욕과 실적이 달라진다. 그 변화에 무척 큰 매력을 느꼈다.

"과장님 덕분에 제가 하고 싶은 일을 알게 됐습니다."

T과장이 쓸쓸한 표정을 지었다.

야마네의 굳은 의지가 느껴졌을 것이다.

"알겠다. 아무튼 그 회사는 어떤지 잘 알아보고 옮겨."

이어서 그는 그만두는 데에 두 가지 조건이 있다고 말했다. 앞으로 3개월간 신입이 성장할 수 있도록 도울 것. 그리고 다른 하나는…….

"올해도 좋고 내년도 좋으니 이직한 후에 한번 만나서 술 한 잔하자. 자네가 다른 분야에서도 잘해내고 있는지 확인하고 싶거든."

야마네의 가슴이 뜨거워졌다. 역시 그는 부하직원이 신뢰할 만한 상사였다.

2007년 연초의 바쁜 나날이 지나고 봄바람이 느껴질 무렵, 야마네는 새 회사 생활에 어느 정도 적응이 되었다.

취업정보업체의 커리어 컨설턴트는 늘 퇴근이 늦다. 입사 후 한 달간은 업무를 배우느라 열심이었다. 야마네는 2주간의 기초 연수를 거쳐 IT 계열 이직 희망자를 담당하는 부서에 배치됐다. 그리고 실무를 익히기 위한 OJT(On-the-Job Training, 일상 직무를 통한 사원 훈련—옮긴이) 기간이 한 달 더 주어졌다. 주 업무가 이직 상담이어서, 현장을 재현한 롤플레잉 방식으로 사내 교육 담당자와 반복 연습했다. 실제 업무가 시작되면 한동안 선배와 팀을 이뤄 상담에 임하다가 어느 정도 익숙해지면 혼자 한다.

대체로 한 달에 약 20명의 회원을 담당한다. 평균 하루에 한 명 면담하는 셈이다. 회원 대부분이 낮에 일하므로 오전 중에는 이직 희망자나 기업 측과 메일이나 전화로 면접일을 정하고 추천문도 작성한다. 회원과는 주로 저녁 시간에 만난다.

늘 밤 11시가 넘어 퇴근했다. 집에 들어가면 다른 방도 아직 고요했다. 선박회사에 근무하는 친구도 취업정보업체 광고 부문에서 이직한 친구도 퇴근 시간이 비슷했던 모양이다. 처음에는 결혼하거나 애인이 생기면 나가서 혼자 살겠다고 큰소리쳤지만, 요즘은 적어도 1, 2년은 이대로 살 것 같다며 셋이서 웃곤 한다.

야마네는 지난 반년 동안 총 100명 가까이 되는 이직 희망자와 면담했다.

"좋은 일자리로 연결되면 정말 기뻐하죠. 덕분에 인생이 바뀌었다고 말하는 분도 있어요."

커리어 카운슬링의 기본 흐름은 현재 직장을 그만두고 싶은 이유를 묻고, 자사가 보유한 구인 안건을 소개하는 것이다.

여러 인상적인 이직 희망자들과의 만남을 통해 일의 묘미를 조금씩 알아갔다.

IT기업에 근무하던 20대 여성이 해운 관련 일을 해보고 싶다며 상담을 요청한 적이 있다. 해운 업계는 인력 채용이 활발하지 않아서 원하는 곳으로 이직하기가 사실상 불가능했다.

그러나 이런 때야말로 커리어 컨설턴트의 능력을 보여줄 기회 아닌가?

"꼭 해운 업계여야만 하나요?" 야마네가 물었다. 꼭 그렇지는 않다는 대답이 돌아왔다. 그녀는 단지 항구나 항로를 이용하여 물자를 효율성 있게 운반하는 '체계적인 세계'에 매료된 것이었다. '해운 업계'는 그녀가 마음속에 품었던 희망을 표현한 한 가지 단어에 지나지 않았다.

'그렇다면……' 야마네는 생각했다.

"컨설팅 회사도 괜찮지 않을까요?"

입사 후부터 계속했던 업계 연구의 경험을 살려 몇몇 컨설팅 회사의 업무 내용을 소개했다. 그러자 그녀가 "그 회사에 대해 더 알고 싶어요" 하고 눈을 반짝이며 말했다. 최종적으로 야마네가 소개한 컨설팅 회사로 이직이 결정되었다.

조금 극단적인 사례이긴 하지만, 이렇듯 업계와 업계를 연결하는 징검다리 역할을 하거나 새로운 세계로 가는 문을 열어주면서 큰 보람을 느끼게 되었다.

무엇보다 담당 회원의 이직 동기와 희망을 속속들이 이해하는 게 중요했다. 그 과정을 소홀히 하면 자칫 어울리지 않는 자리에 연결시키는 실수를 범할 수 있다. 혹은 여러 회사로부터 입사 허가를 받은 경우, 최종적으로 탈락된 회사가 "왜 우리한테 연결해주지 않았는가?"라고 질문했을 때 명확히 대답하기 위해서도 반드시 신경 써야 했다. 하나둘 알아갈수록 일이 즐거워졌다.

"정말 다양한 사람이 찾아옵니다. 본인이 뭘 하고 싶은지 전혀 모르는 사람도 있고, 자기 특성을 완전히 파악한 사람도 있어요. 어떤 고객이든 상담의 기본은 이직의 이유를 깊이 파는 것이죠. 이직을 원한다면 현재 직장에 반드시 불만이 있다는 것이고, 그 불만의 반대가 희망 사항일 테니까요."

이직하기 전 야마네는 '윗사람들의 모습을 볼 때마다 절대 저렇게 되기 싫다'는 생각이 들었다고 한다. 그게 가장 큰 불만이었다. 희망 사항은 사람을 적재적소에 배치하여 회사 변화에 도움을 주는 일을 하는 것이었다. 꼭 취업정보업체일 필요는 없었을지도 모른다. 경우에 따라서는 회사를 그만두지 않고 스스로 훌륭한 상사가 되어 회사의 변화를 주도한다는 목표도 세워봄 직했다. 이렇듯 몇 가지 선택지에 몇 가지 이유가 딱 맞아떨어졌을 때 사람들은 직업을 바꿀 결심을 한다.

홍보 일을 하고 싶다고 생각했는데, 사실은 다양한 사람을 만나는 게 좋아서였다면, 영업직이라도 즐겁게 일할 수 있다. 그렇기 때문에 추상적으로라도 '희망'부터 알아내는 것이 중요하다. 희망이라는 윤곽이 드러나면 업종이나 회사를 좁혀가기가 의외로 쉬울 수 있다.

"그 회사가 아니면 절대 안 되는 건 없어요. 원하는 것은 다른 회사에서도 얼마든지 실현할 수 있지요. 상상력과 지식으로 그 폭을 넓혀주는 게 제가 할 일인 것 같아요."

취업정보업체는 책상과 전화만 있으면 된다고들 한다. 개인의 인맥과 연줄을 이용한 소규모에서 수만 명의 회원과 1만 건의 구인 안건을 보유한 대형 업체까지 다양하다.

내가 어느 취업정보업체에 취재를 갔을 때, 그곳 경영자가 취업정보업체만큼 많은 정보가 모이는 곳도 없다고 말했다. 직장인들의 이직 동기, 각 업계의 구인 추세, 기업의 인기도, 기업이 원하는 인재상……

야마네 역시 짧은 경험 속에서 IT 업계의 일면을 엿보았다.

"솔직히 이렇게 유능한 사람이 왜 이런 연봉을 받고 일하고 있는지, 왜 아직도 계약직인지 의아할 때가 있어요. 30대에 연봉이 400만 엔대 초반인 것까진 좋은데 이중 삼중의 하청 업체에서 일하는 사람도 있어요. 자신의 가치를 몰라서 그렇지, 기회만 되면 얼마든지 이직할 수 있는 사람이에요. 기술은 있는데 정보가 없는 탓에 움직일 엄두를 못 냈던 거죠."

바로 그런 정보와 이직 노하우를 파는 곳이 취업정보업체다.

상담하러 방문하는 이들은 모두 장래에 대해 어느 정도의 불안감을 가지고 있었다. 형태는 조금 바뀌었지만, 야마네가 예전에 느꼈고 지금도 여전히 느끼는 감정과 비슷했다. '앞으로 계속 이 회사에 있어도 괜찮은가?' 누구나 마음속에 품은 불안한 생각이다. 상담차 방문한 시스템 엔지니어가 말했다.

"움직이지 않으면 앞으로 할 일도 계속 똑같겠지요. 나중에 내 재량껏 시스템을 개발할 수 있는 회사로 옮긴다 해도, 여전히 내 능력이 통할지 어떨지……"

30대가 되면 이직이 힘들다고 생각하는 경향이 있다. 그렇다면 지금 시스템의 핵심을 개발하는 곳으로 가고 싶은 게 당연하다.

"이중 삼중의 하청 업체가 유독 IT 업계에 많아요. 하청 회사는 체계가 안 잡혀 있으니 불안할 수밖에요. 연봉도 잘 안 오릅니다. 뭔가 제안해도 원청회사의 프로젝트 매니저한테 퉁겨져 자기 의견이 고객한테 전달되지도 않아요. '당신들은 잠자코 시키는 일만 해'라고 하는 거죠. 그런 일을 겪다 보면 고민이 되고 이직을 생각하게 되는 겁니다."

야마네는 회사를 옮기면서 연봉이 40~50만 엔 정도 깎여 400만 엔대가 되었다. 그래도 지금 하는 일에 만족했다. 어울리지 않는 자리에서 일하는 사람에게 보다 나은 자리를 소개한다는 것⋯⋯.

"회원이 원하는 바를 알아내서 그에 맞는 기업을 소개하는 데에 성의를 다할 뿐입니다. 기업도 그 사람을 원하고 그 사람도 원할 때, 내가 하는 일이 얼마나 가치 있는지 실감합니다."

물론 불안감이 없지는 않다. 통신기기 영업을 할 때도 처음에는 일하는 게 즐거웠다. 하고 싶은 일을 찾아 이직한 건 좋지만, 만약 예전처럼 또 싫어지면 어떻게 할 것인가? 그때는 분명 서른이 넘었을 것이다. 더 이상 시간을 허투루 보낼 수 없다. 커리어 컨설턴트로서 그런 현실을 늘 가까이서 접하다 보니, 문득 자신을 돌아봤을 때 느끼는 불안감이 생각보다 크다.

"아직은 배우는 중이니 그저 열심히 할 수밖에 없다고 생각합니다." 야마네가 말했다. 실제로 이직을 경험하고 느낀 소감은 '적성'이나 '자아실현'에 대한 명확한 해답은 어디에도 없다는 깨달음이었다. 그렇기에 몇 번을 이직해도 결국 불안할 수밖에 없다. 장래를 내다보는 건 불가능하다는 체념과 함께.

하지만 이 일을 하는 중에, 예전에는 의식하지 못했던 자신의 목표가 조금씩 구체화되는 걸 느꼈다.

"저는 주위 사람들한테 인정받고 싶은 욕구가 강한 것 같아요." 그가 말했다.

"인정받으려면 당연히 일을 잘해야죠. 다른 사람보다 더 노력해야 한다는 뜻입니다. 그런데 이제는 실전에 투입되기보다 관리하는 일을 해보고 싶어요."

인재를 배치하는 일에 흥미를 느끼고 이 회사에 들어왔다. 새로운 일에서 보람을 찾던 중에 '언젠가 나도 회사를 바꿀 힘이 되고 싶다'고 생각했고, 그런 포부는 자신이 성장한 증거임과 동시에 불안감이 만들어낸 욕구라는 사실을 알았다. 하지만 그는 '목표'의 구체적인 모습을 머리에 떠올릴 수 있었다.

"언젠가는 팀을 이끄는 역할을 맡고 싶습니다. 리더에 따라 멤버들의 의욕과 실적이 완전히 달라진다는 걸 확인했거든요.

좋은 방향으로 이끌 수 있는 능력을 키우고 싶어요."

이렇게 말한 순간 야마네가 떠올린 사람은 말할 필요도 없이 T과장이었다.

예전 회사를 그만둔 후 딱 한 번 그를 만났다. 지난 분기 책임량을 달성했으면 과별로 인센티브가 지급된다. 그걸로 회식을 하는 것이 관례였다. T과장이 "자네 실적도 포함되었으니 같이 가야지" 하고 야마네를 초대했다.

"일은 어때?" T과장이 물었다.

"아직 신입이라 잘 모르겠습니다. 하지만 언젠가 팀을 이끄는 리더가 되고 싶습니다."

그리고 한마디 덧붙였다. 그만두기 전에는 깨닫지 못했는데 이때는 확실히 말할 수 있었다.

"저도 과장님처럼 되고 싶습니다."

T과장은 야마네가 그만둘 때처럼 더 이상 쓸쓸한 표정을 짓지 않았다.

쑥스러웠을까?

그는 대답 대신 웃기만 했다.

d r $\underset{4}{i}$ f t

현상유지로는 시대와 함께
굴러떨어진다

대형 전자회사 → 대형 전자회사

오노 겐스케

32세

모두가
하나 되는
감정을
술자리 말고
일하면서
느끼고 싶어요.

아들 겐스케가 회사를 그만두겠다고 했을 때, 아버지 오노 다케시는 아무 말도 하지 않았다. 정확히는 '아무 말도 할 수 없었다.'

속으로는 많이 놀랐다.

겐스케는 고향인 미에 현에서 고등학교를 졸업하고 도쿄에 있는 국제기독교대학(ICU) 이공학부에 들어갔다. 그 후 호쿠리쿠 첨단과학기술대학원에서 석사 과정까지 수료한 다음, 연구실 추천으로 대형 전자회사에 취직했다. 아버지는 아들의 나무랄 데 없는 경력을 내심 자랑으로 여겼다.

그런 아들이 불과 2년 반 만에 회사를 옮기겠다고 한다.

아들의 말투를 보아하니 의논이 아니라 통보였다. 이미 다른 대형 전자회사로 이직이 결정되었다면서, 태연하게 "그렇게 알고 계세요"라고 했다.

하고 싶은 말이 없었다고 하면 거짓이다. 겐스케가 다니는 곳은 그룹 전체 직원이 10만 명에 이르는 일본 굴지의 대기업이다. 그런 기업의 연구소에 들어가는 게 쉬운 일이 아닌데, 조금 더 다니면서 고민한 후에 결정할 수 없는지 안타까운 심정이었다.

아들은 올해 스물일곱이다. 아버지가 아들의 일에 어디까지 개입해도 되는지 판단하기 어려웠다.

이때 56세였던 오노 다케시는 4년 후(2008년) 정년퇴직을 앞두고 있었다. 그도 40세 때 간사이 지역에 있는 석유화학회사를 그만두고 지금의 직장으로 이직했다. 직장 근처에 혼자 살면서 주말부부로 지내던 시기도 있었다. 자신의 과거 경력을 되돌아보면 아버지로서 아들에게 별로 해준 게 없다는 자책감도 들고, 그래서인지 이직에 대놓고 반대할 수 없었다.

또한 35년간 일하면서 '그만두는 젊은이'들을 많이 보다 보니 이직을 부정적으로 보게 되었는지도 몰랐다. 아들의 통보가 그동안 봐온 수많은 젊은이들을 다시 떠올리게 했다.

요즘 젊은이들은 참을성이 없어 입사하자마자 그만두는 경우가 많다고 한다. 그러나 젊은이의 이직은 예전에도 많았다고 그는 느꼈다. 기성세대가 볼 때는 의외다 싶을 정도로 쉽게 그만뒀고, 부서 변경을 요구하는 경우도 적지 않았다.

젊은 직원들은 "내가 생각했던 일이 아니에요"라고 이구동성으로 말했다. 자신의 아들이라고 크게 다르다고 생각할 수도 없었다.

자신의 젊었을 적을 되돌아보게 된다. 부모가 하는 말을 귀담아 듣기나 했던가?

"내가 1947년에 태어났으니 베이비붐 세대의 '선두 타자'인 셈이죠."

아들 겐스케의 이야기를 들으러 오노 다케시 댁을 방문했을 때 그가 먼저 이런 말을 꺼냈다. 초등학교 입학식 날 선생이 했던 말을 아직도 잊을 수 없다면서……

"여러분, 여러분이 태어난 해에 일본에서 아기들이 가장 많이 태어났어요. 그러니 앞으로 어떤 일을 하더라도 경쟁이 심할 거예요."

선생의 말이 맞았다. 한 반에 학생이 60명이나 됐다. 대학에 들어갈 때도 회사에서 일할 때도 같은 세대와의 힘겨운 경쟁을 피할 수 없었다.

"전쟁이 끝나고 경제 부흥에 총력을 다하며 한창 성장하던 시기가 있었죠. 그 당시에는 혹사해서 일하는 게 당연한 분위기였죠. 빙글빙글 도는 톱니바퀴를 따라가는 느낌이랄까? 그 톱니바퀴는 우리가 생각했던 것보다 훨씬 빨리 돌았죠. 열심히 달리지 않으면 안 되었어요. 나는 발포 스티롤을 만드는 회사에 다녔는데, '이 회사만의 상품'이 아니라 '비슷비슷한 제품'을 얼마나 싸고 빠르게 많이 만드느냐가 중요했습니다. 그러니 협동성이 가장 중요했죠. 모두 한마음으로 일해서 경제가 발전했다고 보지 않습니다. 그보다는 그런 시대였기 때문에 다들 열심히 일할 수밖에 없었던 겁니다."

이런 시대성을 아들 세대에게 어떻게 전할 수 있을까? '회사를 그만두려는 복잡한 마음'을 부모에게 설명하기 힘들어 사후보고한 겐스케의 심정도 마찬가지리라. '시대적' 단절이 이런 상황을 만들었을지도 모른다.

"지금은 다르죠. 아들 세대는……" 하고 오노 다케시가 말을 이었다.

"지금은 예전에 비해 톱니바퀴가 천천히 돌아요. 선택지는 늘었지만 성공 확률은 낮은 시대와, 선택지는 적어도 성공 가능성이 높았던 시대의 차이. 그런 차이가 일을 대하는 마음가짐으로도 나타납니다. 톱니바퀴가 천천히 돈다는 건, 따라 움직이지 않으면 미끄러져 떨어지기 쉽다는 말이죠. 그렇게 안 되려면 붙들 것을 찾든가 스스로 톱니바퀴를 돌려야 합니다. 그런 의미에서 지금이 더 힘든 시대인지도 모르겠습니다."

"하지만……" 하고 그가 말을 이었다. 마치 우리 같은 '젊은 세대'에게 이것만은 꼭 알아두라는 듯.

"톱니바퀴는 혼자 빨리 돈다고 잘 돌아가는 것도 아닙니다. 고속으로 도는 바퀴들 사이에서 같은 속도를 유지해야 한다는 압박감. 당시에는 이런 막연한 공포에 시달리는 젊은이가 많았죠."

자신의 젊었을 적 '불안'과 지금의 아들이 품을 '불안'에는 분명히 질적인 차이가 있을 것이다. 하지만 사회를 향해 첫걸음을 떼며 겪는 진통이라는 사실에는 변함이 없다. 뭐든지 '시대' 탓으로 돌려선 안 된다. 형태는 바뀌었지만 지금도 옛날과 다르지 않다. 오노 다케시의 말을 나는 이렇게 받아들였다.

'모두 자기 책임이야.'

오노 다케시는 초연한 표정의 겐스케에게 이런 내용의 말을 했다고 한다.

어떤 일을 하든지 한 달, 석 달, 1년, 3년, 5년마다 주기적으로 심경에 변화가 생길 수밖에 없다. 그럴 때마다 무슨 생각을 하고 어떻게 행동할지는 사회인이 된 어른의 자유이자 책임이다. 2년 반은 분명히 짧은 시간이다. 하지만 시대가 변했다. 이제 부모가 해줄 말은 없다.

'대학을 졸업할 때까지는 지원하지만 이후로는 뭘 하든 네가 책임져라'는 말은 그 역시 옛날에 자신의 아버지에게 들은 가르침이다.

"다음에 또 직장을 바꾸려 할 때는 깊이 고민하고 움직여야 한단다. 두 번, 세 번은 안 되지. 남의 떡이 커 보이는 것처럼 남의 직장이 더 좋아 보여서 이직하는 거라면 안 하는 게 낫지 않겠니?"

아버지로서 더 이상의 조언은 하지 않았다. 수많은 생각이 교차했지만 하고 싶은 말을 가슴에 묻어야 했다.

교외에 자리 잡은 연구소는 깊은 초록으로 둘러싸여 있다. 인기척이 적은 밤 시간이 되면 서서히 눅눅한 정적에 감싸인다.

사무실에는 의자와 책상 열다섯 세트 정도가 나란히 놓여 있다. 바닥에 깔린 카펫만 빼면 거의 학교 교실 같은 분위기다. 말소리 하나 들리지 않는 숨 막히는 공간. 자정이 가까운 시간인데 아무도 일어날 기미를 보이지 않는다. 모두 묵묵히 화면만 응시하고 있다. 키보드 두드리는 소리, 마우스 클릭하는 소리, 종이 스치는 소리, 에어컨의 낮은 신음.

도쿄 본사 직원은 모두 넥타이에 양복 차림이지만 연구소 소속 연구원들은 대부분 편안한 차림으로 출근한다.

오노 겐스케도 점퍼 차림으로 사무실 한구석에 앉아 있다. 움직이던 손을 멈추고 화면에 비친 문장과 수식을 꼼꼼히 읽고 '파일' 메뉴를 열어 '인쇄'를 클릭했다.

잠시 후 프린터가 소리를 내기 시작했다.

자리에서 일어나 방금 완성한 원고를 들고 과장에게 천천히 걸어갔다. 30대 중반인 과장은 기다렸다는 듯 보고서를 받아 책상 위에 놓았다.

지난 2년간 셀 수도 없이 반복된 과정이다.

과장은 하고 있던 작업을 끝내자마자 겐스케가 건넨 원고를 검토할 것이다.

'도대체 몇 번을 수정해야 하는 거야……' 속으로 투덜거렸다.

이제는 어떤 논문이 좋은 논문인지 알 수 없게 되었다. 쓰고 나면 상사가 체크하고 고치고 지적한다. 과장한테 넘기기 전에 이미 선배가 몇 번이나 검토했다. 과장이 통과시켜도 부장이 뒤엎는 경우도 있다. 그러면 다시 처음으로 돌아간다.

그런 일이 되풀이되니 지쳐서 생각할 여유가 없었다. 아무리 고쳐도 처음 쓴 원고와 똑같게 느껴졌다. 점점 자신감을 잃어 갔다.

"그렇게 고치면 처음과 똑같아집니다"라고 말할 뻔한 적도 있다. 그래도 상사는 통과의례라는 듯 고치던 손을 멈추지 않았다. 프레젠테이션 자료인 경우에는 글자 크기, 폰트, 색깔까지 집요하게 물고 늘어진다. 거래처에 보여주는 자료라면 몰라도 같은 회사 부장이나 연구소장에게 제출하는 자료도 예외가 아니다. 오히려 더 까다로운 것 같으니 의구심이 생기지 않을 수 없었다.

'도대체 뭐하자는 거야.'

2003년 봄이 지나면 입사한 지 3년이 된다.

회사 연구소는 통신, 생명과학, 기억장치 등 몇 개의 큰 부서로 나뉜다. 그 밑으로 가지가 뻗듯 다양한 분야의 작은 부서가 있다. 겐스케는 슈퍼컴퓨터를 취급하는 부서에 소속되어 있다.

입사 2년차 때 연구소장에게 제출할 짧은 논문을 쓴 적이 있다. 왜 자사가 막대한 비용을 들이면서 슈퍼컴퓨터를 만드는지, 이 연구가 사회적·기술적으로 어떤 의미를 지니는지에 대한 논문이었다.

슈퍼컴퓨터 시장에는 A사라는 라이벌이 있었다. 그렇기 때문에 'A사보다 뛰어난 자사 제품을 증명한다'는 명확한 목적을 갖고 논문을 써야 했다. 컴퓨터의 성능을 논할 때는 이론성능과 실효성능이라는 두 가지 지표로 판단한다. 전자는 많은 부분이 물리적 조건에 좌우되므로 자사나 타사에 관계없이 공표된 제품 정보를 통해 산출해낼 수 있다. 반면에 실효성능은 실제로 해당 컴퓨터에게 문제를 해결하게 하고 기능을 테스트해야 한다. 물론 이론성능에 가까운 실효성능이 나올수록 효율이 좋다는 의미다.

그는 실효 효율에서 자사 제품이 타사 제품보다 떨어져서 고심했다. 기준이 되는 테스트 결과는 말할 필요도 없고, 단위면적당 성능, 소비전력당 성능 등 어느 면으로 조사해봐도 수치상 모조리 패했다.

'대학원 시절에는 졌으면 졌다고 솔직히 쓰면 됐는데…….' 겐스케는 이런 생각이 들었다. 그러나 여기는 대학연구실이 아니었다. 순수한 기술론을 떠나 기업의 입장을 뒷받침하는 논리가 필요했다. 논문을 고칠수록 어쩔 수 없는 현실이 겐스케의 가슴을 짓눌렀다.

그(라기보다 그가 소속된 부서)는 자사의 이익에 부합되는 계산 방식을 따를 수밖에 없었다.

A사 제품은 분명 기술적 계산에는 적합했다. 그렇다고 자사 제품이 모든 면에서 A사에 뒤지는 건 아니었다. 실효성능을 따지면 A사가 우월하지만, 자사 제품은 다양한 분야에 응용이 가능한 범용성을 갖췄다.

그렇다면 이 점을 강조해보면 어떨까? 자사 제품이 능숙하게 해내는 부분의 연산을 반복시키면 '이기는 분야'를 만들어내기가 어렵지 않을 것이다. 그 결과를 최대한 활용하여 슈퍼컴퓨터 개발의 의의와 이점을 어필한다……

원래부터 이런 목적으로 작성한 논문이니 '보여주기식'이 되지 않을 수 없었다. 상사가 몇 차례나 수정을 명령하는 것도 '이렇게 하면 좀 더 보기 좋겠다'는 뜻일 뿐, 과학적 논거나 핵심적인 내용에 문제가 있지는 않았다.

겐스케는 자리로 돌아와 잠시 기다렸다. 상사가 A4 용지 10장 분량의 원고를 손에 드는 걸 곁눈으로 확인한다.

원고 검토가 끝날 때까지는 아무것도 할 수가 없다. 늘 그랬듯 한숨을 삼키며 일어나 다른 층에 있는 휴게실로 향했다. 커피를 내리고 흡연실에 들어가 담배에 불을 붙인다. 환기팬 소리만 들리는 공간에 앉아, 연기와 함께 조금 전 삼켰던 한숨을 내뱉었다.

그는 신입 엔지니어로서 슬픔인지 허무인지 모를 감정을 느꼈다.

입사 후 이 부서에 대해 느꼈던 첫인상이 그 후로도 줄곧 이어졌다. 여기서 하는 일은 모조리 변명뿐이라는 생각이 들었다. 지금 맞닥뜨린 실효성능 문제는 상징에 지나지 않는다. 하나를 보면 열을 알 수 있다.

겐스케가 맡은 업무 중에는 제품을 실제로 개발·설계하는 사업부의 '즉흥적 질문에 대답하기 위한 자료 만들기'도 있었다. 그는 이 일을 할 때 스스로 '고급 파견사원'이라 불렀다. 연구소에는 전사적으로 총력을 기울여 예산을 짜는 선행 연구도 있고, 제조를 담당하는 사업부에서 예산을 책정하여 의뢰하는 것도 있다. 그가 소속된 부서의 업무 대부분이 후자였다.

"슈퍼컴퓨터의 CPU는 자사에서 개발한 게 아니라 타사에서 구입한 것이거든요. 사업부가 그 실효성능을 확인해달라고 요구하는데, 우리도 얻을 수 있는 데이터에 한계가 있단 말이죠. 구입처에 문의해도 일일이 답해주는 것도 아니어서, 윗선에 제출할 논문을 작성할 때 정보가 부족할 수밖에 없습니다. 그런데도 모든 책임을 져야 해요. 이미 있는 제품을 조금 변형해 제조한다 해도 자료를 만들려면 많이 힘들어요."

다른 부서에 동기 몇 명이 있는데 들어보니 모두 비슷한 고민을 안고 있었다. 하지만 연구 분야가 달라서 본질적으로는 모두 외톨이였다. 같은 부서에 선배가 있어도 연차가 5년이나 높으니, 터놓고 얘기하며 함께 투덜거릴 수도 없었다.

겐스케는 담배를 문 채 복잡한 생각에 잠겼다. '거짓말도 정도껏 해야지'라고 중얼거렸다.

'아니, 논문에 거짓은 없어. 거기에는 사실만 적혀 있어. 어느

분야에서는 분명 A사를 이겼고, 어느 조건하에서는 수치도 상승해. 하지만…….'

상대보다 유리할 것 같은 씨름판을 골라서, 어느 면에서는, 어느 면에서는, 어느 면에서는…… 하고 되뇐다.

'거짓'은 아니다. 하지만 '진실'이라 말하기도 어렵다.

물론 기업에는 경영 전략이 있다. 자사 제품의 장점을 최대한 부각시킨다는 것은 기업으로서 정당한 방식이다.

자사가 내세우는 어느 조건하에서의 성능도 분명 중요하다. 현재 제품은 다양한 데이터 해석에 능하여 과학기술 현장에서 유용하게 쓰이고 있다. 다수의 전자업체가 비슷비슷한 전자 제품을 만들어 경합을 벌이는 일본에서 성능의 근소한 차이도 시장에서 무기가 된다. 그러니 겐스케의 연구도 좋든 싫든 필요하다. 사회 구조적으로 옳은 현상인지 어떤지는 그다음의 문제로 밀려난다.

하지만 아무리 좋게 생각하려 해도 연구자로서의 자존감이 무너지는 건 막을 수 없었다. 기업의 논리를 이해하는 것과 일하면서 보람을 느끼는 건 전혀 다른 문제였다.

깊이 파고들면 더 복잡해진다. 겐스케가 소속된 부서가 진행하는 '연구의 정당성', 그 연구에 예산을 들이는 '사업부의 정당성', 그 모두를 아우르는 '회사의 정당성'이 일치하지 않을 때가 있다.

"회사의 이름을 걸고 진행한 연구라고 그럴듯하게 포장하지만 핵심은 '사업의 존속'이겠지요. 이익이 안 나는 사업의 정리는 회사의 정당성에 부합되지만, 연구하는 입장에서는 다르지 않을까요? 현실적으로 생각하면 돈이 안 되는 사업은 접는 편이 좋겠죠. 지금은 회사의 이익과 상반되는 내용의 논문을 쓰면서 회사를 위해서라고 주장하는 꼴입니다. 각각의 입장에서 생각하는 '정당성'을 모아놓고 최소공배수나 최대공약수를 찾는 게임 같기도 해요."

'거짓'이 겐스케 자신을 향하는 듯 느껴졌다. 자기 손으로 쓴 논문은 자신이 책임져야 한다. 자사에서 만든 슈퍼컴퓨터가 얼마나 훌륭한지 수많은 논거를 들어 주장했다. 그 논문의 말미에 상사와 자기 이름이 공저자로서 당당히 기록되었다.

문제는 겐스케 자신이 이 제품을 진심으로 훌륭하다고 생각하지 않는다는 점이다. 아마 상사도 마찬가지일 것이다.

A사와 비교하여 뒤떨어지기 때문만은 아니었다. 그가 보기에 자사의 슈퍼컴퓨터는 시장에서 설 자리를 잃어가고 있었다.

"1990년대 초반까지라면……." 그는 상상해보았다.

그때는 부서에도 활기가 넘쳤을 것이다.

유체역학, 의료, 우주공학……. 과학의 모든 분야에 '슈퍼컴'

을 도입하여 그 강력한 계산능력으로 세상의 온갖 수수께끼를 풀 수 있으리라 기대했다. 여기서 일하는 사람들은 가슴에 원대한 꿈을 품고 연구 성과를 차곡차곡 쌓아갔을 것이다.

그건 연구자로서 큰 즐거움이다. 대기업에 소속되지 않으면 그런 연구 자체가 불가능하다. 그들은 기업이 제공하는 꿈에 편승했다. 그렇게 행복한 유대관계가 이어졌을 것이다.

그런데 지금은 어떤가?

기업은 입을 꼭 닫은 채 젊은 연구자인 겐스케에게 아무런 꿈도 제공해주지 않았다. 그로서는 과감하게 올라탈 '톱니바퀴'가 없었다.

거품은 붕괴됐고 기술은 진보했다. 겐스케가 자신을 '고급 파견사원'이라 부르는 것은 이제 대기업이 아니라도 자신이 하는 연구가 가능해졌다는 뜻을 내비치기 위함이다. 일반 소비자용 컴퓨터의 성능도 비약적으로 발전했고, 외관이 볼품없다는 단점은 있지만 시판되는 컴퓨터를 연결하여 기존 슈퍼컴에 가까운 능력도 만들어낼 수 있다. 게다가 세계 시장점유율에서 일본 기업이 차지하는 비율이 줄었다. 슈퍼컴퓨터 개발의 의의는 아직 클지 몰라도, 적어도 이 부서에서는 느껴지지 않았다. 그런데도 회사는 1980년대의 화려한 '기억'에서 아직 헤어나지 못하고 있다.

당시에 겐스케와 함께 자주 술을 마셨다는 동기 한 명이 안타깝다는 듯 말했다.

"같은 회사라도 특히 겐스케가 있었던 하드웨어 부서는 유독 폐쇄적이었어요. 세계적으로 보면 패자 그룹이죠. 국외에서도 국내에서도 점유율이 낮아요. 다른 회사에 밀리고 있는 게 뻔히 보이는데도 절대 인정하면 안 된다고 해요. 변명처럼 어느 분야에선 1위, 어디어디에선 1위, 이런 것만 찾고 다니죠. 안 되는 걸 안 된다고 말할 수 없는 분위기가 폐쇄적인 조직을 만드는 것 같아요. 답답한 것은 그런 문구에 혹하는 고객이 아직도 있다는 겁니다. 결국 그런 고객을 꼬드겨서 돈을 버는 게 아닌가요? 윗사람들은 그게 정당하다고 생각하는 것 같아요."

겐스케는 자부심을 느낄 수 없었다. 비록 부서 전체로 보면 하잘것없는 역할이라도 그런 기분으로 쓴 논문이 공식 견해로서 한 장 한 장 쌓이는 것이 두려웠다.

다만 한 가지라도 좋으니 일하면서 의지할 만한 게 있으면 좋겠다고 생각했다. 예를 들면 목표로 연결될 성공 체험이 필요했다.

"윗사람들은 우리를 냉담하다고 생각할지 모르지만, 서로 도와가며 단결하는 조직 분위기를 우리가 더 절실히 원해요. 모두가 하나 되는 감정을 술자리 말고 일하면서 느끼고 싶어요.

저 역시 같은 목표를 향해 나아가는 모습을 원하고 있다고 생각해요."

자리로 돌아오니, 과거에 이 부서에서 수많은 '성공 체험'을 했을 우수한 엔지니어(=상사)가, 작성자 본인이 하찮다고 생각하는 논문을 진지하게 읽고 있었다.

"의미 없다는 생각이 들기 시작하니 점점 더 싫어지더군요. 고객에게 보여주기 위한 자료라면 몰라도, 소장이나 사업부에 보여줄 논문만 죽자 사자 만들고 있어요. 쓸데없다고 말하면 주제넘은지 모르지만, 솔직히 뭣 때문에 이 일을 해야 하는지 도통 알 수가 없어요."

공교롭게도 그의 아버지가 말했던 '따라 움직이지 않으면 미끄러져 떨어질 것' 같은 불안감을 느꼈던 때가 이 무렵이었다.

예전 같으면 절대 입에 담지 않았을 말이 가슴속에서 소용돌이쳤다.

'생각했던 것과 다르다.'

겐스케에게는 기술자를 목표로 매진해온 이유가 있었다. 스스로 만든 것이 움직일 때 느꼈던 소박한 기쁨을 지속적으로 얻고 싶다던 자신의 과거 모습이 떠올랐다.

오노 겐스케는 1977년 미에 현 욧카이치 시 근교 마을에서 태어났다.

나중에 대기업 전자제품 공장이 근처에 생겼지만, 당시에는 낡은 상점가와 슈퍼마켓 하나만 있을 뿐 주위는 온통 공터와 논밭이었다.

그래도 가까운 곳에 혼다 기술연구소와 후루카와 전기공업 공장이 있었고, 친구들의 아버지 대부분이 비슷한 계열의 회사에 다녔다. 원래 그 마을 자체가 공장이 진출하면서 형성된 신흥주택지였다.

그래서 모두 비슷비슷한 새집이었다. 친구 집에 놀러 갔는데 집 구조가 똑같아서 놀란 적도 있다. 동네의 그런 획일적인 분위기가 마음에 들지 않았다. 겐스케는 걸프전쟁 때 초록빛 대지 위로 총탄이 날아다니는 장면을, 옴진리교가 일으킨 사린사건의 비현실적 광경을, 한신대지진의 참상을 TV 화면으로 보았다.

어릴 적 동네에 서점이 없어 불편했다. 책을 사고 싶으면 아버지한테 차로 데려다달라고 부탁하거나 버스를 타고 나가야 했다. 읽고 싶은 책을 바로 읽을 수 없다는 사실이 더 큰 도시에서 살고 싶은 희망으로 이어졌는지 모른다.

중학교에 입학하자마자 '장난감'이 하나 생겼다. 중견기업에 다니던 할아버지가 자신이 쓰던 컴퓨터를 물려주었다. NEC의

PC6001이라는 기종이었다. 묵직한 컴퓨터 본체를 TV에 연결하면 바로 장난감이 되었다.

할 수 있는 것이 많지는 않았다. CDEFGAB 키를 두드려 '도레미파솔라시도' 음을 내거나 짧은 비프음을 연속적으로 내면서 작은 캐릭터를 움직이는 것이 재미있었다. 손으로 명령을 내리면 컴퓨터가 즉각 반응한다는 사실에 쾌감을 느꼈다.

당시부터 뭔가를 만드는 일에서 충족감을 느꼈다. 그런 성향이 결국 그를 외롭게 만들었다.

그가 느꼈던 기쁨을 누구와도 공유할 수 없어 못내 아쉬웠다. 친구들은 모두 닌텐도의 패밀리컴퓨터 게임에만 열중했다. 아무도 PC6001에 흥미를 보이지 않았다.

친구들 대부분이 슈퍼마리오 브라더스에 푹 빠져 있었다.

어느 날 친구들이 "이걸로도 게임할 수 있어?"라고 물었다. 겐스케는 기다렸다는 듯 인베이더 게임을 실행시켰다. 마리오나 루이지를 능숙하게 조종할 수는 없었지만 프로그램 언어의 숫자를 바꿔 적들이 움직이는 속도를 자유자재로 변화시켰다. 키보드를 조작하여 동요도 연주했다.

그런 즐거움이 친구들에게 전달되지는 않았다. 그는 친구들의 지루한 표정을 볼 때마다 자신이 거부되는 기분이 들었다. 초중학생 시절에 친구는 많았지만 깊은 부분까지 공유하지는 못했다.

PC통신이 유행하기 시작했을 때 그는 고등학생이었고 누구보다 빨리 흐름에 올라탔다.

어느 날 아버지가 샤프전자에서 나온 X68000이라는 컴퓨터를 사 주었다. TV게임기는 절대 안 사 줬어도 아들이 컴퓨터에 열중하는 것에는 호의적이었다.

겐스케는 X68000을 전화선에 연결하여 하이퍼터미널을 구동하고 컴퓨터 잡지에서 알아낸 욧카이치 게시판 다이얼 번호를 입력했다. 통신 속도는 2400bps. 거기서 학교 친구들과는 조금 다른 '친구들'을 만났다.

호시 신이치 소설의 팬이었던 겐스케는 게시판에 짧은 이야기나 시를 써서 올리기를 좋아했다. 누군가가 자신이 올린 작품에 감상을 달아주면 무척 기뻤다. 채팅을 하면서 여태까지 경험한 적 없는 신선한 감정을 느꼈다.

"그곳에 오는 사람들은 거의가 20대, 어리다 해도 18, 19세였어요. 거기에 열다섯 살의 고등학생이 접속했으니 신기했을 거예요. 어떤 글을 올려도 다들 친절하게 답해준 기억이 나네요. 그땐 지금처럼 익명으로 활동하지 않았어요. 자기 자신을 완전히 드러냈죠. 그래서인지 더 정이 갔고, 얘기를 나누다 보면 어디서 뭘 하는 사람인지 어렴풋이 알게 돼요."

PC통신을 통해 모르는 사람과 만난 경험은 겐스케의 세계관을 바꿔놓았다. 그 변화는 근처에 서점 하나 없는 마을에 사는 소년에게 욧카이치라는 '도시'와 직접적으로 연결되었다는 감각을 선사했다.

얼마 후 서버 관리자를 만나러 갈 기회가 생겼다. 상대는 20대 초반의 프리랜서 프로그래머인데 전문학교에 강의도 나간다고 했다. 겐스케는 통신상에서 "시간 있을 때 한번 와요"라는 말을 듣는 순간, 자신이 그런 인물을 만날 수 있다는 사실에 흥분했다.

"부모님이 알았다면 혼쭐났을 거예요. 욧카이치까지 전철을 타고 어른을 만나러 가다니, 일종의 모험이었죠. 굉장히 긴장했던 기억이 납니다. 지금 생각하면 보통의 형인데, 당시엔 이렇게 자유롭게 사는 사람도 있구나 싶어 감탄했어요. 내가 아는 어른이라곤 부모님이랑 친구 부모님, 학교 선생님 정도였거든요. 어느 누구보다 자유로운 사람으로 보였어요. 꽤 신선한 경험이었어요."

부모님에게 "왜 이렇게 전화비가 많이 나와?"라고 늘 야단맞았지만, 컴퓨터를 자기 생활 속에 끌어들인 일은 장래의 진로를 결정하는 데 큰 힘이 되었다.

PC통신으로 '또 하나의 세계'를 찾았던 고교생 겐스케는 아인슈타인과 호킹 같은 우주물리학자에게 동경심을 품은 물리학도이기도 했다.

물리를 좋아한 이유와 컴퓨터를 좋아한 이유는 많은 부분에서 일치했다. '명령하면 동작'하는 프로그램의 세계와 'A가 B가 되는 이유는 C다'로 증명되는 물리 세계의 공통점은 명쾌함이었다. 겐스케는 그 두 가지 세상에서 '감각적인 즐거움'을 느꼈다.

예를 들어 학교 수업에서 역학을 배운 후라면 전철이 출발하는 순간에 '이건 마찰이 있기 때문에 움직이는 거야'라고 생각한다. 파동의 성질을 배운 후에는 '소리도 파동이라면 역위상의 파동을 발생시켜 무음 상태를 만들어낼 수 있겠지'라고 상상하면서 노이즈캔슬링 헤드폰의 원리를 파악했다.

실없는 소리일지도 모르지만, 요컨대 자신의 직감으로 원리 원칙을 알아가는 것이 겐스케에게는 큰 즐거움이었다.

이공계로 진로를 정한 것은 고교 시절에 물리를 좋아해서이기도 했지만 또 다른 이유가 있었다. 게시판에 소설이나 시를 올렸다는 사실로도 알 수 있듯, 그는 문학의 세계도 좋아했다 (대학 시절에는 연극부 활동도 했다). 그저 '이과 졸업생은 문과 관련 일도 할 수 있지만 그 반대는 어렵다'는 판단으로 대학은 이공계로 진학하는 게 낫겠다고 생각했다. 그는 선택지가 줄어들까 봐 두렵기도 했다고 고백했다.

고등학교 때 물리 선생님이 겐스케를 불러놓고 충고했다. "너는 물리를 깊이 이해하려 하지 않는 경향이 있어. 너는 문제의 의미를 단번에 파악하는 능력이 있더구나. 시험이라면 답은 맞겠지. 그런데 계속 감각에 의지해서 문제를 푸는 버릇이 생기면 어느 순간 앞으로 나아갈 수 없게 돼. 물리는 실제 현상을 공식에 대입해 풀어야 하는 견실한 학문이야. 아인슈타인 같은 천재는 신의 계시에 가까운 형태로 발상이 떠오르는지도 모르지. 그건 피카소의 데생이 완벽했던 것과 마찬가지란다. 감각은 기초가 탄탄할 때 비로소 통용되는 거야. 그런데 넌 기초도 안 되어 있으면서 발상만 하려고 해."

그때는 선생의 말을 잘 이해하지 못했는데 재수해서 도쿄에 있는 ICU에 진학하고 나서야 이 말의 의미를 깊이 되새기게 되었다.

대학에서 배우는 물리는 고교 시절과 딴판이었다. 과학잡지 《뉴턴》과 고단샤의 《블루백스》 시리즈를 읽으며 품었던 흥분이나 미지의 분야를 개척한다는 환희가 대학 강의실에서는 느껴지지 않았다. 수학적 증명을 반복함으로써 경험과 식견을 쌓아야 했다. 그게 물리학의 기초였다. 물리 선생님의 충고대로 '발상' 따위 전혀 통용되지 않았다. 겐스케는 강의가 지루했다.

'이것이 진정한 학문으로 들어가는 길'이라는 사실을 인식한 순간, 스스로도 놀랄 만큼 쉽게 물리를 버리자는 결심이 섰다. 눈앞에 갑자기 나타난 벽에 맞서고 싶은 마음이 전혀 생기지 않았다. 포기도 좌절도 아니었다. 대학 4년간 이 세계에서 치열하게 공부하는 자신의 모습을 상상할 수 없었을 뿐이다.

그때 겐스케의 마음에 컴퓨터라는 분야가 새로 자리를 잡기 시작했다.

소프트웨어 공학이라는 강의 중에 프로그래밍 언어의 기초로서 '정렬' 알고리즘을 배웠다. 랜덤으로 나열된 수열을 '작은 순서대로'나 '큰 순서대로' 다시 배치하는 것으로, 이 알고리즘을 이용하여 출제된 문제를 푼 순간 처음 컴퓨터를 만졌을 때 느꼈던 기쁨이 되살아났다.

"이 분야에서는 아직 감각이 통용되는 것 같아요. 수학적 증명에도 아름다운 것과 그렇지 않은 것이 있잖아요. 컴퓨터도 마찬가지예요. 컴퓨터가 수행하는 처리 작업은 간단할수록 빠르니까 일련의 흐름이 복잡하지 않아야 해요. 퍼즐을 하나하나 맞춰가는 즐거움도 수학적 증명의 아름다움을 느낄 때의 마음 상태와 비슷하지 않을까요?"

학년이 올라 강의가 어려워지고 출제되는 문제가 난해해져도 물리학을 공부할 때처럼 눈앞의 벽으로 느껴지지 않았다. 오히려 어려운 과제일수록 누가 뭐래도 끝까지 해보겠다는 열정과 함께 투지가 불타올랐다.

장래에 엔지니어가 되겠다는 명확한 꿈을 품지는 않았다. 다만 겐스케는 자신이 짠 프로그램으로 컴퓨터가 움직일 때 환희를 느꼈다. 그 경험이 씨앗이 되어 대학을 졸업할 무렵 가슴에 꽃을 피웠고 대학원 진학의 이유가 되었다. 사회인이 된 지금도 그의 가슴속에 살아 숨 쉬는 생명이다.

겐스케는 ICU를 졸업하고 호쿠리쿠 첨단과학기술대학원에 진학했다. 대학원에서는 하드웨어를 연구했다.

캠퍼스가 산중에 있어 주변에 갈 만한 곳이 없었다. 그는 기숙사에서 생활했다. 연구실과 기숙사를 오가는 생활이라 거의 밖으로 나올 일이 없었지만 더없이 행복한 나날이었다. 연구실에서는 CAD 소프트웨어를 이용하여 CPU의 저소비 전력화를 목표로 설계하는 작업을 했다. CPU 하나를 설계하는 데도 1, 2개월 정도 걸린다. 그 반복 작업을 통해 소비전력을 최소화할 수 있는 조건을 찾아내는 것이다.

그 작업은 '수학적 축적'이 필요하다는 점에서 물리학과 다를 바 없었지만, 4년간의 한결같은 연구가 그를 성장시켰다. CPU를 만든다는 목표를 향해 한눈팔지 않고 매진했다. 때로는 같은 기숙사 친구들과 술을 마시며 마음속 이야기도 나누었다. 취직하기까지 2년간이라는 제한이 붙은 나날이어서 더욱 의미

있고 즐거운 시간으로 느껴졌다.

겐스케가 대학원 2년차였을 때, 전자제품 제조회사에 다니는 같은 학교 출신 선배가 연락을 했다. 나중에 이 회사에 입사하게 된다. 2001년이라면 취업빙하기가 한창일 때였지만, 호쿠리쿠의 연구실에서는 그런 분위기를 전혀 느낄 수 없었다. 연구실에서 추천해준 곳도 있고, 자기가 다니는 회사에 정식으로 입사를 권하는 선배도 있었다.

겐스케는 도쿄에서 취업 활동을 할 때 면접관에게 이것저것 질문받으면서 심하게 긴장한 경험이 있다. 그래서인지 이끌어주는 선배가 있는 기업으로 가고 싶었다.

"보통 인사 담당자와 통화하여 약속을 잡는 게 일반적일 텐데, 기술 담당인 선배가 직접 메일이나 전화를 줘서 다음 일정을 조율했어요."

선배는 성격이 조심스럽고 다정다감했다. 회사 동료로서가 아니라 여전히 연구실 선배처럼 친근하게 다가왔다.

학생일 때는 모든 사회인이 어른으로 보인다. 그런 사람이 '겐스케 씨'라 부르고 번화가 레스토랑에서 식사 대접을 해주니 자기가 대단한 인물이라도 되는 듯 느껴졌다. 같은 엔지니어로서 대등하게 대해준다는 사실이 묘하게 뿌듯하고 기뻤다. 게다가 훌륭한 대기업에서 당신을 맞아들일 준비가 되어 있다고 호의적으로 표현하는데 결심이 굳어지지 않을 리 있겠는가?

이런 과정을 통해 기업 조직에서 일하고 있는 자신의 이미지를 머릿속에 조금씩 쌓아갔다.

"문과생들에 비해 취직에 대한 의식이 한두 걸음 뒤떨어져 있었던 것 같아요. 적어도 내 지인 중에 대학원까지 나온 사람들은 엔지니어가 되는 길밖에 몰랐죠. 투자나 컨설팅 쪽으로 가면 몰라도 다들 대학에서 하던 연구의 연장으로 생각했어요. 나도 예외가 아니었습니다. 대학원에서 하던 대로만 하면 월급이 나오는 줄 알았어요……."

겐스케는 이렇게 물 흘러가듯 큰 고민 없이 직장을 선택했다. 하지만 한편으로는 사회로 나가 일한다는 의미를 깊이 생각할 기회를 놓쳤다. 기업이라는 조직 속에서 무엇을 하고 싶은지, 어떤 목표와 꿈을 가지고 일할 것인지……. 어찌 보면 유치한 문제인지도 모르지만, 그런 고민은 학생 신분일 때 한번쯤 해야 했다.

시대가 젊은이 개개인에게 고민을 떠맡기고 있다. 10년 넘게 이어진 불황 끝에 개혁을 단행한 기업들은 더 이상 젊은이들에게 친절하지 않았다.

기업은 비용 절감의 일환으로 신규 채용에 더욱 까다로운 조건을 내걸었다. '실전 능력'이나 '커뮤니케이션 능력' 같은 자의

적 키워드를 내세우기도 했다. 바로 어제까지 학생이었는데 어떻게 실전 능력을 갖췄겠는가? 커뮤니케이션 능력은 또 뭔가? 채용자인 '그들'은 일단 고민은 하고 오라는 뜻이라 말할 것이다.

그 시대에 취업이 어렵지 않았던 건 행운일까 불행일까. 어느 쪽이었든 겐스케는 일본에서 손꼽히는 연구소에 들어갔고 많은 것을 기대하지 않았다. '회사나 사회에 기대할 건 없다, 직장은 돈 벌기 위한 수단일 뿐이다'라는 명쾌한 자세를 유지했다.

연구소에 들어가니 당연히 현대사회의 최첨단 기술을 활용할 것이라 생각했다. 기업이란 제품을 만들어 판매하는 조직이 아닌가? 최신 '상품' 개발에 관여하며 첨단 업무를 맡으리라는 데에 추호의 의심도 없었다.

의심하지 않았기에 '기대할 건 없다'라고 여유를 부렸는지도 모른다.

하지만 지금의 그는 말한다. "생각이 짧았어요."

"나는 그다지 진취적인 편이 아니에요. 보수적이라 변화를 싫어하죠. 그래서 그만둔다는 생각은 못 했는데……."

연구소는 대학원의 연장이 아니었다. 최첨단 연구를 하는 건 맞지만 상상과는 꽤 달랐다. 그를 이직으로 몰고 간 요인은 사회에 첫걸음을 내디딜 때부터 이미 싹트기 시작했다.

오노 겐스케를 처음 만난 때는 그가 전 직장을 그만두고 3년이 지났을 시기였다.

그는 다른 전자제품 제조회사의 펌웨어 개발팀에 있었다. 결혼하여 한 아이의 아버지가 되었다.

이후 2년간 우리는 늘 술을 마시면서 이야기를 나눴다.

그는 일하면서 느꼈던 막연한 불안, 그 불안을 만들어내는 '시대'에 대해 어떻게든 쉽게 설명하려고 노력했다.

내가 오해한다 싶으면 "아뇨, 그런 건 아니에요"라고 바로잡아주었고 "이렇게 말하면 이해하기 쉬울까?"라며 하나하나 정확히 표현하려 애썼다.

그런 그의 태도가 좋았다. 사소한 이야기도 진지하게 하는 자세에 끌렸다. 경력을 쌓으면서 조금씩 터득한 그만의 대화 방식 같기도 했다.

망설여지면 망설여지는 대로 처음부터 해답을 내는 걸 포기했다는 듯 언젠가 그가 툭 던진 말이 가슴에 남아 있다.

"장래에 대해 생각하려 해도 좀처럼 앞이 보이지 않아요. 지금 하는 일을 평생 하겠다는 열정은 없지만, 재미있다고 생각할 때는 많아요. 멀리 내다보지 않고 내 눈앞에 놓인 일을 하나하나 처리해가는 방식도 나쁘지 않다고 생각해요. 하지만 그렇게 명쾌하게 결론 내릴 수 있는 일도 아니더라고요. 아무래도 고민하게 돼요. 커리어 업이라는 말이 있잖아요? '나는 어떻게 살아야 하는가?'를 늘 생각해야 할 것 같은 분위기예요. 지금보다 더, 지금보다 더, 그러면서 계속 쫓기죠. 지금 생활에 만족하는데, 뒤에서 누가 밀치는 것도 아니고, 스스로 마음만 잡으면 될 텐데요. 고민은 접고 일은 일이라 생각하고 앞으로 나아가기만 하면 얼마나 편할까요?"

그도 늘 이렇게 고민만 하지는 않는다. 그저 문득 생각날 뿐이다. 그럴 때마다 '대기업에 다니는 내가 불만을 가지면 어떡해? 현재에 만족하자'라며 혼란스러운 마음을 떨쳐버린다.

객관적으로 생각하면 현재 상황을 충분히 긍정적으로 바라볼 수 있는데, 왜 갑작스럽게 불안감이 치밀까? 보이지 않는 무엇 때문에 '안정적인 상태'를 꺼리기라도 하는 것처럼.

딸이 태어났을 때도 그랬다고 한다.

어느 날 가족의 일원이 늘었다. 아이는 부모에게 완전히 의존한다. 그런 아이를 보고 있으면 어떤 일이 있더라도 아이를 먹이고 돌볼 사람은 자기밖에 없다고 생각한다. 그래서 그는 마음가짐을 바꿨다.

'일은 돈을 버는 수단이다. 그렇게 생각하면 안 되는 이유라도 있나? 나는 이 아이를 위해 일한다.' 이렇게 생각하니 한결 기분이 가벼워졌다.

하지만 얼마 지나지 않아 또 다른 자신이 나타나 그 기분을 상쇄시켰다고 한다.

"그렇게 생각하는 건 아이를 면죄부로 삼는 짓이라는 걸 깨달았죠. 누구에게든 설명하기 쉬운 이유잖아요. 멋지지는 않아도 아이를 위해 이 일을 한다고 하면 아무도 비난하지 않으니까요. 그런데 말입니다, 그런 마음가짐으로 아이를 키우면 아이 입장에서 부담이 될 거 같아요. 아빠도 아이도 각자 좋아하는 일을 하면서 서로 응원해주는 관계가 건전하지 않을까요? 아이를 위해 일하는 것이 아니라 나를 위해 일하는 게 맞아요."

우리는 왜 지금의 자신보다 더 발전하지 않으면 불안해하고 스스로 늘 채찍질하며 초조해할까? 겐스케는 그 이유를 이렇게 설명했다.

"옛날이 더 편했다는 말은 무신경한 발언이죠. 고도경제성장기에는 가만히 있어도 일이 굴러들어 오지 않았나요? 이미 내 앞에 할 일이 있고 열심히 해치우기만 하면 되었어요. 그런데 지금은요, 스스로 적을 만들어야 합니다. 적이 있으면 싸우기만 하면 되죠. 그게 안 되면…… 역시 스스로 뭔가를 찾아야 합니다. 일본 경제가 호황이었을 때는 현상유지만 해도 시대와 같이 발전했지만, 지금은 시대 자체가 어렵잖아요. 시대가 내리막길을 달리고 있으니 가만히 있으면 추락할 뿐이죠. 늘 발전하지 않으면 도태되기 십상입니다."

시대가 이러하니 조금 불안하고 초조한 게 당연하다는 것이다. 앞 장의 야마네가 느꼈던 초조감과 비슷한 형태인지도 모른다. '어느 정도 경력이 쌓이면 의도치 않게 여기 계속 있어야 할지도 모른다. 이 회사에 물들어버리는 것이다. 계속하다 보면 전문가가 될지도 모르지만, 흥미가 없는 길이라면 위험하다. 애초에 전문가가 되고 싶은 생각이 없으니 이직하는 게 아니겠는가? 물론 되고 싶지 않다면 될 수도 없다. 이런 생각으로 초조하다.'

'고급 파견사원' 같은 자신의 처지에 불만을 품은 것도 같은 이유였다. 이 일은 자신의 성장과는 거리가 멀었다. 성장하지 못한다면 아버지 말대로 침체된 시대 속에서 불안에 떨 수밖에 없다.

불안감을 떨치지 못하고 실제로 이직 활동을 시작한 것은 앞서 언급한 논문을 두 달 넘게 끌어 완성한 시점이었다. 가슴을 짓누르는 압박감을 더 이상 견디기 힘들었다.

그는 대형 취업정보업체에 가입해 이공계 부문에 등록하고 자동차회사나 하이테크 기업 등 몇몇 회사에 면접을 보았다. "이렇게 좋은 회사를 왜 관두려고 하나?"라며 의아해하는 면접관도 있었다. 하지만 그는 제조업에 종사하고 싶다는 뜻을 명확하게 밝혔다. 누구와도 의논하지 않았다. 연구실 시절 동료를 포함하여 그 무리에서 회사를 그만두는 첫 사례였다.

이직할 곳이 결정되고 논문 지도원이기도 한 직속 상사에게 회사를 그만두겠다는 말을 꺼냈다.

"몇 번이나 붙잡았어요. 처음에는 '좀 더 열심히 해보자'라고 하더니, 나중에는 '연구소 어디든 원하는 부서로 이동시켜줄 테니 남아줬으면 좋겠어'라고 하는 거예요. 젊은 사원에게 지불하는 경비는 투자인 셈이니 그만두면 손해가 크겠죠. 하지만 아무리 붙잡아도, 솔직히 한 번 그만두겠다고 말한 직장에서는 일하기 힘들잖아요."

상사는 평소 사용하지 않는 실험실로 데리고 가서 설득했고, 퇴근 후 이자카야로 불러내 허심탄회하게 얘기해보라고도 했다.

겐스케는 논문 공저자이기도 한 상사에게 여태까지 느껴왔던 감정을 숨김없이 털어놓았다.

"솔직히 말씀드리면 일하면서 무척 외로웠습니다." 겐스케는 말을 이었다. "제가 쓰는 논문은 변명을 위한 거라고 느꼈습니다. 예산이 적으니 어쩔 수 없다고 해도, 그런 논문을 쓰자니 괴로웠습니다. 논문 내용만이 아닙니다. 부서에 마음을 나눌 수 있는 동료가 없었습니다. 만약 한 사람이라도 있었다면 다른 선택을 했을지도 모릅니다."

"그랬군……." 상사가 슬픈 얼굴로 대답했다.

"혼자였지. 그 마음 이해해."

상사는 잠시 생각에 빠졌다가 겐스케와 같은 나이였을 때의 경험을 들려주었다.

슈퍼컴퓨터 개발에 지금의 몇 배나 되는 인원이 투입되던 시기다. 사소한 이유로 동기 중 한 녀석과 대립했고, 그 일로 상사와의 관계도 악화되었다고 한다. 급기야 상대방의 주장이 받아들여져 팀 안에서 고립되고 말았다. 그때 조직에서 혼자가 되면 얼마나 괴롭고 쓸쓸한지 알았다고 한다.

"인간관계로 힘들었다는, 누구나 한번쯤 겪는 흔한 이야기인지도 모르지만, 그래도……." 개인적으로 힘들었던 경험까지 들추며 깊이 공감해주는 상사의 모습에 뭉클했다.

처음으로 서로의 속마음을 털어놓았다고 느꼈을 때 상사가 다시 말을 이었다.

"그래도 나 같은 경우는 사업부에 친하게 지내는 또래가 한두 명 있었어. 그들이 알게 모르게 지원해줬고, 같이 술 마시면서 이야기도 잘 들어줬지. 예전에는 팀에서 고립되어도 근처에 반드시 동료 몇 명은 있을 정도로 부서에 사람이 많았어. 그런데 자네는 정말 혼자였구나. 미안하다."

겐스케는 "과장님 탓이 아닙니다"라고 말하고 싶었지만 묵묵히 듣기만 했다.

생각해보면 부하직원을 혼자 야근하게끔 만든 일이 한 번도 없는 상사였다. 마음속의 이야기를 할 기회는 없었지만, 부하인 겐스케의 기분을 이해하려고 노력하는 모습이 종종 느껴졌다.

"내가 하는 말이 다 맞다고 하시더군요. 그때 깨달았어요. 과장님도 현재 상황을 '어쩔 수 없는 것'으로 만들어버리는 회사 구조에 분노하고 있다는 것을요(뒷날 이 부서에 개혁의 바람이 불어 혼란의 시기가 왔다). 겉으로 드러내느냐 속으로 삭이느냐의 차이입니다. 윗사람들과 달리 나는 분노를 말로 표현했던 거죠."

몇 번째 인터뷰였던가, 겐스케가 말했다. "그런 상사가 싫다고 생각한 적은 한 번도 없습니다." 싫기는커녕 같은 엔지니어로서 본받을 점이 많다고 했다.

아직 그 회사에 다니는 동기들처럼 '경영진이 옳다고 믿으니 어쩔 수 없지' 하고 단념할 수 있었다면 상황이 나았을지도 모른다. 상사를 존경하는 마음이 반대로 작용하여 좌절감으로 자랐고 회사를 그만둔다는 결단으로 이어졌다. 수많은 갈등 끝에 최종적으로 선택한 길이 이직이었다.

논문을 몇 번이나 수정하던 때의 일이다.

겐스케는 자신이 쓴 원고를 검토하는 상사의 모습을 볼 때마다 뭐라 말할 수 없는 복잡한 감정을 느꼈다.

연구소에는 도쿄대학교, 도쿄공업대학교, 교토대학교 출신자가 대부분이었고, 겐스케 같은 사립대 출신자는 소수였다. 같은 엔지니어의 눈으로 봐도 그들의 두뇌는 특출했다.

"특히 해답이 있는 문제를 풀 때는 속도가 굉장했어요. 단순한 덧셈이지만 나보다 두 배는 빨랐습니다. 내가 고생해서 쓰는 논문 정도는 순식간에 만들어버리죠. 언젠가 엑셀로 자료를 만들고 있었는데, 한 번 보더니 내가 빠뜨린 부분을 금세 찾더군요. 계산 실수 따위는 눈 감고도 잡아낼 정도예요. 머리가 얼마나 좋은지 정말 깜짝 놀랐어요. 물론 경험이나 노하우도 작용했겠지만, 그것만은 아닌 것 같아요. 그런데도 사업부에서 나오는 일인당 월 연구비는 서로 큰 차이가 없습니다. 직속 상사와 내가 비슷하게 받아요. 그건 좀 이상하다고 생각했어요."

일을 처리하는 속도는 절대 따라잡을 수 없었다. 시간만 충분하면 같은 일을 해낼 수 있겠지만, 자신보다 두 배, 세 배 빨리 해치워버리는 사람들이 눈앞에 있다면? 희미했던 불안감이 윤곽을 드러내는 순간이었다.

그들은 기술자로서만이 아니라 모든 방면에서 능력이 출중했다. 논문을 쓰는 것도 빠르지만, 그 논문을 어떤 식으로 쓰면 상사의 결재를 받기 쉬운지, 무엇을 주장하면 되고 무엇은 가슴에 담아둬야 하는지를 모두 이해했다.

겐스케는 이 회사에서 한 가지 배운 게 있다고 했다.

"능력 차이도 있지만 일에 대한 가치관의 차이가 컸어요. 나라면 싫증 날 것 같은데 그들은 묵묵히 계속해요. 투덜거리면서도 반나절 만에 해치워버리죠. 머리 좋은 사람은 자기 기분 따위 일단 제쳐두고 눈앞의 일부터 척척 처리하더라고요. 일이 재미있다거나 재미없다거나 그런 말을 안 해요. 이거 어쩌지? 하며 난처해하는데도 어느 순간 보면 순식간에 일이 끝나 있어요. 두 가지 의미로 저 사람들한텐 당할 수 없겠다고 생각했죠."

겐스케는 학창 시절부터 자칭 '보수적 인간'이었다.

일은 돈을 버는 수단이라고 명확하게 선을 긋지는 않았지만, 만약 '하고 싶은 일'을 하지 못하더라도 상관없다고 생각했다. '일이란 애당초 단조롭고 지루한 면이 있다. 하루하루를 살아가기 위한 수단일 뿐 너무 심각하게 받아들이지 말자. 재미없더라도 실망하지 말고 묵묵히 일하는 게 성숙한 어른의 태도가 아닌가?' 취직 전에는 이렇게 생각했다.

그런데 유능한 사람들이 일하는 모습을 가까이서 지켜보는 동안, 그동안 엄청난 착각을 했다는 것을 알았다.

우수한 두뇌를 따라가려면 '일은 돈을 버는 수단'이라고 결론지으면 안 되었다. 자신이 하고 싶은 일을 명확히 알아야 하고, 무엇보다 눈앞의 일을 좋아해야 했다.

"내가 재미없다고 불평했던 일도 그들은 담담하게 소화해요. 나는 그들만큼 두뇌 회전이 빠르지 않으니 '내가 하고 싶은 일'이라든지 '이 일이 지니는 의미'를 찾아서 매달려야 겨우 따라갈 수 있겠지요. 좋아하는 일이라면 며칠이든 밤새워 할 수 있다는 것만으로 기업이 원하는 인재가 될 수 있을까요? 역시 나는 그들처럼 재미없는 일을 담담하게 해낼 수 있을 것 같진 않아요."

'이 사람만 할 수 있다' 할 정도의 첨단 연구를 하는 기술자는 이 회사에도 산더미처럼 존재한다. 겐스케는 보았다. 연구가 가치 있고 쓸데없고 간에 어떤 일에서든 찾으면 보이게 마련인 '필요성'을 읽어 기관차처럼 전진하는 기술자의 모습. 그리고 겐스케는 그들의 우수성에 상처 입었다.

그 '우수한 두뇌'가 겐스케가 썼던 '변명 같은 논문'을 수정하는 작업에 이용된다는 사실.

'이 사람들의 능력이 더 의미 있는 연구에 쓰이면 좋겠다.' 안타까운 일이 아닐 수 없었다.

'이론성능'은 무척 높은 집단인데 '실효성능'을 제대로 보여주지 못하는 상황. 논문의 내용을 생각하면 불쾌한 장난 같았다.

인재의 능력을 비싼 값에 사들이려면 대기업이어야 가능하다. 이런 현상도 어쩌면 대기업병인지도 모른다.

'이 회사는 저렇게 좋은 두뇌들을 왜 이 따위 일에 쓸까? 하물며 그들처럼 우수하지 않은 내 장래는……'

이 회사에 아직 남은 동기가 말했다.

"나 같은 직원을 그냥 놔둘 때 대기업이라는 걸 실감해요. 갑자기 의욕을 잃고 아무 일 안 해도 잘리지는 않을 것 같거든요. 또 아무리 우수한 사람이 그만둬도 회사는 망하지 않아요."

설사 납득하기 힘든 업무를 맡더라도 신입일 때는 그저 참고 해낸다. 그 자체가 경험이 된다. 희망이 있어 힘들어도 견딜 수 있다. 언젠가 다른 부서로 이동하여 새로운 제품 개발에 참여할 수 있겠지, 언젠가는 가치 있다고 여기는 일에 밤을 새우며 몰두할 수 있겠지…….

하지만 눈앞에서 어른거리는 장래는 논문을 고치는 상사의 모습으로 상징된다. 그들이 우수하면 할수록 '저들도 별수 없는데'라는 생각이 강해졌다. 이런 생각이 그를 좌절하게 만든 요인이었으리라.

다음 직장을 찾을 때는 '자신이 재미있게 할 수 있는 일'이 우선 조건이라고 생각했다. 그러지 않으면 같은 과정이 되풀이되고, 무엇을 위한 이직인지 알 수 없게 된다.

이직 후 겐스케는 펌웨어 관련 부서에서 일하고 싶다는 희망을 밝혔다. 펌웨어란 컴퓨터의 경우로 보자면 하드웨어와 소프트웨어의 중간 역할을 하는 프로그램이다.

지금 그는 새로운 장치에 탑재할 펌웨어 연구에 참여하고 있다. 전과 비교하면 '신제품 개발을 위한 첨단 연구'에 가까워졌다. 요즘에는 일 속에서 '감각적인 즐거움'을 조금씩 찾고 있다.

"내가 짠 프로그램이 그대로 상품에 들어가는 경우는 드물지만, 제품 검사나 다른 프로그램 개발에 이용될 수는 있겠지요. 소비자들이 구입해준다면, 그리 대단한 건 아니지만 기쁠 것 같아요. 아직 그런 경험이 한 번도 없거든요. 무엇보다 개발자로서 주위 동료들과 대등하게 인정받는다고 느낄 때 이직하길 잘했다는 생각이 듭니다. 실제 제조 현장에서는 논문을 크게 신경 쓰지 않아요. 이 조직의 구성원들은 모두 같은 목적을 가지고 일해서 안심이 됩니다. 예전에는 상사와 나 둘뿐이었죠. 머리 좋고 조용한 상사…… 편하게 말을 걸 수 있는 사람이 아니었어요. 이 회사로 옮기고 비슷한 입장의 동료가 여러 명 생기니 어려운 일이 있을 때마다 의논할 수 있어 좋습니다. 이제 혼자가 아니에요."

예전 직장에서 느꼈던 직원들 간의 능력 차이는 어디든 따라다니는 문제일 수 있다. 그런데 지금 회사에서는 어떤가? 어떻게 열등감을 품지 않을 수 있었을까?

겐스케는 이 질문이 나오기를 기다렸다는 듯 대답했다.

"지금 다니는 회사가 업무량은 압도적으로 많아요. 보통은 줄었을 거라고 생각하잖아요? 그런데 아니었어요. 예전 직장은 퇴근 시간은 늦었어도 해야 할 일은 훨씬 적었어요. 그러니 논문의 문장부호 위치까지 따질 만큼 완벽을 요구했지요. 이 회사는 일이 많으니 스스로 할 일을 고를 수 있어요. 굴러다니는 수많은 업무 중에서 도전하고 싶은 것을 선택해 추진할 수 있어요. 너무 어려워서 모르겠다 싶을 때는 일이 있는 곳에 사람도 있으니 누군가와 도와가며 해결할 수 있거든요. 점점 이런 업무 방식에 익숙해지고 있어요. 만만하게 이야기 나눌 동료가 없었던 상황과 비교하면 정말로 일하기 편해졌어요."

이런 대화를 나눈 때가 2008년이었다. 그해 여름 이후 서브프라임 모기지론 사태로 시작된 불황으로 겐스케가 소속된 부서 역시 축소 대상에 올랐다. 많은 사원이 일시해고되거나 주 4일 근무를 권고받았다.

그런 중에 겐스케는 펌웨어 개발 부서를 발판으로 예전 직장에서 쌓은 경험을 활용하기 위한 행동을 취했다. 희망 부서로 배치전환을 시켜주는 제도가 있는데, 사내 공모에 신청한 것이다.

"사내 홈페이지에 공모가 떠서 보니 신형 배터리 개발 부서였어요. 배터리라면 화학 쪽이라 생각했는데 모집요강에 펌웨어가 있더라고요. 배터리 제어는 기본적으로 컴퓨터가 하는 거니까, 나도 되겠다 싶었죠."

신형 배터리는 전기자동차를 필두로 차세대 제조의 근간을 형성하는 기술 중 하나다. 현재 가장 주목받고 있는 분야이기도 하다. 겐스케는 컴퓨터라는 분야를 잠시 떠나 새로운 기술 개발에 도전하는 길을 선택했다. 그가 몸담고 있는 회사가 지금 막 돌리기 시작한 '톱니바퀴'라고 생각했다.

과거에 슈퍼컴퓨터가 그러했듯 여명기에 들어선 '뜨거운 기술'에 관여한다는 것. 그 자체가 최대의 동기부여였다. 대기업이기에 가능한 과제를 선택하니 일에 기대감을 품을 수 있었다.

그는 이제 '일은 돈을 버는 수단'이라는 말을 하지 않는다.

하고 싶은 일을 깊이 고민한 끝에 일을 통해 보람을 느낄 수 있는 장소로 옮기고자 마음먹었다.

주위에 아무리 우수한 사람이 많아도, 장래가 괜스레 불안해도, 그 일을 좋아하는 마음 하나로 전진할 수 있지 않을까?

그는 일에 대한 희망은 스스로가 만든다는 것을 깨달았다. 비록 톱니바퀴일 뿐이지만, 오로지 그곳에만 존재하는 톱니바퀴에 올라 앞으로 앞으로 발을 내디디려고 한다. 분명 자극적인 체험이 될 것이다.

그는 이제야 그렇게 생각할 수 있게 되었다며, 사회인으로서 부쩍 성장했음을 느낀다고 말했다.

　조금 더, 조금 더. 발을 멈추면 불안해지게 만드는 그 말이
마음속에서 쉬지 않고 맴돈다 해도.

5

d r i f t

내게 맞는 일인지 아닌지는
상관없다

중견 광고대행사 → 대형 광고대행사

후지카와 유키코

29세

나한테 부족한 것보다
저 친구가 가진 것이
더 궁금했어요.
마음에 여유가 없었죠.
그러는 동안에
나 자신을
정당화하기
시작했어요.

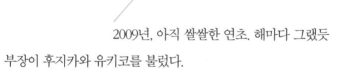

2009년, 아직 쌀쌀한 연초. 해마다 그랬듯 부장이 후지카와 유키코를 불렀다.

후지카와는 도쿄의 대형 광고대행사에서 계약직으로 일한다. 연초가 되면 계약 연장을 두고 상사와 면담을 해야 한다. 이번이 두 번째 갱신이었다.

이미 퇴근 시간이 가까워졌다. 자신의 '섬'에서 일어나 지정된 회의실로 향했다. 100명이 일하는 넓은 공간이 네 개의 부서로 나뉘고, 고객에 따라 소규모의 팀제로 운영된다. 후지카와가 출근하는 10시경에는 거의 아무도 와 있지 않다. 그 시간의 사무실은 고요하다. 지금은 회의하는 소리와 전화벨, 키보드 두드리는 소리가 여기저기서 활기차게 울린다. 아침의 고요함이 거짓말 같다.

2007년 봄에 입사한 후지카와는 상사와 단둘이 면담해도 그리 긴장하지 않았다. 고용계약서에는 5년간 매해 갱신한다는 내용이 담겨 있으니 앞으로 3년 남았다. 이번에도 형식적인 이야기를 나누고 나면 계약은 자동으로 연장될 것이다. 이듬해 급료를 결정하고 업무상 확인 사항을 전달받으면 금세 면담이 끝날 것이라 생각했다.

그런데 이야기를 마무리 지으려던 부장이 요즘 힘든 일은 없는지 묻더니 대뜸 이런 제안을 했다.

"후지카와도 올해로 3년째네. 혹시 정사원에 도전해볼 생각 있어?"

이 회사의 정규직인 정사원은 전체의 20%, 계약직은 10%, 다른 회사에서 온 스태프가 30%, 나머지는 제작회사나 인쇄회사에서 파견된 사원이다. 그녀가 담당하는 가전제품 광고팀도 약 20명이지만 그중 정사원은 몇 명 없다.

계약직에게는 1년에 한 번 사내 실적을 종합 평가하여 면접을 시행하는 정사원 등용시험이 준비되어 있다. 합격자가 많지 않은 어려운 시험인데, 부장이 응시해보라고 권했던 것이다.

지난 몇 개월간 입사 후 처음으로 일하면서도 자기만의 시간을 가질 수 있었다. 지난해 2008년 9월의 리먼쇼크 이후 광고 의뢰수가 대폭 감소하여 인당 업무량이 극단적으로 줄었고, 업무 내용도 광고 기획 제안서를 자유롭게 작성하는 것으로 바뀌었기 때문이다.

불황기에 효과를 볼 수 있는 광고 전략을 생각해야 했다. 광고료가 내려간 만큼 비용 대비 효과가 높다고 홍보하는 등, 시장 상황을 반대로 활용한 기획을 제안해야 했다.

이런 업무에는 마감이 없었고 늘 제시간에 퇴근할 수 있었다. 시간에 쫓기지 않으니 마음 편히 일할 수 있었다. 이런 여유가 좋다고 생각하고 있었는데, 그런 마음을 꿰뚫어본 것인지 부장이 새로운 목표인 '정사원 등용시험'을 권했다.

"어려운 시험인 만큼 반드시 된다는 보장은 없지만, 해볼 마음이 있다면 지원해줄게."

입사하고서 같은 입장의 선배에게 5년 계약 종료 후에 대해 들은 적이 있다. 좋은 평가를 받은 직원은 그룹의 다른 회사로 취직이 알선되므로 일자리가 없어 곤란한 경우는 많지 않다고 들었다.

하지만 27세의 나이에 이 회사로 이직한 2년 전의 그녀로서는 '5년 후'가 아득히 먼 미래였다.

정사원이 되면 연봉도 대우도 좋아지겠지만 지금과 같은 여유는 없어질 것이다. 그렇게 생각하니 반년 전에 몇 개의 광고를 동시에 준비했던 때가 떠올랐다. 그때는 아무리 일해도 끝나지 않을 것 같았고 마음은 초조했다.

다른 업체들이 진행 중인 프로모션 정보를 전문 리서치 회사를 통해 매주 보고서로 제공받았다. 신문 광고나 다이렉트메일, 가게 앞에서 나눠 주는 전단지, 웹상의 캠페인 등을 참고해 각 회사의 판매 전략을 수집했다.

자체 제작한 매장 방문 사은품, 각종 캐시백 이벤트 등에서 재미있는 것을 선택하여 매달 정리했다. 신제품이 출시되면 관련된 이벤트가 늘 몇 가지는 검색되기 마련이었다.

작년에는 상품 발표회의 기획과 운영에도 참가했다. 광고주에게 상품 설명을 듣고 어울리는 콘셉트를 설정하고 연출 방법을 생각했다. 밤늦게까지 회의가 이어지는 경우도 많았다. 또한 잡지에 실을 타이업 광고를 담당해 촬영에 입회하거나 원고 진행을 관리하는 등 늘 마감에 쫓기는 바쁜 나날을 보냈다.

밤늦게까지 책상 앞에 붙어 앉아, 계속 쏟아지는 작업을 정신없이 처리하던 나날. 보람도 느꼈지만 그만큼 갈등도 심했다.

'이렇게 바쁜 시간은 5년으로 충분해. 아이가 태어나면 밤늦게까지 일할 수 없을 테니 시간적으로 여유 있는 직장으로 옮기는 게 낫겠어.'

그런 생각에 사로잡히니 '일'에 대한 의욕도 점점 옅어졌다.

친구의 소개로 만난 남자와 작년에 결혼한 후로는 더욱 그 랬다.

'일은 즐겁다. 하지만 새벽 2시까지 일하고 다시 아침 일찍 나와야 했다. 친구와 마음 편히 메시지를 주고받는 것도 주말에나 가능하다. 집안일을 할 시간은 없다. 남편한테 식사도 차려주고 싶은데 퇴근이 늦으니 그것도 안 된다. 일은 재미있지만 이젠 가정을 제대로 돌보고 싶다.'

그렇다고 늘 이런 기분인 건 아니다. 바쁠 때는 이런 생각이 들다가도 막상 지금처럼 시간에 여유가 생기면 마음이 바뀐다. 부장에게 "정사원에 도전해볼 생각 있어?"라는 말을 들었다고 다시 마음이 요동치니 스스로 돌아봐도 참 알 수 없는 사람이다.

'2년이 지났으니 이제 나도 조금은 좋은 평가를 받지 않을까?'라는 기대도 해보았다.

"업무 평가도 좋은 편이고……."

어쩌면 2년이 지난 계약직이라면 누구에게든 같은 제안을 하는지도 모른다. 솔직히 자신은 아직 멀었다고 생각한다. 일을 잘한다고 당당히 말할 입장이 못 된다.

하지만 이 말은 할 수 있을 것 같았다. 지금까지 주어진 일에는 최선을 다했다고 자부한다. '그렇게 열심히 일하는 건 싫다'

고 입으로는 말하면서도 눈앞의 일을 소홀히 하지는 않았다.

그렇게 생각하니 사실은 부장의 제안에 기뻐하고 있었다.

상사로 하여금 '이 직원이 경력을 쌓도록 도와주자'라는 생각이 들게 했다면, 지난 2년간의 노력을 보상받은 기분이 들 수밖에 없다. 그렇기에 부장의 제안은 '이렇게 일하는 건 5년으로 충분하다'고 생각한 그녀의 가슴에도 마법처럼 울림이 컸다.

"하겠습니다, 하고 반사적으로 대답해버렸어요. 그런데 마음이 괴로운 거예요. 이상하죠? 5년만 열심히 일하고 그다음부터는 여유롭게 살고 싶었거든요. 부장님한테 그 말을 듣는 순간, 한번 해볼까 하는 마음이 생기더니 결국 제안을 받아들이고 말았어요."

열심히 할 생각이 없었는데 어느새 필사적으로 일하는 자신의 모습에 놀라곤 했다. 그래서인지 주위 사람들도 경력에 대한 욕심이 많은 여성으로 인식한다. 그녀 스스로 생각해도 수수께끼라는 듯 미묘한 표정으로 웃었다. 나는 그 웃음을 보며 2년 전 처음 그녀를 취재하던 날을 떠올렸다.

"가까스로 결정됐어요. 내가 하고 싶었던 일에 조금은 다가간 것 같아요."

2년 전 시부야의 찻집에서 후지카와를 만났을 때, 내 눈에도 그녀는 경력에 대한 욕심이 많은 여성으로 비쳤다.

후지카와는 대학 시절부터 광고대행사 취업을 목표로 노력했다. 졸업 후 중견 광고사에 취직했으나, 2년 만에 그만두고 대형 광고사로 이직했다고 한다.

"취업 활동할 때 지원했다가 떨어진 회사예요. 그땐 너무 긴장한 것 같아요. 이 회사에 다니는 선배를 찾아갔을 때도 굉장하다, 대단하다 하고 그 규모에 놀라기만 했죠. 그래도 면접을 볼 때는 꼭 합격하겠다는 생각에 최선을 다했죠. 하지만 떨어졌어요. 지금은 일을 하고 있으니(전 직장을 그만두기 전에 이직 활동을 시작했다) 어느 정도 마음에 여유가 있어 보여 결과도 좋았던 게 아닐까요?"

그런 자신 있는 모습이 면접관들에게 좋은 인상으로 남았는지도 모른다. 그녀는 이직에 성공한 기쁨을 감추지 않았다. 나까지 흥이 나도록 통통 튀는 목소리로 말했다.

이틀 전 저녁에 취업정보업체 컨설턴트에게 확답을 받았다고 한다. 낮에는 업무 중이어서 통화를 못 하다가, 퇴근길에 전철역 플랫폼에서 다시 걸었는데 담당자의 목소리가 밝았다.

"후지카와 씨, 축하해요! 합격입니다."

최종 면접이 만족스러웠고 컨설턴트도 합격 통보를 기다리면 된다고 했다. 그런데 실제로 합격 연락을 받으니 그 기쁨은 말로 표현할 수 없을 만큼 컸다. 그녀는 플랫폼에서 남의 눈을 의식할 새도 없이 "감사합니다!" 하고 소리를 질렀다면서 웃었다. 그리고 "정말 기뻤어요"라며 다음 달부터 일하게 될 직장에 대한 기대감을 가감 없이 드러냈다.

그로부터 몇 개월 후 다시 그녀의 이야기를 들었다.

원래 정사원을 모집한다고 해놓고, 이제 와 계약직을 수락한다면 채용하겠다는 조건을 달았다고 한다. 이야기가 달라졌지만 '그래도 상관없다'며 그녀는 긍정적인 태도를 보였다.

후지카와가 쉽게 받아들인 이유를 솔직히 털어놓자 나도 뜻밖이어서 어리둥절했다.

"정사원을 모집한다고는 했지만 어쩌면 계약직으로 채용될 수도 있다는 말을 처음부터 듣긴 했어요. 계약은 최대 5년간 연장이 가능한데, 그 후에 정사원이 되는 경우는 거의 없나 봐요. 5년 후면 저도 서른두 살이고, 그쯤 되면 일하는 게 벅찰 것 같기도 해요. 결혼하면 집에 있고 싶다는 생각도 들고요."

그러면서도 새 일을 즐기고 있었고, 직장 생활도 생생히 들려주었다.

"예전 회사와는 하나부터 열까지 다 달라요. 소비자 동향에 관한 데이터 하나만 놓고 봐도 이만큼 차이가 나요."

고객이 취향에 따라 제품을 구입할 때 그 심리적·물리적 상황을 분석한 데이터가 제품별로 정리되어 있어 소비자의 행동을 예측하는 데 이용된다. 후지카와의 담당인 가전제품 분야에도 구매 행동으로 연결된 상황이 과정별로 기록된다. 예를 들면 왜 이 종류의 냉장고를 선호하는지, 왜 이 업체의 제품을 선택하는지 알 수 있게끔 정리해두는 것이다.

'이렇게 많은 상품에 대해 이만큼 세세한 정보까지 모두 데이터베이스로 갖고 있구나.' 그녀는 한숨이 나올 지경이었다.

"예전 회사에선 외부 데이터를 사거나 직접 조사해야 했던 정보를 이 회사는 이미 갖고 있더라고요. 그러면 속도가 다를 수밖에 없죠. 아무리 애써도 못 이기는 게 당연하죠."

부서도 세분화되어 있었다. 예전 회사에서는 경리부가 일괄적으로 떠맡았던 업무들이 각각 다른 부서에 할당된다. 물론 장단점이 있겠지만, 거대한 조직의 '강점'이라는 사실은 분명했다. 그녀는 이런 나날 속에서 조금씩 회사에 적응했고 일의 즐거움도 배워갔다.

"아직 모르는 게 많지만, 그래도 이젠 내 의견을 조금씩 제안해야 할 것 같아요. 언제까지고 모른다는 말만 하고 있을 순 없잖아요. 열심히 해야겠어요."

이렇듯 가슴속엔 '일에 대한 열의'와 '5년 후 쉬고 싶은 마음'

이 공존했다.

후지카와는 그 이유를 이런 말로 설명했다. "나는 여자니까요." 20대가 가기 전에 결혼하고 싶고, 30대 초반에는 아기를 낳고 싶고, '가정'이 생기면 일을 그만두지 않더라도 좀 더 여유 있는 직업을 갖고 싶다…….

만약 앞장의 주인공인 오노 겐스케나 야마네라면, 자신의 경력에 기한을 설정하고서 '5년 후에 그만둘 일'에 몰두하고 있는 후지카와를 절대 이해하지 못할 것이다. 그들이라면 지금 '즐거운 일'을 5년 후에 버릴 생각을 결코 하지 않으리라.

그러나 나에게는 보였다. '계속하다 보면 전문가가 될지도 모르지만, 흥미가 없는 길이라면 위험하다'고 생각한 야마네, 그리고 '커리어 업이라는 말이 있잖아요? 나는 어떻게 살아야 하는가를 늘 생각해야 할 것 같은 분위기예요. 지금보다 더, 지금보다 더, 그러면서 계속 쫓기죠'라고 말한 겐스케의 초조한 감정을 후지카와에게서도 보았다.

"5년 후면 저도 서른두 살이고, 그쯤 되면 일하는 게 벅찰 것 같기도 해요……." 그녀가 내뱉었던 이 말이 스스로 다짐하는 말처럼 들렸기 때문인지도 모른다.

"모르는 사람 눈엔 악착같이 일하는 커리어우먼으로 비칠 것 같아요. 그런데 친한 친구들은 알죠. 내가 얼마나 느긋한지. 해야 하는 일은 하지만 그 이상은 안 하는 사람? 그러니 정사원이 되더라도 일을 우선으로 생각할 것 같진 않아요."

나의 의문을 풀어주기 위해 이렇게 설명한 다음, 그래도……하고 덧붙인 그녀의 말이 내 가슴속에 깊이 남았다.

"말은 그렇게 하면서 열심히 하게 되는 이유가 뭘까요? 결국 육아수당까지 받아가면서 기를 쓰고 일할지도 몰라요. 혹시 지기 싫어하는 성격 때문일까요? 대학 동창 중엔 해외로 나가 멋지게 활약하는 친구도 있고, 이번에 좋은 곳으로 이직해 열심히 경력을 쌓는 친구도 있어요. 학창 시절에는 모두 비슷한 가능성과 잠재력을 갖고 있었겠죠. 몇 년 후 일을 그만둔 내가 잘나가는 친구를 보고 '아아, 나도 열심히 할걸' 하고 후회한다면 얼마나 괴로울까요? 그런 두려움이 늘 가슴 한구석에 있어요."

그녀는 눈앞에 놓인 가능성이 클수록 잃을까 봐 두렵다고 했다.

양손으로 가득 품은 과실은 되도록 떨어뜨리고 싶지 않다. 그러려면 어떻게 해야 할까? 후지카와는 가능성이라는 과실을 하나씩 먹어버리면 된다고 생각하는 사람이다. 그녀에게 '커리어 업'이란 올라야 할 계단이 아니다. 하나하나 목록을 지워가는 체크시트에 더 가깝다.

그렇다면 후지카와가 야마네나 겐스케와 비슷한 초조감을

품는 것도 이상한 일이 아니다. 그녀의 손에는 인생을 살면서 이루고 싶은 버킷리스트를 나열한 종이 한 장이 들려 있다. '가능성'이 클수록 '한정된 시간'을 의식하게 된다. '하고 싶다'가 어느새 '해야 한다'로 바뀐다.

가능성은 무한하지만 실제로 이루기란 극단적으로 어렵다는 것이 '취업빙하기'의 특징이다. 결국 그녀가 커리어나 인생에 대해 이런 가치관을 갖게 된 원인을 찾으려면 학창 시절로 거슬러 올라가야 한다.

후지카와는 규슈의 지방도시 근교에서 태어났다. 야마네와 같은 1999년에 대학에 합격하여 도쿄로 올라왔다.

그 당시 18세였던 후지카와는 도심에서의 새로운 생활을 '당혹감'으로 시작했다.

거리가 끝없이 이어지고, 도시의 풍경은 걸어도 걸어도 계속되었다. 아침에 학교에 갈 때마다 혼잡한 역에서 수많은 어깨에 부딪히고 인파에 떠밀렸다. 그 속에서 뭐라 표현하기 힘든 불안감이 가슴을 짓눌렀다.

번화한 거리와 웅장한 도시가 지닌 에너지에만 놀란 것은 아니다. 그녀의 고향은 바닷가의 조용한 마을로 한 시간에 한 편한 량짜리 열차가 다니는 한가로운 곳이었다. 그래도 고등학생 때 가끔 놀러간 하카타는 도쿄 못지않게 시끄러운 번화가였다. 번잡한 도쿄에 압도될 이유는 없었다.

그녀가 느낀 당혹감은 자신의 변화 때문이었다.

거리를 가득 메운 간판, 광고, 잡지, 그리고 사람, 사람, 사람……. 그 안에서 하루하루를 보내는 동안, 왠지 본래의 자기 모습과 조금씩 어긋나는 것 같았다. 정보와 인간의 홍수에 빠진 채 눈이 핑핑 돌 정도로 빠른 주위 흐름을 따라가지 못할 것만 같았다. 고향에 있을 때는 무엇을 보아도 어디에 있어도 '나는 나'였다. 더 이상 그런 차분한 감각을 느낄 수 없었다. 도시에서는 무엇 하나 온전히 스스로 결정하면 안 될 것 같았다. 그런 불안감이 가슴을 짓눌렀다.

대학에선 경제학부를 선택했다. 특별한 목표가 있었던 건 아니다. 처음에는 경제학과 경영학의 차이도 몰랐다. 거시경제를 전공했지만, 역시 어쩌다 보니 그렇게 되었을 뿐이다.

장래에 '하고 싶은 일'이 있는 것도 아니었다. 막연히 도쿄에 가고 싶어서 밑져야 본전이라는 심정으로 도쿄에 있는 대학에 지원했고 합격했다. 거기까지는 좋았지만 실제로 지내보니 삶의 중심이 없는 생활은 늘 불안하고 흔들렸다. 그 공백을 파고들 듯이 거리에 범람하는 정보가 그녀 안으로 조용히 흘러 들어왔다.

2학년 때 캐나다로 1년간 연수를 다녀왔다. 이 기간 중에 '광고'라는 키워드를 만나게 된다.

"캐나다에는 영어를 잘하고 싶어서 갔죠. 하지만 그 이상으로 얻은 게 있어요. 내가 지냈던 지역이 무척 한가롭고 편안한 곳이었는데, 그 분위기에 마음이 편안해졌어요. 길거리 매점에선 늘 똑같은 것만 팔았죠. 실제로 신상품이 거의 안 나왔어요. 선택지가 적었다고 할까요? 그중에서 내가 좋아하는 걸 고르면 되는 거예요. 그런 분위기가 안도감을 주었어요."

자기가 '좋아하는 것'과 '하고 싶은 것'이 명확하면 수많은 정보나 선택지 속에서도 당황하지 않을 것이다. 다시 일본으로 돌아와 예전과 같은 생활을 계속했지만 왠지 거리가 조금 달라 보였다고 한다.

"매일같이 새로운 상품이 출시되고, 광고가 끊임없이 바뀌고……. 어지러웠어요. 그런데 문득 이런 생각이 들더라고요. 내가 해보고 싶은 일은 이런 게 아닐까? 빠른 속도로 돌아가는 이 도쿄라는 도시에서 취직을 한다면, 이왕이면 광고 세계에서 일해보는 것도 괜찮겠다."

정보를 얻는 쪽이 아니라 주는 쪽에 선다는 것. 일본 시장에 뭔가 재미있는 이야깃거리를 제시한다는 것. 사람의 마음에 남을 '무엇'을 만드는 일…….

그런 경위로 '하고 싶은 일'을 찾았다는 그녀의 고백은 분명 논리적이지도 않고 설득력도 없었다. '광고라는 일도 좋겠다'고 느낀 정도이니 오히려 직관에 가깝다고 할 수 있다.

문제는 그렇게 직관적으로 떠올린 '광고'라는 키워드가 어느새 여러 선택지 중 하나의 수준을 넘어 '반드시 실현해야 하는 자기 이미지'로 변화했다는 사실이다.

그 변화는 대학 3학년 겨울부터 시작된 취업 활동 중에 그녀가 느꼈던 좌절감과 연관이 깊다.

후지카와는 광고회사의 모집 공고가 뜨기 전부터 취업정보 사이트 리쿠나비를 통해 업계 자료를 모으고 이력서를 준비했다.

면접관이 마음에 들어 하는 것 같다고 느낀 적도 많지만, 열 곳, 스무 곳의 회사가 마치 약속이라도 한 듯 불합격 판정을 내렸다. 취업정보 사이트 게시판을 보다가 합격 통지를 받았다는 다른 지원자의 글을 읽고서야 자신이 떨어졌다는 사실을 알기도 했다.

그녀의 상처는 컸다. 여태까지 진학도 연수도 '아무 생각 없이' 해왔지만 그럭저럭 결과가 나온 편이었다. 그런 그녀에게 취업 활동의 어려움은 인생의 첫 번째 관문이었다.

취업빙하기를 살아가는 수많은 학생들이 비슷하게 겪는 일이며 결코 자신에게만 찾아오는 고난이 아니라는 사실은 아무런 위로가 되지 못했다.

면접에서 모조리 떨어져 침울해 있었는데, 주위 친구들 중 취업에 성공한 이가 하나둘 나타나기 시작했다. 언제부턴가 후지카와는 친구들을 비판적인 시각으로 보고 있었다. 그런 시선에 떳떳하지 못한 감정이 실렸다는 사실을 싫어도 인정하지 않을 수 없었다. 합격 통지를 받고 기뻐하는 친구를 쌀쌀맞은 눈으로 바라보는 자신의 모습을 깨달을 때마다 무척 괴로웠다.

'기업은 왜 나 말고 저 친구를 뽑았을까? 나는 뭐가 부족한 걸까?'

'비슷한 잠재력과 가능성'을 가지고 있다고 생각했던 동급생들이 하나둘 취직이 되는 걸 지켜보아야 했다. 지원할 기업은 산더미처럼 존재하고 가능성은 품에 안기도 버거울 만큼 방대한데, 후지카와는 그중 하나도 손에 넣지 못했다.

"나한테 부족한 것보다 저 친구가 가진 것이 더 궁금했어요. 마음에 여유가 없었죠. 그러는 동안에 나 자신을 정당화하기 시작했어요."

나는 광고업계에 들어갈 것이다. 광고업계는 인기가 많아 경쟁률이 높으니 떨어지는 게 당연하다……. 자신을 지키기 위해 늘 이렇게 되뇌었다.

"꽤 괜찮은 디자인 회사에 취직한 친구를 두고 '분명 다른 조건이 있었을 거야'라고 믿거나, 금융업계에 취직한 친구를 보고(금융업계도 입사가 힘들다) '전공이 경제학이니 금융 쪽은 쉽지. 광고는 어려워'라며 근거 없이 단정하곤 했어요. 그렇게라도 생각하지 않으면 나 자신이 비참해질 것 같았거든요."

이 무렵에 광고업계 입성은 '반드시 이뤄야 할 꿈'이 되고 있었다. 나카무라가 출판사에 집착했던 심리와 비슷한지도 모른다. 후회하고 싶지 않다는 생각이 들수록 처음에는 선택지 중 하나였던 광고라는 키워드가 가슴속에서 부풀어 올랐다.

취업 활동 중에 느꼈던 열등감과 합격한 친구를 싸늘한 시선으로 바라본 죄책감을 씻기 위해서라도 광고업계 취직은 그녀가 반드시 이뤄야 할 과제였다.

광고업계에서 하고 싶은 일, 자신이 할 수 있는 일은 이미 중요하지 않았다. 어느새 지망 동기는 뒤로 물러났고 오로지 광고업계 취직만 맹목적으로 추구했다.

'나는 무엇을 하고 싶은 걸까?'

서류전형에서 떨어질 때마다 그녀는 자문자답했다. 나는 무엇을 하고 싶은가? 나는 무엇을 할 수 있는가? 어떻게 하면 나를 고용하고 싶어 할까……. 마치 '자아 찾기'를 강요당하는 것 같았다. 이렇게라도 고민하지 않으면 앞으로 나아갈 수 없으리라는 중압감이 가슴을 짓눌렀다.

아마네가 '인간력'이라는 단어로 취직에 대한 자세를 스스로 규정했던 것이나, 나카무라가 '이제 와서 나를 어떻게 바꿀 수 있나?'라는 말로 출판사를 포기하지 못한 심경을 표현했던 것과 비슷한지도 몰랐다.

신규 채용 규모가 축소되고 기업 측이 설정한 채용 기준이 엄격해질수록 취업 활동 중인 학생들은 '나는 무엇을 하고 싶은가, 나는 무엇을 할 수 있는가'를 깊이 생각하도록 요구받는다. 그런 생각을 할수록 원하지 않는 곳에 취직하면 안 된다는 다짐도 강해졌다.

만약 한 군데도 안 되면 어쩌지라는 불안감이 그녀의 머리를 떠나지 않았다.

고향에 내려갈까……?

그녀는 '가능성'마저 잃을까 봐 두려웠다.

한창 더운 여름날, 마침내 중견 광고대행사에서 합격 통지가 날아왔다.

"얼마나 안도했는지 몰라요. 이제 갈 곳은 여기밖에 없다고 생각했어요. 광고업계라는 것만으로도 좋았거든요."

후지카와는 광고대행사에서 활약하는 자신을 반복적으로 상상하는 습관을 가지고 있었다. 그 습관이 훗날 이직을 결심하도록 만든 간접적인 요인이 되었는지도 모른다.

광고대행사 입사 후 1년간은 즐겁게 일하면서 보냈다. 첫 업무는 고객사가 제조한 상품에 관한 마케팅 조사였다.

인터넷으로 앙케트 조사를 하거나 심층 면접이라 불리는 일대일 인터뷰를 통해 소비자가 기업의 제품을 선택한 다양한 요인을 분석하고 제안 사항을 작성하여 보고서 형식으로 정리하는 일이었다.

후지카와가 관여한 조사가 신문 한쪽 구석에 실린 적도 있다. 자기가 한 일이 조금이라도 세상에 영향을 주는 것 같아 기뻤고, 역시 광고업에 종사하길 잘했다며 홀로 흐뭇해했다.

입사한 지 1년쯤 된 날이었다. 느닷없이 어느 대형 제조업체의 해외 영업부로 파견을 나가라는 지시가 떨어졌다.

일반적으로 파견 업무는 30대 이후에 맡는다고 알고 있었다. 물어보니 취업 시 면접관이었던 상사가 후지카와를 잘 봤던 모양이다. 일할 사람을 보내주면 좋겠다는 협력업체의 요청을 듣고 가장 먼저 그녀를 떠올렸다고 한다.

"거기 사람이 부족하다고 하니 후지카와 씨가 가주면 좋겠어. 자네는 영어도 잘하고, 입사한 지 1년밖에 안 됐으니 이 회사에 완전히 물들지도 않았으니까. 게다가 숫자에도 강한 것 같고 말이야."

그녀는 이 말을 듣고 한동안 불안했다고 회상했다. 파견될

기업은 세계적인 규모로 사업을 확장해가고 있는 유명 제조업체였다. 하지만 후지카와는 이 회사 제품에 대해 아는 게 전혀 없었다. 애당초 영업부가 어떤 일을 하는 곳인지도 몰랐다.

"일 잘하는 사람도 많은데 왜 하필 나를 지목했는지 너무 의문스러웠어요. 그 후로는 의심이 계속 꼬리를 물었죠. 일을 잘 못하니까 보내려는 건가. 지금이라면 아무한테도 영향을 주지 않을 테니……. 이런 파견은 어느 정도 능력을 인정받은 사람한테만 해당된다고 생각했어요. 나는 고작 1년차고 해외에서 일한 경험도 없는데, 도대체 나한테 뭘 원하는 거지? 도무지 알 길이 없어 힘들었어요."

무엇보다 대기업 영업부에서 일하는 자기 모습을 상상할 수 없었다. 부자연스러웠다.

학창 시절부터 그려왔던 자기 이미지(광고대행사에 취직하여 다양한 광고 기획과 상품 홍보에 관여하는 모습)를 이 회사에서 조금씩 만들어가려던 참이었다. 제조업체 영업부라는 일터는 오랫동안 품어온 자기 이미지와 동떨어진 무대였다.

후지카와는 광고업에 종사하고 싶어 열심히 취업 활동을 했다. 부지런히 '자아 찾기'를 반복하면서 어떻게 하면 기업이 원하는 인간으로 성장할 수 있을지 고민했다. 그런데……. 원하지 않는 길로 내밀리는 기분이었다.

하지만 실제로는 이런 파견을 '영전(榮轉)'으로 해석하기도 하는 모양이었다. 훗날 회사를 그만둘 때 상사가 '눈여겨보고 있었는데 아깝다'는 말을 하기도 했다. 그러나 아직 사회인이 된 지채 1년이 안 된 그녀에게 회사의 기대는 '광고업계에서 일하는 나'라는 첫 번째 목표 달성을 방해하는 쪽으로 작용했다.

대학 시절 함께 세미나에 참여했던 동료로 중공업 업체에 취직한 친구가 후지카와의 마음을 다음과 같이 대변했다(그녀도 3년 만에 회사를 그만두고 이직했다).

"나는 후지카와보다 1년 늦은 2005년에 취직했어요. 그때가 빙하기 마지막 해였죠. 나는 금융업계로 가고 싶었는데 실패했어요. 그런데 다음 해부터 은행이 채용수를 다섯 배, 열 배로 늘리는 거예요. 그땐 정말 속상했죠. 후지카와는 차분하고 무척 정이 많은데, 좀 예민한 면도 있어요. 파견이 결정된 후로 후지카와가 얼마나 고민했는지 몰라요. 남의 상황도 헤아려주지 않고 무턱대고 보내려 한다고 했어요. 광고 일을 하려고 들어갔는데 전혀 다른 일을 해야 하다니, 도저히 납득할 수 없었겠죠. 광고라는 화려한 세계와 완전히 동떨어진 제조업체로 보내지는 거잖아요. 당연히 고민이 많았을 겁니다."

그녀가 후지카와를 깊이 이해했다. 그녀로서도 구태의연한 업무 방식을 고수하는 대기업에서 자유로운 분위기의 전자업체로 이직한 경험이 있기 때문이다. 친구의 이야기를 더 들어보니, 파견을 계기로 이직을 결심하게 된 후지카와의 심경을 어느 정도 느낄 수 있었다.

"누구에게든 경력이란 첫 회사를 기준으로 쌓인다고 생각해요. 후지카와라면 처음 입사한 광고대행사를 기준으로 다른 회사를 보겠죠. 나 같은 경우는 첫 직장의 분위기를 도저히 받아들이기 힘들었는데, 그래도 조금씩 회사의 입장을 이해하게 되더라고요. 예를 들면 직원끼리 직책으로 부르는 걸 낡은 관습이라 생각했거든요. 그런데 어느새 나도 그러고 있으니 결국은 적응이 된 거죠. 예전 회사에서는 모든 메일을 인쇄하고 도장까지 찍어야 했어요. 거래처랑 주고받은 메일뿐 아니라 사내 메일까지 전부요. 그래서 사무실에 종이랑 파일이 잔뜩 쌓여 있었답니다. 지금 다니는 회사는 전부 컴퓨터로 관리하거든요. 종이로 출력할 일이 별로 없어요. 회사마다 이렇게 다르더라고요. 옮기고 나서 정말 자유롭다고 느꼈습니다. 후지카와는 저랑 반대였을 것 같아요. 어느 정도 자유로운 분위기에서 갑자기 딱딱한 회사로 옮겨야 했으니."

그녀의 말이 맞았다. 후지카와는 골든위크 연휴가 끝나고 새 사무실에서 일을 시작했다. 그런데 달라진 분위기에 당황하여 더 불안해졌다고 한다.

대기업 영업부는 예전 직장과 하나부터 열까지 달랐다. 책상과 의자가 나란히 놓여 있고 그 맞은편에 상사의 자리가 배치된 사무실 구조는 예전 직장과 마찬가지였지만, 소곤거리는 소리조차 들리지 않고 늘 고요했다. 화장실에 가려고 일어날 때마다 주위의 눈이 신경 쓰일 정도였다. 모두 묵묵히 일만 했다.

예전 직장에는 슬림한 정장과 가죽구두, 때로는 세련된 조끼, 줄무늬 와이셔츠에 단추까지 공을 들이는 남자 직원들이 많았다. 그들은 모이기만 하면 왁자지껄 떠들면서 미팅 이야기나 맞선 본 이야기를 하곤 했다. 그런 분위기가 좋지는 않았지만, 회사를 옮기고 며칠 지나지 않아 그런 일상적인 풍경이 못견디게 그리웠다.

200명 정도 일하는 사무실에 종합직 여성은 후지카와를 포함해 몇 명밖에 없었다. 다른 여직원은 모두 일반직이었다. 남자와 여자 사이에 보이지는 않아도 노골적으로 드러나는 선이 존재했다(일본 기업의 직원은 대체로 종합직과 일반직으로 나뉜다. 종합직은 종합적 판단이 필요한 업무에 종사하는 정사원을 일컬으며 그 업무 내용은 다양하다. 그에 반해 일반직은 단순 사무직으로 보조적 업무를 맡는다. 최근에는 이런 구분이 점점 사라지는 추세다—옮긴이).

후지카와가 처음 맡은 업무는 해외지점 수익관리 중 일부였다. 타부서에서 각국의 시장 상황을 연구하여 데이터를 넘겨주면 관리 소프트웨어를 이용해 차례차례 입력했다. 그리 어려운 작업은 아니어서 사원 연수의 의미가 강한 업무라고 느꼈다.

이 회사에서 가장 불쾌하게 생각했던 부분은 종합직은 '남자 일', 일반직은 '여자 일'이라는 구분이 암묵적으로 통용된다는 점이었다.

"나는 '남자 일'을 하는 여자였던 거죠. 내 눈에는 종합직이든 일반직이든 모두 유능한 분들이었거든요. 그냥 하는 일 없이 자리만 지키는 여직원은 없었어요. 그런데 모두 그런 구분을 당연시하는 겁니다. 뭔가 묘한 심리적 압박을 느꼈어요. '남자 일'이라는 말을 들을 때마다 소름이 끼칠 지경이었죠."

매일 점심시간 시작과 끝을 알리는 벨소리가 건물 전체에 울렸다. 그리고 오후 3시가 되면 일반직 여직원들이 과자를 나눠주었다. 거래처가 보낸 고급스러운 과자였다. 그걸 연상의 직원에게 건네받을 때마다 후지카와는 송구스러웠다.

그녀는 이런 사소한 일 하나하나에도 갑갑함을 느꼈다. 다시 학교로 돌아온 것만 같았다. 차 한 대 지나가지 않는 횡단보도에서 신호가 초록색으로 바뀌기만을 하염없이 홀로 기다리는 기분.

외부인과의 교류가 거의 없는 부서에 있다 보니 모든 업무가 회사 안에서만 이루어지는 것처럼 느껴졌다. 규율은 엄격하고 연공서열적 정서가 강했다.

"큰 회사라서 그런지 완전히 피라미드 구조예요. 부장님이 이렇게 대단한 분이었나 싶을 정도로 아랫사람들이 알랑거리는 게 보여요. 출세욕이 강한 건 좋은데, 그걸 표현하는 방식이 너무 유치하잖아요. 열심히 논의해서 제안해놓고 상사가 '이건 아니잖아'라고 한마디하면 '아, 맞습니다' 하고 바로 꼬리를 내리지요. 게다가 같은 부서의 일반직 여직원은 모두 10년 이상 근속에 30대 독신뿐이었어요. 연봉이 높지 않으니 부모님 집에서 출퇴근할 수 있는 사람을 회사 측이 선호한다는 말도 있어요. 모두 친절하고 상냥한 분들이지만 업무 이야기를 마음 편히 나눌 수 있는 상대가 없었어요. 일반직 앞에서 불평이라도 할라치면 '그만큼 돈을 많이 받으니 감수해야죠'라는 말을 들을 것 같아서……."

물론 이 회사는 누구나 일하고 싶어 하는 이름난 대기업이다. 회사가 마음에 들지 않는다고 하면 비난받기 십상이리라. 그저 예전 직장과의 격차가 너무 심해서, 후지카와는 현재 상황을 긍정적으로 받아들일 기분이 들지 않았다. 그녀의 친구가 지적한 대로 갑작스러운 환경 변화에 적응하기 어려웠을뿐더러, 애당초 하고 싶었던 광고 일에서 떨어져 나온 셈이다. 적응하고 싶은 마음조차 들지 않았을 것이다. 이 회사의 장점이 전혀 눈에 들어오지 않을 정도로 후지카와는 현실을 납득하지 못하고 있었다.

전 세계에 지점을 둔 회사이니 여기 소속된 사원들은 대부분 자기 일에 자부심을 갖고 있었다. 그렇기에 모두 한눈팔지 않고 묵묵히 일하는 게 아닐까? 후지카와도 세계를 누비며 활약할 기회를 제공하는 직장으로 받아들일 수 있었다. 이 회사의 가치는 그녀가 생각하는 것 이상으로 클지도 몰랐다.

하지만 영업부에서 일하는 내내 '왜 하필이면 내가……'라는 피해의식에서 벗어나지 못했다.

모니터를 응시한 채 데이터를 끝없이 입력해간다. 묵묵히 손만 움직인다. 조용한 사무실에 키보드 소리가 타닥타닥 울린다. 후지카와는 폰트나 글자색까지 꼼꼼히 신경을 썼다. 옆에서 보면 우수하다고 평가할 만한 업무 자세였다.

하지만 마음속에는 전혀 다른 감정이 소용돌이쳤다. 노력에 노력을 거듭하여 원하던 광고대행사에 가까스로 취직했는데, 광고와는 전혀 관계없는 일을 하고 있는 자신은 대체 뭔가? 서류에서 떨어지고 면접에서 떨어지면서도 자문자답을 반복하며 마음에 차곡차곡 쌓아온 지망 동기는 대체 무엇을 위한 것이었던가?

일단 기업에 소속되면 납득할 수 없는 일도 싫은 일도 충실히 해나가야 하는지도 모른다. 게다가 이런 파견은 앞으로의 경력을 생각하면 꼭 나쁘지도 않은 모양이다. 회사가 그녀에게 기대하는 바가 크다는 반증으로 해석할 수도 있다. 이렇게 불만을 늘어놓으며 끙끙 앓는 것은 사회인으로서 미성숙한 짓이다……

일이 지루하다거나 재미없다거나 그런 뜻이 아니다. 이따금 예전 직장의 동기들과 술자리를 가지면 일 이야기로 분위기가 후끈 달아오른다. "그 고객은 말이야……." "전에 ○○랑 일한 적이 있는데……." 후지카와는 그 무리 속에 있을 때마다 따돌림 당하는 기분이었다.

'나는 광고 일을 하고 싶었는데, 왜 제조업체 영업부에 있는 걸까.'

꿈의 직장이었던 광고대행사에서 홀로 떨어져 나와, 다른 직장에서 고투하고 있다는 사실이 그저 분했다. 회사에 대한 혐오감이 문득 치밀어 올랐다. 자기도 모르게 '반드시 그만두고 말 거야'라고 속으로 중얼거렸다.

대형 광고대행사로 이직하고 반년 정도 지났을 때, 후지카와는 당시를 돌아보며 이야기했다.

"저는 학교에서 공부하는 것과 비슷한 방식으로 일하는 경향이 있어요. A라는 일을 할 수 있게 되면, 그다음은 B라는 일, 그리고 B를 마스터한 후엔……. 이런 식으로 순서를 정해놓고 능력을 키워가는 거죠. 선배가 '이 부분을 기획서로 작성해봐'라고 하면 마치 숙제처럼 일을 처리했던 것 같아요. 그걸 하나하나 완수함으로써 비로소 한 사람 몫을 하게 됐다고 생각했어요. 그런데 조직 안에서 한 사람 몫을 한다는 건 그런 의미가 아니겠지요? 영업부에서 일하면서 깨달은 점도 많아요."

그녀가 파견처의 영업부에서 일한 기간은 약 1년 반 정도였다.

처음 몇 개월간은 수익관리 업무를 맡았지만 그 후로는 행사 진행을 도와 세계 각국에 흩어진 지사의 요인을 안내하거나 제품의 브랜딩 전략을 맡는 등 나름대로 화려한 일에 참여했다.

대기업의 세계적 규모를 목격하고 나니 그토록 지루했던 데이터 입력 업무도 해외와 역동적으로 연결되기 위한 과정 중 하나였다는 사실로 이해가 되었다. 비록 사소한 작업이지만 그 하나하나가 목표를 향하는 에너지를 만들어낸다고 생각하니 처음에는 없었던 긍정적인 마음도 조금씩 생겼다.

그래도 '반드시 그만두고 말 거야'라는 다짐은 가슴속에 줄곧 남아 있었다. 그녀는 원하는 것을 얻지 못했다. 갈증은 결코 해소되지 않았다.

그 대신 그녀의 손에는 어느새 다른 것이 들려 있었다.

"첫 직장에서 1년, 그다음에 파견된 기업에서 1년 반 일했어요. 그러고 다시 원래 직장으로 돌아왔죠. 각각 다른 일을 했는데도 첫 1년을 빼고는 '아직 입사한 지 얼마 안 됐으니까'라는 변명은 일절 통하지 않았어요. 회사에서는 어엿한 경력자로 인정해주는데, 내 생각에는 아직 아무것도 갖춰지지 않은 거예요. 의지할 사람은 나밖에 없었어요. 회사는 너무 쉽게 파견을 보내버리고, 또 불러들이고…… 과연 나를 키우기 위해서였을까요? 아니었던 것 같아요. 이 일을 겪으면서 사고방식이 개인주의로 변했어요. 일은 배우는 게 아니라, 나만의 방식을 스스로 찾아가는 거예요."

후지카와는 좀 더 자기답게, 혹은 자신이 즐길 수 있는 일을 찾아가도 괜찮다고 믿게 되었다.

파견처에서 돌아오자마자 취업정보업체에 등록했다. 그리고 몇 개월 후 대형 광고대행사로 이직이 결정되었다.

회사를 그만두던 날을 생각하면 지금도 떨린다고 한다.

그날 아침 사무실을 조심스레 둘러보니 아직 상사는 출근 전이었다.

한숨을 한차례 내쉬고 손을 씻은 후 컴퓨터를 켰다. 오늘은 직속 상사에게 회사를 그만두겠다고 말해야 한다. 아침에 눈을 뜬 후로 오늘은 꼭 말해야 한다고 몇 번이나 되뇌고 마음을 단단히 먹었다.

머릿속엔 어젯밤부터 수차례 연습한 문장이 들어 있다. 이메일에 '안녕하십니까'라는 인사말부터 쓰고 '의논드리고 싶은 것이 있습니다. 오늘 30분 정도 시간을 내주실 수 있으신가요?'라고 잇는다. 고작 세 문장인데도 최대한 사무적으로 보여야 한다고 생각했다. 이렇게 쓰기로 결정하기까지 조금 고민했다.

잠시 후 출근한 상사가 메일을 열어보더니 무표정한 얼굴로 답신을 적었다. 조금 떨어진 자리에서 그를 살폈는데, 특별히 이렇다 할 표정 변화는 없었다. "두 사람이 은밀히 메시지를 주고받으니 왠지 사내 연애라도 하는 것 같았어요"라며 그녀가 웃었다.

결국 오전 시간은 바쁘게 지나가고 점심시간이 되어서야 상사가 말을 걸었다.

"후지카와 씨, 근처에 맛있는 프랑스 요리를 먹을 수 있는 식당이 있는데, 거기 가볼까? 택시를 타고 가야 하기는 한데."

택시 안에서 그가 "그런데 무슨 의논?" 하고 물었다.

"아, 네…… 회사를 그만두려고요……."

"아아, 역시 그렇군. 그랬구나……. 출근하자마자 부하직원이

의논할 게 있다는 메일을 보냈다면 대체로 그런 내용이지."

문제되지 않는다면 이유를 알려줄 수 있겠나?라는 질문에 솔직하게 대답했다. 계약직이긴 하지만 대형 광고대행사로 옮기기로 했다고. 상사는 잠시 생각하더니 "잘됐군. 대단한데"라고 말했다.

"인생 선배로서 응원하고 싶어. 상사로서 이런 말 하면 안 되겠지만, 솔직히 좋은 기회잖아? 옮기고 싶다면 옮기는 게 좋다고 나도 생각해."

이렇게 말하는 상사도 괴롭겠다는 생각이 들어 마음이 아팠지만, 한편으로 용기가 생겼다. 후지카와는 그렇게 회사를 그만두었다.

내가 후지카와를 처음 만난 때도 정확히 이 무렵이었다. 그로부터 2년이 지나는 동안 그녀의 마음속에 일어난 가장 큰 변화는 '광고라는 분야에 대한 동경'이 사라졌다는 것이다.

대형 광고대행사에서 일한 첫 1년간, 그녀는 무엇보다 회사가 보유한 정보량에 놀랐다. 일하면서 보람을 느낀 순간순간은 그녀에게 '자아실현'의 과정이었다. 담당할 상품이 정해지면 광고를 기획하고, 매체를 구입하고, 크리에이티브 스태프와 회의를 한다. 새하얀 책상에 널린 수많은 자료들. 학창 시절부터 고민하고 상상하고 몇 번이나 취업 활동에 실패하고 면접에서 떨어지면서도 버리지 않은 '자기 이미지' 그 자체였다.

막상 그렇게 되어보니 뭔가 좀 신기해요라고 그녀가 말을 이었다.

"지금 하는 일이 즐거운가 하면, 솔직히 잘 모르겠어요. 일하면서 설레고 흥분되는 경우는 이제 거의 없어요. 내가 그려왔던 직장 생활이 이제 일상적인 풍경이라 그런지 더 이상 동경하는 마음도 없고요. 원래 이런 건가 싶어요. 그냥 주어진 일을 담담하게 해나가고 있습니다. 그때 이직을 했기 때문에 지금 원하는 일을 하고 있는 거겠죠. 일해보고 싶었던 업계에 들어와 업무를 조금이라도 체험해봤으니, 일단 한 가지 목표는 달성했다고 할까요……."

그래도 그녀는 아직 자신에 대해 잘 몰랐다.

동경했던 세계에 발을 들여놓았다는 성취감은 있었다. 하지만 인생 리스트의 '일' 항목에 체크 표시를 하기는 망설여졌다. 이런 심리는 어떻게 분석해야 할까?

그녀는 새삼스럽게도 이런 생각이 들었다고 한다.

'내가 달성했다고 생각한 자기 이미지는 어차피 나 혼자 설정한 것에 지나지 않았다.'

부장에게 정사원 등용시험을 권유받고 생각 있으면 도전해보라는 말을 들었을 때 분명히 느꼈다.

'이 과제를 달성하면 내 인생이 더 충실해질 것 같아.'

정사원이라면 아기를 가져도 다양한 사내 복지 제도를 이용할 수 있으니 일하는 게 덜 힘들 것이다.

'광고업계에서 일하는 자신'의 이미지를 만들었던 취업 활동. 그 성과에 대해 그녀가 했던 이야기가 문득 떠올랐다. "자기 찾기를 하지 않았다면 아무것도 이루지 못했을 거예요."

"그 일이 나한테 맞는지 아닌지는 솔직히 아무래도 좋았어요. 나의 현재 상황을 설명할 수 있는 요인이 필요했을 뿐이죠. 그렇게 발견한 것이 '광고'라는 키워드였어요. 광고를 하고 싶은 나 자신을 이유와 함께 만들어가는 거죠. 그러는 동안에 자기암시에 걸려 광고야말로 내가 가장 하고 싶은 일이다, 광고가 아니면 절대 안 된다고 단정해버린 거죠."

그 자기암시는 실제로 취업을 이룬 후에도 사라지지 않았다. 현재 상황을 설명해줄 요인을 나중에야 발견하는 그녀. 계약직으로 이직한 후에도 마찬가지였던 게 아닐까?

"5년 후면 벅찰 것 같기도 해요." 그녀는 말했다.

이 발언 역시 현재 상황을 설명할 요인 중 하나였다. 그렇기에 정사원 등용시험을 권하는 부장의 말에 마음이 흔들렸다.

후지카와로서는 이 선택이 또 하나의 다른 선택지를 포기한다는 것을 뜻했다. 정사원 등용시험에 도전하기로 인생 계획을 변경하면, '5년간 일한 후엔 쉬면서 아이를 가지고 가정을 돌본다'는 선택지를 일단 보류하든지, 경우에 따라서는 포기해야 한다. 일을 그만둘 가능성이 늘 머릿속에 존재하기에, 일을 그만둬도 풍요롭게 살아갈 미래의 '자기 이미지'를 보험처럼 미리 준비해두었다. 그녀가 과거에 경험한 취업 활동이 '자기암시'를 증폭시켰는지도 모른다.

만약 취업빙하기를 경험하지 않고 원하는 직업을 손쉽게 얻었다면 이렇게까지 자기 이미지에 집착했을까?

쉽게 얻은 것은 쉽게 놔버리게 마련이다. 그 반대도 마찬가지다. 수십 군데 면접을 보고 가까스로 얻은 직장이기에 아무래도 간단히 놔버릴 수 없었다.

'일'과 '가정' 사이에서 느끼는 갈등은 그녀 혼자만 경험하는 것이 아니다. 지독한 경쟁을 뚫고 마침내 자신이 원했던 직장을 얻은 세대라면 그런 경향이 한층 더 두드러질 게 분명하다.

"도전해보겠습니다."

후지카와가 이렇게 대답하자, 만족스러운 듯 부장의 표정이 밝아졌다.

"이제 3년차이니 업무 영역을 조금 넓혀보자."

정사원이 되려면 업무 실적과 타 부서장의 평가가 필요하다. 후지카와는 여태까지 마케팅 담당이었다. 그런데 앞으로는 이 회사의 주요 업무인 '미디어'라는 영역에 발을 뻗어보고 싶었다. 기본 업무는 광고를 위한 신문과 TV의 면과 시간을 구입하여 고객에게 제공하는 일이었다. 광고대행사 수익의 중심이 되는 이 일에 종사할 때 비로소 신입 이미지를 벗는다고 한다. 반대로 그 일을 경험하지 않고는 정사원이 되기 어렵다는 뜻이다.

"부장님이 그런 주요 업무를 해보지 않겠느냐고 권했어요. 예산이 책정되고 신문에 몇 번 광고를 내기로 결정했다면, 오늘은 아사히, 모레는 요미우리, 이런 식으로 계획해 실행하는 겁니다. 주어진 예산 안에서 어느 매체를 이용해 타깃층을 겨냥할지 조사하는 것부터 시작해, 실제로 결정이 되면 광고 면과 시간 구매까지 제가 해야 할 일이에요. 마감까지 콘텐츠가 준비되도록 관리하는 일이라든지, 다양한 실무들에 참여하게 되었어요."

이후로 갓 이직했을 때처럼 바쁜 나날이 이어졌다. 밤늦게까지 회사에 남아 있으면 가슴이 꽉 막힌 듯 갑갑해졌다. 그러면 또 예전처럼 생각하게 된다. '집안일도 해야 하는데. 아이가 생기면 이렇게 일할 수 없잖아…….'

"일은 더 힘들어졌어요. 스트레스도 쌓이고, 바쁘고……. 그런데 실적을 쌓을 수 있는 무대가 준비되니 이런 생각이 들더라고요. 앞으로 더 힘든 상황도 극복할 수 있도록 동기부여가 될 만한 계기를 착실히 마련해둬야겠다……."

이따금 남편에게 넋두리하면, 일과 가정 사이에서 끊임없이 흔들리는 그녀를 달래준다고 한다.

"어느 쪽이라도 상관없지만 가능성은 남겨두는 게 좋지 않겠어? 무리하지는 말았으면 좋겠어. 먹고살기 힘들진 않으니 당신 원하는 대로 해."

눈앞에 정사원이라는 새로운 가능성이 준비된 이상 한번쯤 시도해보고 싶었다.

그 가능성을 활용할지 포기할지, 그 길을 걸을지 말지 결정할 사람은 자신이다.

학생 시절부터 품었던 광고라는 직업에 대한 동경은 이제 사라졌다. 그러나 '동경'이라는 베일이 벗겨진 후에야 그 직업은 생생한 빛을 발하며 그녀를 매료시켰다.

가능성이 준비되었다면 그것을 버리기는 어렵다. 훗날 그 길을 가지 않은 자신이 그 길을 갔을 자신을 상상하는 것만큼 견디기 힘든 게 또 있을까. 혹시 그럴까 봐 그녀는 결정적 행동이 될지도 모르는 한 걸음을 조심조심 내디디려 한다.

d r **6** i f t

결혼하여 아이 낳고
아파트 사면 끝나는 인생은 싫다

대형 종합상사 → IT벤처

이마이 다이스케

29세

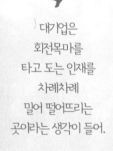

대기업은
회전목마를
타고 도는 인재를
차례차례
밀어 떨어뜨리는
곳이라는 생각이 들어.

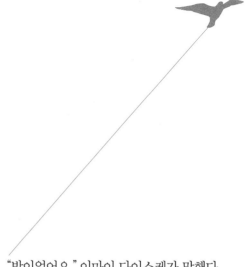

　　"밤이었어요." 이마이 다이스케가 말했다.

　　"바다 저편이 반짝반짝 빛나고 저 멀리 떠 있는 배에 희미한 등불이 켜져 있었죠. 월요일 저녁 9시 드라마에서나 보던 아름다운 풍경이었어요."

　　2004년 2월, 장소는 오스트레일리아 시드니. 그 당시 대형 종합상사 신입사원이었던 이마이는 요트 하버에서 홀로 바다를 바라보고 있었다.

　　일주일로 예정되었던 산업 시찰 일정이 모두 끝나고, 내일 JAL편으로 귀국하기만 하면 된다. 조금 전까지 현지 주재원 몇 명과 술을 마시며 즐거운 시간을 보냈다. 술자리의 흥겨운 분위기와는 반대로 이마이의 마음은 싸늘히 식어갔다. 무리와 헤어지고 호텔로 돌아가기 전에 잠시 오페라하우스에 들렀다. 홀로 해변을 산책하고 있으니 이따금 자신을 괴롭혔던 갑갑하고 초조한 감정이 가슴 깊은 곳에서 다시 꿈틀거리기 시작했다.

건너편에 보이는 네온이 예뻐서 걸음을 멈추고 경치를 바라보았다. 적당한 자리에 걸터앉아 담배에 불을 붙이고 연기를 토해냈다.

회사가 사업을 착수할 탄광 견학이 출장의 목적이지만, 넓게 보면 사원 연수의 의미도 있었다.

일본의 종합상사들은 거품경제 붕괴 후 '혹한기'를 거쳐 하나둘 회복 궤도에 오르고 있었다. 《쉽게 이해하는 종합상사(よくわかる商社)》(나카오카 이네타로 저)라는 업계연구서를 보면 다음과 같이 설명되어 있다. "여태까지 종합상사는 원재료 수입이나 제조업체가 만든 상품을 수출하는 '무역업'을 중심으로 사업을 전개했으나 경영 방식은 체계가 없고 두루뭉술했다. 이윽고 제조업체가 직접 해외로 진출하여 자사 판매망을 구축하는 사례가 늘어나자 종합상사의 필요성에 대한 의문이 제기되었다. 그런 상황에서 종합상사가 살길을 모색하기 위해 사업 투자로 눈을 돌리기 시작했다."

불량채권을 처리하고 비효율 부문 개혁을 단행한 기업들은 본격적으로 부활의 조짐을 보였다. 이마이가 방문한 오스트레일리아의 탄광도 이런 시대의 흐름을 상징하는 투자 사업 중 하나였다.

이마이는 재무부 소속으로 석탄 부문 담당이었다. 지난 10개월간 석탄 수량을 체크하고 전표를 처리하는 나날을 보냈다.

"재무라고 해도 단순히 숫자 체크만 하는 건 아니었어요. 영업부와 연계하여 진행하는 업무가 많았습니다. 석탄 같은 경우는 배에서 하역하는 순간 성분이 미묘하게 변하거든요. 바다로 운반되니 안에 함유된 수분량도 선적할 때랑 다르고요. 이런 세세한 부분까지 재무부가 봅니다."

석탄 품질은 단가에 영향을 준다. 따라서 전표가 제대로 작성되었는지 파악하려면 근본이 되는 품질 검사가 계약대로 이행되었는지 먼저 조사해야 한다. 오스트레일리아 출장이 '연수'인 까닭이기도 하다.

무엇보다 이마이에게는 첫 외국행이었다.

상사맨에게 해외 출장은 이벤트다. 이마이도 출장 명령이 떨어졌을 때 '드디어 왔구나'라고 생각했다.

탄광에서 본 것은 모두 거대했다. 이마이는 일본에서 부임한 스태프와 현지 직원의 안내를 받았다. 거대한 공장이 있고, 거대한 보링머신이 있고, 끝없이 이어지는 거대한 벨트컨베이어가 있었다. 그 모든 것이 넓은 하늘 아래서 유기적으로 동작했고, 채굴된 석탄이 끊임없이 운반되었다. 거대한 배에 실린 이 검은 덩어리는 얼마 후 일본으로 건너올 것이다.

이마이는 공장장에게 하나하나 설명을 들으며 눈앞에 펼쳐진 다이내믹한 광경에 그저 감탄했다.

저녁에는 탄광에서 일하는 또래의 노동자들과 바에서 술을 마셨다. 이마이는 입사 후 영어 공부를 계속했지만 아직 회화가 능숙하지 않았다. 손짓 발짓으로 대화를 나누는 중에 그들의 입에서 '프라이드'라는 단어가 몇 번이나 나왔다는 점이 인상에 깊이 남았다.

"우리가 채굴한 석탄이 전 세계로 수출되어 여러 곳에서 에너지로 사용되고 있어."

이렇게 자랑할 수 있는 그들이 부러웠다.

이마이는 시드니의 요트 하버에서 담배를 피우며 자신이 느끼는 갑갑함에 대해 생각했다. 탄광에서 만난 동세대의 노동자들. 작업을 하면서 느끼는 '일한다'는 감각.

어느덧 이마이의 머릿속에서 시드니에 체류 중인 선배 직원들의 모습과 노동자들의 모습이 교차하기 시작했다. 지점에 주재원으로 나와 있는 선배들은 무척 행복해 보였다. 그들은 해외 생활에 크게 만족하는 듯했다.

"여기 나와 살면 참 좋아."

선배 중 한 사람이 말했다.

'그야 그렇겠지.' 이마이는 생각했다. 가족을 데리고 나오면 수당도 챙겨주니까.

들어보니 모두 큼직한 집에서 사는 듯했다. 말 한마디 한마디에서 사치스러운 냄새가 풍겼다. 이마이는 이 선배들의 모습이 자신의 미래일지도 모른다고 생각했다. 그런 미래도 나쁘지 않겠지만, 당시의 이마이는 그런 상상을 하니 왠지 불안해졌다고 한다.

"내 눈엔 허상으로 비쳤어요."

그 감정은 신입사원이기에 품을 수 있었던 순수한 감상이며, 말로는 표현하기 힘든 직감적인 '위화감'이었다. 한 번 그런 기분이 들기 시작하니 주위에 있는 많은 것들이 부정적으로 보였다.

"석탄이나 철 산업이 호황을 누리고 있고, 우리 회사에서도 가장 큰 수입원입니다. 하지만 우리가 하는 일이라고 해봐야 석탄을 100엔에 사 와서 101엔에 파는 비즈니스일 뿐이죠. 석탄을 만들어내는 건 광산에 있는 사람들입니다."

만약 상사가 들었다면 "그게 어떻단 말인가?"라고 할지도 모른다. 그러나······.

이마이가 종합상사 취업을 원했던 이유는 '라면부터 미사일까지'라는 방대한 이미지에 매료되었기 때문이다. 종합상사에 들어가면 무엇인가 가능하리라 믿었다. 비즈니스의 중심에 서 있다는 확실한 감각을 얻을 수 있으리라 생각했다.

"하지만 아니었어요. 자기가 하고 싶은 일에 대해 확고한 가치관을 가진 사람에게만 적용되는 이야기인 것 같아요."

하루하루가 그냥 지루했어요라고 그는 말을 이었다.

이 회사에 취직한 게 잘못이었다는 생각은 하고 싶지 않았다.

"나는 우수한 사람도 아니니 그런 생각일랑 버리고 열심히 노력하자고 마음먹었습니다. 회사에서 돌아오면 책 읽고 공부하고, 심지어는 오스트레일리아 세무에 관해서도 공부했어요. 이런 것까지 해서 뭐하나 싶을 때까지 노력했죠. 그런데도 위화감은 사라지지 않았어요. 철의 수요는 베이징올림픽(2008년) 때까지 줄지 않을 테고 경기도 좋아지겠지만, 저로서는 비즈니스를 하고 있다고 느껴지지 않았죠. 그게 중요해요. 석탄을 사주는 고객은 존경스럽고 광산 사람들은 훌륭한데, 나는 도대체 뭔가 싶었어요. 아득히 먼 곳에 홀로 있는 것만 같았습니다."

만약 '석탄을 사주는 고객사'에 취직했다면 '비즈니스의 중심에 서 있다'는 감각을 얻을 수 있었을까? 이런 초조한 마음이 안 들었을까? 답은 알 수 없다.

물론 입사한 지 1년밖에 안 된 신입사원이 비즈니스의 중심이 되는 업무를 맡을 수 있다고 생각했다면 큰 착각이다. 처음 몇 년간은 경험을 쌓고, 서른 정도는 넘겨야 묵직한 일을 맡게 된다. 그건 이마이도 모르지 않았다. 적어도 이 회사에서는 차례차례 일을 배워가는 과정이 필요했다.

알면서도 그런 마음을 품게 된다면, 이런 인사 체제로 운영되는 기업은 그의 성향과 맞지 않는 것이다. 이마이는 정체를 알 수 없는 예감을 느꼈다. 현재 상황에 인내하는 것은 어렵지 않다. 그러나 5년 후, 10년 후는 어떨까? 이 회사에 적을 둔다면 '비즈니스'에 대한 꿈을 계속 품고 있을지…….

그는 다음 날 아침 돌아오는 비행기 안에서 한 가지 결정을 내렸다.

'사표를 내자.'

대기업에 연봉도 괜찮고 복지 혜택도 다양한 이 회사야말로 이마이의 장래를 약속해줄 나무랄 데 없는 직장이었다. 그런 사실은 스스로도 잘 알고 있었다.

'조금 더 노력하다 보면 이런 마음이 사라질지도 몰라.'

아마 틀림없이 그럴 것이다.

하지만 그는 태어나서 자란 홋카이도를 떠나 도쿄로 나오면서, 순수한 마음으로 기대했던 '일한다는 느낌'을 더 빨리 체험하고 싶었다. 이 갑갑한 상황에서 한시라도 빨리 벗어나고 싶었다. 그러려면 20대라는 한정된 시간을 좀 더 자신이 원하는 방식으로 일하며 보내겠다는 결심을 해야 했다.

이마이의 고향인 홋카이도 무로란 시는 철의 도시로 유명하다. 메이지 25년(1892년)에 철도가 개통되어 석탄을 실어 나르기 시작했고, 메이지 40년(1907년)에 일본제강소의 무로란 제작소가, 그로부터 2년 후에 신일본제철소의 무로란 제철소가 조업을 개시했다. 이후로 용광로의 붉은빛이 마을을 눈부시게 발전시켰다. 거리에 공업단지가 늘어서고, 공장이 토해내는 불그스름한 연기 띠를 바다에서 불어오는 바람이 길게 늘였다.

현재 무로란 시의 인구는 전성기의 반으로 줄어 10만 명까지 떨어졌다. 이마이가 태어난 1980년에 제철업도 동력을 잃어 사실상 인구 감소의 시작 단계에 들어섰다.

이마이는 사회인이 되어 도쿄로 거주지를 옮기고도 해마다 세 번은 반드시 고향을 방문했다. 아무리 바빠도 부모님께 자신의 건강한 모습을 보여주는 게 도리라고 생각했다. 그 정도 마음의 여유는 지니고 싶었다.

신치토세 공항에 내리면 정년퇴직을 앞둔 아버지가 늘 차로 마중 나왔다. 아버지는 오래전부터 신일본제철소 공장에서 삼교대로 일해왔다.

차를 타고 고향의 널찍한 길을 달리면서 창밖으로 흐르는 풍경을 바라보았다. 도마코마이 시는 제법 개발이 진행된 곳이었는데, 그에 비해 차창에 비치는 무로란은 어딘가 늘 적적했다.

아버지에게 고등학교 앞으로 지나가자고 부탁했다. 올 때마다 거리가 한층 더 쓸쓸해지는 듯했다. 과거에 자주 다녔던 가게가 없어진 것을 확인했을 때는 말로 표현할 수 없을 만큼 슬펐다. "그 찻집 이제 없네." "그 파친코도 망했나 보다." 아버지와 아들의 대화도 이런 식이었다.

고향에 올 때마다 언젠가는 홋카이도로 돌아오리라는 다짐이 점점 옅어졌다. 모든 것이 맹렬한 속도로 움직이는 도쿄에 살다 보니 어느새 '내가 이런 조용한 곳에서 살 수 있을까?' 하며 고민하게 되었다.

이마이가 늘 그리워하는 시민회관 앞을 지났다. 그는 초중고 모두 시내에 있는 공립학교에 다녔다. 초등학생 때 동아리 활동으로 처음 접한 트롬본에 심취했고, 학창 시절 내내 트롬본과 함께했다. 시민회관은 전국대회나 연주회를 위해 자주 방문한 장소였다.

혼자 연주하는 것도 좋았지만 무엇보다 합주의 아름다움에 깊이 매료되었다. 셋이서 도미솔 화음을 연주할 때는 단순히

음을 하나씩 낸다고 조화롭게 들리는 게 아니다. 아름다움을 만들어내려면 중심이 되는 음의 강도를 조정하거나 음정을 조금 낮추는 등 다양한 연구가 필요했다.

사람마다 미묘하게 다른 감각이 서로 잘 어우러지면 너무나 즐거웠다. 매일 연습해도 지치지 않았다. 고등학교 관악부에는 약 80명의 부원이 있었다. 시민회관에서 긴장하며 아름다운 화음을 만들어냈을 때의 추억이 이마이의 가슴속 깊이 새겨졌다.

이마이는 중학생 때부터 공부를 잘해서 시내에 있는 우수한 고등학교로 진학했다. 트롬본에 빠지는 바람에 성적이 떨어진 시기도 있었지만 수학과 영어만큼은 늘 A였다. 특히 수학 문제를 퍼즐처럼 풀어냈을 때의 성취감이 좋았다.

하지만 대학 진학에 대해서는 구체적으로 생각해보지 않았다. 친척 중에도 대학을 다닌 사람이 없었다. 가능하다면 공무원이 되거나 신일본제철소 관련 회사에 취직하는 것도 하나의 길이라고 생각했다.

하지만 진학률이 높은 고등학교에서는 대부분 학생이 대학을 목표로 공부했다. 3학년에 올라가 진로를 정해야 할 시기가 되자 선생님은 이마이에게도 진학을 강하게 권유했다. 아버지에게 물으니 홋카이도에 있는 대학교라면 괜찮겠다고 했다.

재수를 한다면 홋카이도 대학교도 넘볼 수 있었지만, 그는 오타루 상과대학교를 선택했다. 어느 날 진로지도실에서 읽은 신문기사가 계기였다. 기사에는 오타루 상과대학교에서 진행하는 세미나 내용이 소개되어 있었다. 지역의 중소기업과 연계하여 컨설팅을 수행하면서 경영이라는 실용학문을 배우는 과정이었다.

'이런 실천적인 공부가 가능하다니 재미있겠다'라고 그는 생각했다.

그는 입학하자마자 신문기사에 소개된 세미나에 참여했다. 3학년과 4학년 때는 학교에서 숙식을 해결하며 공부와 세미나 활동에 전념하기도 했다. 취업빙하기인데도 도쿄의 대형 종합상사에 취직되었다. 그는 진심으로, 열심히 공부하길 잘했다고 생각했다.

유명 종합상사의 이름을 들은 친척들도 입을 모아 칭찬했다. 특히 부모님이 "대단하구나"라며 크게 기뻐했다.

세미나 동료들도 보험회사나 은행 같은 대기업에 취직했지만, 종합상사에 합격한 졸업생이 나온 건 오랜만이라고 했다.

그 즈음에 상사맨의 비애와 인생을 그린 시로야마 사부로의 《날마다 일요일》을 읽기 시작했다. 종합상사의 가혹한 근무 환경을 간접적으로 경험해도 상사맨은 여전히 멋진 이미지로 다가왔고 그를 설레게 했다.

부모님과 주위 사람들의 칭찬을 받으며 무로란 마을을 떠나왔다. 자랑스러움과 기쁨이 샘솟았다. 이렇게 좋은 회사에 합격한 자신은 정말로 행복한 사람이라고 생각했다. 장밋빛 미래가 약속된 것처럼 느껴졌다.

'열심히 해야지.' 그는 굳게 다짐했다.

이마이는 대학 시절 세미나에 참여하면서 구체적인 사업을 자기 손으로 진행했을 때 큰 보람을 느낀다는 것을 확실히 실감했다. 그 실감이 훗날 그가 이직하기로 한 요인이 되었다.

그는 세미나 활동이 고등학교 관악부보다 더 즐거웠다.

2학년부터는 민간기업 출신 교수의 연구실에 들어가 강의를 듣고 공부했다. 까다롭기로 소문난 교수여서 학점에만 관심 있는 학생들은 절대 수강하지 않았다. 하지만 이마이처럼 배우고자 하는 의욕이 강한 학생에게는 자극으로 가득한 공간이었다.

세미나 내용은 고교 시절에 읽은 신문기사와 거의 같았다. 교수와 함께 과제를 선정하고 실제로 기업을 모집하여 컨설팅 작업을 진행하는 것이다. 학생들이 신문사에 보도자료를 내면 컨설팅 받기를 원하는 기업이 신청하고, 최종적으로 모집된 기업을 방문하여 문제점을 해결하기 위한 구체적 방안을 논의했다.

지금은 대형 싱크탱크에서 일하는 당시 세미나 동료이자 친구가 이마이에 대해 이런 말을 했다.

"이마이는 리더격 존재였습니다. 특히 단기간 아웃풋 양이 대단한 사람이었죠. 다른 친구들이 보고서를 10장 쓰는 동안, 이마이는 50장을 써냈어요. 정말 굉장했습니다. 처음 만났을 때부터 학생으로 보이지 않았을 만큼 차분하고 진득한 녀석이었죠. 세미나 입회 시험이 각자 관심 있는 기업을 조사하여 10분 정도 간단한 프레젠테이션을 하는 것이었거든요. 이마이는 정말이지 무대 체질이었습니다. 전혀 주눅 들지 않고 이야기하는 모습에 깜짝 놀랐어요. 관악부 활동을 하면서 큰 무대에 올라 트롬본을 불었던 경험이 도움이 되었을까요?"

이마이는 어느 수족관 재생 프로젝트 팀에 소속되었다. 그룹은 4명으로 이루어졌다. 그 후로 업계에 관한 전문서적이나 경영서를 닥치는 대로 읽었고, 현지에 가서는 수족관 입장 고객 수를 분석하거나 고객의 복장부터 구입한 기념품에 이르기까지 세세한 상황을 살폈다. 앙케트 조사를 통해 어떤 점이 좋았는지를 묻고, 재무 정보나 객단가를 파악하고, 인기 있는 다른 수족관의 성공 요인을 배웠다.

마을 의회를 방문하여 관계자를 모아놓고 프레젠테이션도 했다. 이대로 가다간 수족관이 파산을 면할 수 없다는 결론을 내렸다면서 그 이유를 논리적으로 설명했다. 이마이가 속한 그룹은 체험형 학습으로 이루어진 이벤트, 레스토랑 메뉴의 다양화 등 획기적인 아이디어를 제안했다. 그중 몇 가지는 실제로 도입되었다. 지금에서는 "컨설팅 놀이였죠" 하며 웃지만, 사례 연구에서 그치지 않고 실무로 연결시킨 점이 학생들의 의욕을 끌어낸 것으로 보인다.

이마이는 홋카이도의 수많은 기업을 조사하면서, 동료들과 진지하게 토론하고 사업에 실질적 도움을 주는 재미에 푹 빠졌다. 그런 열의가 가슴에 깃들자, 도쿄에서 일하고 싶은 욕망이 움텄다.

"취업 활동을 할 때 도쿄에 있는 대기업에서 일하고 싶다는 생각을 했어요. 대기업에는 아무래도 우수한 사람이 많이 모이니까요."

홋카이도를 '버린다'는 뜻은 아니었다. 오히려 다양한 구조적 문제에 고통받는 홋카이도의 중소기업을 활성화시키는 것은 그의 오랜 꿈이었고 지금도 여전히 그렇다.

그는 학창 시절 홋카이도를 여행하면서 낙도를 제외한 212개 마을을 모두 돌아보았다. 거리를 구석구석 둘러보며 홋카이도의 기업에 대해 알아갔고 '유통'이라는 키워드를 의식하기 시작했다. 그러면서 종합상사에 취직하고 싶은 소망이 싹텄다고 했다.

"홋카이도는 '상품은 일류, 서비스는 삼류'라는 말을 들을 만큼, 농산물도 해산물도 가공식품도 품질은 다 좋은데 제대로 유통시키지 못한다는 점이 문제예요. 현재 일본의 유통 방식대로라면 1차 도매, 2차 도매로 가는 사이에 점점 가격이 높아지잖아요. 그런 구조를 무너뜨리면 홋카이도의 품질 좋은 농산물을 소비자에게 더 저렴한 가격으로 제공할 수 있겠다고 생각했죠. 종합상사에 들어가면 상품과 지역, 사람과 사람을 연결시키는 일을 할 수 있으리라 기대했죠. 그게 가장 '비즈니스'다운 일이라고 믿었습니다. 물론 도쿄의 고층빌딩에서 일해보고 싶은 순진한 마음도 있었죠. 그런 수많은 생각이 뒤얽혔던 것 같아요. 뭐든지 가능할 것 같은 느낌에 어리석은 학생이 속은 거죠."

2002년은 취업빙하기가 한창인 때였다. 동급생 대부분이 내정을 받지 못한 상황이었지만, 이마이의 취업 활동은 놀랄 만큼 순조롭게 진행되었다.

그가 소속되었던 세미나 멤버들도 비교적 수월하게 취직되었다고 하니, 실제 기업 현장에서 컨설팅 수법을 배웠던 경험이 유효했다고 볼 수 있을까? 더욱 엄격해지고 실전 능력을 중시하는 경향이 강해진 당시 채용시험의 평가기준에 딱 들어맞았으리라.

종합상사를 목표로 정했던 이마이는 3학년 3월에 마쓰시타 전기(현 파나소닉) 인턴십에 참가했다. 기숙사 생활을 하면서 취업설명회에도 부지런히 다녔다.

홋카이도로 돌아가서는 30개 회사를 대상으로 이력서를 적었다. 결과적으로 삿포로에서 시험을 치고 몇 번의 면접 후 도쿄에서 최종 면접을 봤던 대형 종합상사에 취직이 결정되었다. 이른 시기에 내정을 받았으므로 그의 취업 활동은 짧게 끝났다.

그때 스물한 살이었던 이마이는 기업 사회에서 일한다는 것에 큰 기대감을 품고 있었다. 세미나 시간에 기업 연구에 몰두하면서 비즈니스(이마이는 '일'을 이야기할 때 늘 '비즈니스'라고 표현했다)의 재미를 알았고, 컨설팅 활동이 큰 보람으로 연결되는 걸 실감했기 때문이다.

구체적으로 어떤 업무를 맡게 될지 상상이 안 갔다. 한동안 말단으로 지내게 되리라는 예상은 했다.

행복했던 학창 시절처럼 원하는 일에 종사하는 자신의 모습을 상상하고 그 이미지에 애태웠다. "일하는 사람들을 위해 뭔가를 한다는 것이 굉장히 큰 즐거움이었어요." 이런 마음이었으므로 (비록 의식하지는 못했다 해도) 첫발을 내디딜 미지의 세계에 대한 기대가 크게 부풀었다.

이마이는 새 양복을 입고 기숙사를 나와 도쿄 중심지에 있는 종합상사 빌딩으로 향했다.

본격적으로 업무가 시작되는 시간은 9시 15분이지만, 이르면 8시, 늦어도 8시 반에는 회사에 도착한다.

원래 아침에 일찍 일어나는 편이었다. 처음에는 도쿄의 무시무시한 교통지옥에 질려버렸지만, 어느새 기계처럼 출근하고 일하고 귀가하는 패턴에 익숙해졌다.

입사 후 한 달 반 동안 신입사원 연수가 이어졌다. 오전 중에 영어회화 학원에 가고 오후에는 MBA 강의를 들었다. 그중 6명씩 팀을 이뤄 점수를 겨루는 '팀 빌딩' 강습이 재미있었다.

과제로 제시된 건조물을 제한 시간 내에 스케치하고 작은 블록을 조립하여 똑같이 만드는 식의 활동이었다. 난해한 구조물을 재현하려면 아이디어를 모아 전략을 세우고 작업을 분담할 필요가 있었다. 분담 작업이 얼마나 기능적으로 이루어지는가에 따라 득점이 달라지는 게임이었다.

연수가 끝난 후 이마이는 재무부에 배치되어 석탄 부문을 맡았다.

그 후로 아침에 출근하면 환율부터 체크하는 것이 일상이 되었다. 널찍한 사무실 벽에 각국의 통화 가격이 표시된 전광판이 걸려 있었다.

환율 확인이 끝나면 기다렸다는 듯이 일반직 여직원이 다가온다. 네 명의 여직원이 업무를 돌아가며 맡기 때문에 그에게 다가오는 사원의 얼굴은 매일 바뀌었다. 그래도 모두 "이마이 씨, 안녕하세요" 하고 밝은 목소리로 인사를 건넸다.

그러고 전표 다발을 이마이가 들고 있는 납작한 상자에 올렸다.

처음에는 일이 새롭고 재미있었다. 하지만 몇 개월이 지나니 전표 다발을 볼 때마다 진절머리가 났다. 재무부에 배치된 동기 대부분이 비슷하게 느꼈다고 한다.

'남자 일', '여자 일'이라는 표현에 위화감을 품은 후지카와라면 또 다른 기분을 느꼈을지도 모른다. 이마이는 여직원들의 "안녕하세요"라는 목소리를 들을 때마다, 전표 다발을 털썩 내려놓을 때마다, '다 필요 없어'라고 마음속으로 중얼거리며 화를 삭여야 했다.

이렇게 내키지 않는 기분으로 일하는 것도 싫고, 마음속으로 불평하는 자신에게도 혐오감을 느꼈다. 그런 마음 상태를 차분히 들여다보기도 전에 이미 손은 움직여 전표를 자동적으로 한 장 한 장 넘기기 시작한다. 마치 파블로프의 개가 된 것만 같다.

입사할 때 받은 계산기가 책상 위에 놓여 있다. 그의 오른손에는 회사에 비치된 문구 박스에서 가져온 형광펜이 있다.

종합상사에서 일한다는 의미를 처음으로 깨우쳐준 것이 바로 형광펜이었다. 색깔은 다섯 종류. 같은 작업을 맡은 직원끼리 하나씩 나눠 가졌다. 신입인 이마이는 핑크, 옆자리 여직원은 초록, 상사는 오렌지다.

모두 자기 색으로 묵묵히 전표를 체크한다. 매일매일 같은 작업, 같은 동작이 이어진다. 전표에는 외화 거래도 포함되어 있다. 이건 US달러, 오늘 환율은 이렇고, 지불할 곳은 여기……. 전표 한 장에 체크할 곳이 서른 군데나 된다. 이마이가 체크하고, 옆자리 여직원이 하고, 또 옆자리 동료가 하고, 상사가 한다. 그 과정을 거쳐 전표가 인증되면 비로소 지불이 허가되는 시스템이다.

"1엔이라도 틀리면 안 되기 때문에 모두 손가락으로 짚어가면서 확인해요. 실수하면 큰일 납니다. 한 군데라도 틀리면 몇백만이나 손해를 보기도 하니 분명 중요한 일이죠"라고 말했다가 잠시 뜸을 들인 후 "하지만……" 하고 말을 이었다.

"그런 작업을 하루 종일 하다 보면 너무 지루해서 돌아버릴 것 같아요. 핑크색 형광펜을 들고 전표에 선을 긋는 작업만 계속 하는 겁니다. 인사이동은 빨라도 3년 뒤에나 가능하니, 적어도 그때까지 이 일을 해야 하는 거죠. 종합상사도 은행처럼 같은 일을 패턴만 바꿔 시키면서 집중력을 키운다고 합니다. 그러다 작은 차이라도 우열이 가려지면 인사 점수에 반영되기도 하고요. 그런 거라고 생각합니다. 아무리 그래도 좀 힘들었어요⋯⋯."

이따금 영업부에서 불명확한 전표가 넘어오는 경우도 있었다. 그럴 때는 거래처 담당자에게 전화를 하거나, 해외라면 메일을 쓰기도 했다.

평소에 전표만 노려보고 있으니 거래처에 메일을 쓰거나 자회사 직원과 명함을 교환하는 일마저 신선했다. 사무적인 만남이라도 외부 사람과 커뮤니케이션하는 것 자체가 즐거웠다. 하지만 그럴 기회도 거의 없었다.

물론 일하면서 기쁨을 느낄 때도 있고 더 노력해야 할 점이 많다는 것도 알고 있었다. 입사하고 약 반년이 지난 후로는 같은 부서의 여직원이 임신하여 회사를 그만두었다. 그래서 거래 분류부터 결재까지의 과정을 책임지게 되었다. 신입으로서는 이례적인 일이라고 했다.

혼자 힘으로 결재까지 막힘없이 진행시켰을 때는 기뻤다. 이때 그는 거래 과정을 매뉴얼화하기로 마음먹고, 컴퓨터에 입력하기만 하면 구분 작업이 자동으로 실행되게끔 만들었다.

석탄 거래량은 4분기 만에 급증하거나 급감하는 경우가 별로 없기 때문에 매뉴얼로 인한 효율이 높았다. 매입처, 매출, 지불, 환율, 엔화나 외화…… 지불할 건수가 오늘 10건, 내일 20건으로 쌓이면 미지급금이나 외상 매입 대금 상황이 장부에 그대로 표시되었다. 이렇게 해두면 파견사원이라도 작업이 가능할 것이었다. 그는 뿌듯했다. 하지만 그런 긍정적인 기분도 시간이 지나면 곧 희미해졌다.

이런 불만은 상사에 대한 불신감으로 표출되기도 했다. 1년 반 만에 상사가 다섯 번 교체되었는데, 그들을 보는 이마이의 시선은 아주 차갑고 집요했다.

"상사는 모두 장래의 임원 후보였습니다. 그런데 왠지 꿈이 없어 보이는 거예요. 내가 그런 눈으로 보기 때문인지도 모르겠는데, 인생을 포기한 사람처럼 보이기까지 했어요. 이런 사람들이 천만 엔 이상 받는 고액 연봉자라니…… 결혼해서 아이 낳고 아파트 한 채 사면 끝이라고 생각하는 것 같았어요. 아직 서른다섯인데 다들 지쳐 보여요. '해외에 나가 일하는 게 꿈'이라고는 하는데, 브라질이 좋을까? 어디가 좋을까? 하고 말하는 걸 들으면 그게 무슨 꿈인가 싶어요. 가서 뭘 하는지가 중요한데 말이죠."

그의 눈에 비친 '상사의 모습'은 자신도 언젠가는 똑같아지리라는 예감으로 이어졌다.

"해외 지사에서 일하다가 우리 부서로 부임한 상사 한 분은 공인회계사 자격증도 있고 굉장히 우수하다고 평가받는 사람이었어요. 언젠가는 CFO(최고재무책임자)가 될 인물이라고 하는데, 내 눈에는 존경할 만한 점이 없어 보였습니다. 왜 그럴까 생각해봐도 모르겠더라고요. 어쩌면 위기감을 느껴보지 못한 사람들이라 그런지도 모르죠. 홋카이도의 중소기업 사람들과는 너무 달랐어요. 나한테 업무를 가르쳐준 선배랑 술을 마시면서 이야기해봐도 뭐랄까……. 목표를 가지고 일하는 사람이 없었어요. 상사들도 회사에 대해 불평하거나 누구누구 파견사원이 어떻다든 둥 뒷담화나 하고 사업 이야기를 안 해요. 그런 건 안중에 없는 사람들처럼 보였고, 설사 머릿속으로는 생각한다 해도 열정적으로 토론하는 모습을 본 적이 없어요."

점심시간이 되면 고층빌딩 사이에 조성된 공원으로 동기들이 하나둘 모인다.

"오늘은 맥도날드 갈까?"라고 누가 말했다.

햄버거를 먹는 동안 오가는 대화는 거의 회사에 대한 불평이었다.

"의미 없어, 정말로."

한 녀석이 입을 떼면 기다렸다는 듯 오전 중에 쌓인 응어리를 앞다퉈 토해냈다. 불만을 토로하는 중에 부서장들의 별명이 난무한다.

사회로 나오면서 품었던 꿈과 희망을 잊지는 않았다.

'해외로 나가 새로운 거래처를 개척한다.' '재무부 소속이지만 영업부와 연계하여 거래로 연결되도록 노력한다.' '새로운 비즈니스를 일으킨다……'

동기들도 마찬가지였다. 하지만 이 회사에서 그런 일을 맡으려면 앞으로 최소 5년, 길면 10년이라는 세월을 기다려야 한다. 지금은 이렇게 동기들과 푸념이나 하며 스트레스를 해소하는 수밖에 별다른 도리가 없다.

기업 사회에는 무시무시하고 잔혹한 일면이 있다. 열정 없는 상사에게 환멸감을 느끼고 뒤에서 매도하면서, 정작 자신은 그 '열의'를 표현한 적이 있기나 했던가? 그 역시 종합상사의 일원으로서 동료들과 푸념만 했다면, 그만큼 대학 시절에 몰두하고 진심으로 즐겁다고 느꼈던 '비즈니스'를 향한 꿈이 흔들리고 있다는 뜻이 아닐까?

"체념하고 싶을 때도 있었습니다. 종합상사라면 영업 이미지가 강합니다만, 요즘 종합상사는 투자나 M&A로 돈을 버니 재무부 업무가 중요시되고 있어요. 타사에서도 1년차에게는 반드시 재무 관련 업무를 맡긴다고 해요. 우리도 동기 네 명 중한 명이 재무 담당이었습니다. 나도 종합상사에는 재정이나 회계 전문가가 필요하다는 걸 알기 때문에 좀 더 공부해야겠다는 생각을 했고, 부기 1급 정도 수준까지는 배웠어요. 그런데 학원 선생이 '이건 시험에 나온다'고 하면 왠지 한심한 생각이 들어서……. 대기업에서 일하려면 어느 정도 연수 기간이 필요하다는 걸 알지만, 그래도 이렇게 해서 정말 성장할 수 있을까 하는 의심이 사라지지 않았어요."

동기들과 이야기를 나누다 보면 그의 마음도 조금은 풀어졌다. 다들 같은 기분이었는지 금요일이 되면 누가 먼저라고 할 것도 없이 늘 모여서 술을 마시러 갔다. 거기서 나누는 대화라고 해봐야 회사나 상사 험담뿐이었지만, 매일 반복되는 일상 속에서 동료와 술을 마시는 시간은 그에게 소중했다. 그렇게 곁에 있는 동료와 관계를 다져감으로써 명실공히 기업의 일원이 되어갔다.

이마이는 스스로 나서서 회식 기회를 만드는 편이었다. 회식 장소 물색을 위해 가이드북을 구입할 정도로 열심이었다. 부원이 자주 바뀌어 송별회도 많았다.

'나만 그런 게 아니다. 모두 힘들지만 같은 마음으로 노력하고 있다.' 그는 생각했다. 이렇게라도 독을 뱉어내기 때문에 월요일부터 다시 시작할 수 있다고.

'하지만……' 입 밖에 내진 않더라도 생각하지 않을 수 없었다.

기업에서 일한다는 것이 이렇게도 괴로운 일이었던가?

"3년 동안은 그만두면 안 된다는 말을 자주 들어요. 일리 있는 말이라고 생각합니다. 종합상사 동기가 지금(2007년 시점) 5년차인데, 이야기를 들어보니 역시 당시의 힘든 상황에서는 벗어났더라고요. 어느 회사든 3년 정도 버티면 다음 무대로 갈 기회가 열리는 것 같습니다. 물론 3년이나 있었다면 그만두기 힘들어지고, 새로운 무대가 보여도 싫은 회사라면 일하는 게 여전히 괴롭겠지요. 실제로 취업정보업체 컨설턴트들이 그런 말을 하더군요. 그들은 이직을 시키는 게 일이니까요."

이마이는 입사하고 1년이 채 지나지 않아, 이미 일에 대한 열의를 잃었다. 무기력한 자신의 모습에 조바심이 났다. 초조감이나 불안감을 해소하려면 지금 하는 일에 긍정적인 마음으로 임하는 것이 가장 효과적인 처방이겠지만, 아무리 노력해도 되지 않았고, 그러고 싶은 마음도 없었다.

일은 빈틈없이 처리했다. 업무의 매뉴얼화를 제안하는 등 자신의 능력을 충분히 발휘했다. 얼마 후엔 석탄 거래 전표만이 아니라 투자처의 재무관리 전체를 맡게 되었다. 그는 이 회사에서 충분히 '잘 풀리고' 있었다.

하지만 기분은 걷잡을 수 없이 가라앉았다. 융통성이 없다고 핀잔을 줘도 세상 물정 모른다고 타박을 해도 안 되는 건 안 되는 것이었다.

전표 한 장 한 장에 핑크색 형광펜으로 체크하면서 '세상이 이렇게도 지루했나'라고 생각했다. 뭔가에 쫓기는 듯한 기분이 가슴을 채웠다가 사라졌다. 여기서 앞으로 수십 년을 일하는 자신의 모습을 상상하는 것만으로도 힘들었다.

오스트레일리아 출장을 권유받기 전에 정신과 의사를 찾아가 상담을 받은 적도 있다. "스트레스 때문이네요"라는 말을 듣고 돌아왔지만, 당시의 그는 병원에 갈 생각을 했을 정도로 궁지에 몰렸다.

물론 이 회사에 있으면서 불평불만만 입에 달고 살지는 않았다. 이마이는 20대라는 사실이 믿기지 않을 정도로 예의 바른 태도와 초연한 분위기를 가진 인물이었다. 일을 빠르고 정확하게 처리한다는 평가를 받는 경우가 많았고, 다양한 아이디어를 짜내려고 노력하는 모습이 엿보였다. 그런 그가 이토록 부정적인 기분을 안고 일한다는 점이 문제였다.

그는 하나하나의 문제를 유달리 심각하게 받아들이고 혼자 고민하는 경향이 있다는 걸 자각했다. 기분이 안 좋으면 겉으로 잘 드러나는 편이기도 했다. 표정은 어두워지고, 잘 웃지도 않고, 고개를 숙인 채 골똘히 생각에 잠긴다. 동기가 "괜찮아?"라고 물으면 그제야 자신의 표정이 어땠는지 의식할 수 있었다.

이때 느꼈던 불안감과 초조감은 사소한 것이 쌓이고 쌓여 생성된 감정이었다. 지루한 일, 꿈과 희망을 5년 후나 10년 후로 미루게 만드는 연공서열적 구조, 존경할 수 없는 상사⋯⋯.

이마이는 여직원에게 지불 전표를 받으며 생각했다. 철광석이나 석탄 같은 대형 비즈니스라면 거대한 벌크선이 항구에 도착할 때마다 전표 다발이 우르르 쏟아진다. 한 번에 수천만 엔 규모의 거래도 있고 작은 거래도 있다. 달걀이나 닭고기를 취급하는 부서는 수치가 더 작다. 그런 전표 한 장 한 장의 무수한 누적이 유수 대기업 중 하나인 이 종합상사의 총체적인 모습을 만들어낸다.

매출은 연간 10조 엔이 넘었다. 상상조차 하기 힘든 금액 속에 금속 부문을 이루는 수십 개 사업소가 있고, 그 안에 석탄 부서가 있고, 이마이는 그 원료탄의 일부를 처리하고 있다.

회사의 크기에 자부심을 갖거나 애사심이 투철한 사람이 있는 반면에, 이마이는 자기 역할이 너무나 작다는 사실에 놀랄 따름이었다. 대학생 때 선진적인 세미나를 통해 배우며 기대했던 '비즈니스'는 회사의 거대한 규모와 견고한 보수성에 묻혀 일부를 경험하는 것조차 쉽지 않았다. 하고 싶은 일을 한다? 대체 어떻게? 언제까지 기다리면 되지? 기다리면 정말로 가능할까? 미래는 불투명했다. 현실감이 느껴지지 않았다. 이곳에서 새로운 비즈니스를 만들겠다는 막연한 꿈이 과연 이루어질까?

"작은 회사에 들어간 친구가 하고 싶은 일을 하고 있다거나, 창업한 친구의 이야기가 주위에서 들리면 조바심이 느껴졌어요. 이렇게 꾸물거려도 되나 싶은⋯⋯. 대학 시절에 컨설팅을 하면서, 일하는 사람들을 위해 뭔가를 하는 것이 무척 즐겁다고 느꼈어요. 학생일 때는 그랬는데, 사회에 나와서는 일을 전혀 즐기지 못했죠. 장래를 생각하면 초조했습니다. 그런데도 그 회사에서는 참아야 했어요. 꾹 참고 기다려야 했죠. 요즘 젊은이는 참을성이 없다고 하죠? 맞습니다. 솔직히 말하면 저도 참을 생각이 없었기 때문에 그만뒀으니까요."

그는 그만둘 기회만 찾았다. 입사한 지 1년이 채 안 된 그에게 이직은 현실적인 선택지였고, 어차피 그만둘 거라면 결단은 빠를수록 좋았다.

이마이는 오스트레일리아 출장에서 돌아와 약 반 년을 기다린 후에 회사를 그만두었다.

입사한 지 1년 반만의 퇴직이었다. 100명이 넘는 동기 중 첫 이직 사례가 되었다.

오스트레일리아를 떠나 돌아오는 비행기 안에서 '그만두자'라고 생각한 이후, '멍한 기분'으로 취업정보업체에 등록하고 이직 관련 책을 한 권 읽었다.

멍하니 웹사이트를 둘러보는 동안 이직하려는 마음에 불이 붙기 시작했고, 아마존에서 '커리어' 관련 책들을 찾아 한 권 한 권 구매했다. 휴일이 되자 쌓아둔 책을 들고 근처 쇼핑몰 안에 있는 스타벅스로 가서 닥치는 대로 읽었다.

취업정보업체인 리쿠르트 에이전트와 인텔리전스에 등록하고서 본격적인 이직 활동에 돌입했다. 처음에는 '어떤 기업을 제안해주려나?' 하고 의심 반 호기심 반으로 방문했지만, 생각했던 것보다 구인 안건이 많았다.

"일단 조건에 맞는 회사를 보여주세요."

커리어 컨설턴트에게 그렇게 말하자 약 20개사를 소개해주었다. 제시된 기업은 다양했지만, 특히 벤처기업이 많이 포함되어 있었다.

그중 한 회사에 마음이 갔다.

이마이는 이직 활동을 하면서 학생 시절에 품었던 '비즈니스'의 꿈을 되살리고자 '세 가지 조건'을 설정했다. 첫 번째는 '유통' 관련 사업일 것. 재무직은 지긋지긋했다. 그래서 두 번째는 사람을 만날 수 있는 영업직일 것. 마지막으로 연공서열제를 없앤 사원수 백 명 이하의 기업일 것. 한마디로 말하면 이마이가 경험했던 대형 종합상사와는 정반대의 세계를 원했다.

이마이의 관심을 끈 IT 벤처기업은 외국계 기업에 다니던 현 사장이 독립하여 설립한 회사였다. 창립 멤버는 외국계 금융이나 컨설팅 회사에서 합류한 인재였고, 학생 벤처 경험자도 있었다. 그들은 1990년대 후반부터 전자상거래 사업에 뛰어들었다고 한다. 업계 최고라고 할 수는 없지만 착실히 실적을 쌓아가고 있는 건 분명해 보였다.

이마이는 대학 시절 상학부 사회정보학과 수업 시간에 업계 연구의 일환으로서 IT 벤처기업의 동향에 주목했다. 역시 도쿄 중심에 오니, 무로란에서 신흥 기업을 조사할 때와는 큰 차이가 있었다. 정보 면에서 특히 그랬고, 장래를 상상할 때 그려지는 이미지도 달랐다. 마음이 대기업으로 향했었던 이유가 여기에 있었다.

자세히 살펴보는 동안, 이 회사의 이름과 사장의 경력을 예전에 본 기억이 떠올랐다. 당시에는 창립한 지 얼마 안 된 신생 기업이었다.

업계에서 규모가 큰 편은 아니지만 상위 기업을 부지런히 따라가고 있는 듯했다. 홈페이지를 차분히 읽어보니 연공서열을 배제한 기업 문화도 자리 잡혀 있었다. 경영 이념은 다음과 같왔다. '사원 한 사람 한 사람을 피라미드식으로 구성하지 않고, 각자 구(球)의 표면적을 담당하도록 한다.'

이 회사가 전개하는 전자상거래 사업이란 인터넷 시대의 유통 인프라를 구축하기 위한 것이 아닌가? 그렇다면 '유통'이라는 자신의 키워드와 딱 맞아떨어지기도 했다.

"내 인생을 투자하는 것이니 이길 수 있는 분야여야 합니다. 그만한 잠재력이 있는 회사라고 생각했습니다."

컨설턴트와 두 번 정도 이야기를 나누고 면접에 대비하여 예상 질문을 뽑아보았다. 1차 면접이 끝난 후 "평가가 굉장히 높아요"라며 합격 소식을 전해 왔다. 그 말을 들으니 이 회사에서 일하고 싶은 마음이 더 커졌다. 이런 마음이 들도록 만드는 컨설턴트의 수법에 감탄했다. 대학 시절에 취업 활동을 할 때처럼, 같은 학교 출신 선배가 이끌어주는 느낌이 들기도 했다. 최종 면접이 끝났다. 결과는 역시 합격이었다. 나중에 들은 바로는 입사 경쟁률이 100대 1이었다고…….

이마이는 2004년 여름에 회사를 그만두었다. 그는 이직을 혼자 결정했다. 친했던 동기 네다섯에게만 알렸다.

사직서를 제출한 때는 7월 초였다. 상사가 붙잡았다. 당황하는 상사의 모습을 보면서 부하직원이 그만두면 인사 평가에 부정적인 영향을 줄 수도 있겠다는 생각이 들었다. 일본 최고의 급여 체계에, 이름만 대면 모르는 사람이 없는 기업이다. 그만두는 직원 수 자체가 적다. 그렇게 생각하니 미안한 마음이 들었다.

이 회사 동기들로만 구성된 메일링 리스트가 있는데 전원이 회사 주소로 등록되어 있었다. 송년회나 해외 출장, 부임 소식 등 사내의 공적인 정보가 그곳에 공유된다.

그는 소리 소문도 없이 회사에서 사라지기는 싫었다. 퇴사가 결정된 후에도 한동안 고민하다가 7월 중순이 되어서야 회사를 그만둔다는 사실을 메일링 리스트의 동기들에게 알렸다.

우선 회사를 그만두는 이유를 적고, 앞으로 하고 싶은 일과 아마도 하게 될 일을 장황하게 써내려 갔다. 이 글은 지금도 삭제하지 않고 기록에 남겨두었다.

쓰고 나서 막상 보내려 하니 갑자기 가슴이 답답했다. 그런 감정은 자의식이기도 했고 성실하다는 방증이기도 했다. 동기들도 저마다 불만이 있고 일하면서 괴로울 때도 많다는 걸 점심시간이나 회식 때 나눈 대화를 통해 충분히 알 수 있었다. 하지만 의젓한 상사맨이 되어 보람 있는 일을 하고 싶기에 지금은 일단 참고 다들 열심히 하고 있다.

'프로 근성이 없다고 생각할까?'

금요일 오후 5시 59분. 메일을 보냈다. 업무 종료 시각이 오후 6시이므로, 메일을 보내고 바로 자리를 뜰 생각이었다.

　귀가하면서 심하게 혼란스러워하는 자신의 모습에 스스로 놀랐다. 휴대전화가 몇 번이나 진동했다. 전철을 반대로 타는 바람에 고탄다 역에서 화들짝 놀라 내렸다.

　마음을 진정시키고 휴대전화를 열어보았다. 10여 건의 부재중전화는 모두 동기에게서 온 것이었다. 분명 모두 응원해줄 것이라 믿었고, 나중에 실제로도 동기들의 격려에 큰 힘을 얻었다. 그렇다는 걸 알기에 더 괴롭기도 했다. 그는 표시된 전화번호에 답을 할 수도 없었다. 오늘은 그저 혼자 있고 싶었다.

　새 직장 IT 벤처기업에 입사 후, 경영진과 사원들이 근처 이자카야에서 술을 마시며 대화를 나눴다.

　"우수한 엔지니어는 어디 있다고 생각하나?" 상사가 물었다.

　"거의 대기업에 있어. 벤처, 벤처라고 떠들어대도 결국은 그런 거야. 우리 회사에도 천재 엔지니어가 있지만, 거의 대기업으로 몰리지. 그런데 말이야, 대기업은 회전목마를 타고 도는 인재를 차례차례 밀어 떨어뜨리는 곳이라는 생각이 들어."

　그러면 어떻게 될까? 하고 잠시 뜸을 들이다 다시 말을 이었다.

　"대기업이 사원에게 기회를 안 준다는 뜻은 아니야. 회전목마를 타고 다 같이 빙글빙글 돌다가 옆에 있는 사람이 나가떨어지는 걸 보면 누구나 꼭 붙들고 있으려 하겠지. 사소한 일로 출세 경쟁에서 탈락하기도 하고, 정해진 선로를 따라 계속 나아가다가 도중에 뒤처지기도 해. 그 과정에서 인재의 우수한 부분이 점점 깎여나가지. 대기업의 감점 평가 방식이 이런 현상을 만들어낸 거야. 시간이 흐를수록 주위 동료는 점점 사라지는데 자신은 아직 남아 있다면, 회사에 충성하며 계속 머무르고 싶지 않을까? 결혼을 하거나 대출 받아 집을 사려는 시점이라면 더 불안하겠지. 감점 평가 방식에도 나름대로 장점이 있겠지만, 새로운 사업에 도전하려는 우리 회사에는 역시 맞지 않아."

틀에 박힌 비유라는 생각도 들었지만 종합상사에서 1년 반동안 힘겹게 지내다 이직한 이마이의 가슴에는 묵직한 울림으로 전해졌다.

새로 다니기 시작한 이 회사는 여태 느껴보지 못한 신선함과 일하는 보람을 선사했다.

이마이는 오픈마켓에 입점할 신규 업체 모집을 중점적으로 하는 부서에 배치되었다.

이직 첫날부터 전화 영업의 나날이 시작되었다.

회사 근처로 이사한 그는 출근하자마자 컴퓨터를 켜고 자사가 독자적으로 개발한 전문 '크롤러'를 가동시켰다.

크롤러는 검색엔진 구조와 마찬가지로 웹사이트에 있는 정보를 자동으로 수집한다. 그는 체리를 수확하여 홈페이지상에서 소소하게 판매하는 농가와 지방의 브랜드숍, 대형 오픈마켓을 운영하는 경쟁사의 정보를 입수했다.

새로운 홈페이지가 세상에 나오면 바로 영업망에 걸렸다. 이상적이었다. URL만으로는 판매 사이트인지 아닌지 구분할 수 없다. 홈페이지상의 정보로 판단하여 조건이 채워지면 리스트에 오르는 구조다. 홈페이지에서 상품을 판매하는 경우라면, 업체명, 대표자 이름, 전화번호, 주소, 개인정보 보호정책 등이 기본적으로 게재되는데, 크롤러는 이렇게 수집한 정보를 차곡차곡 데이터베이스에 축적한다.

이 데이터베이스는 예전 직장으로 치면 '핑크색 형광펜'이었다. 화면에 회사명, 이름, 전화번호, 이메일, URL이 표시되는데, 검색 조건을 지역별이나 상품별로 설정할 수 있다. 기본정보 페이지에 과거의 영업 기록도 남아 있다. 과거에 통화가 연결되었는지, 여태까지 몇 번 대화를 나눴는지, 아니면 한 번도 접촉한 적이 없는지……. 영업이 성공할 가능성이 있는지 없는지 판별하기 위해서라도 과거의 접촉 여부는 반드시 필요한 정보다.

이마이는 입사 첫날부터 이 데이터베이스를 열어놓고 영업

전화를 돌렸다. 처음에는 갈팡질팡했지만 곧 노하우가 생겼다.

순발력과 대화 기술이 중요했다. 특별한 영업 테크닉이나 경험이 성과로 이어지는 경우도 있지만, 전화를 걸거나 팩스를 보내거나 하는 '누가 해도 똑같은 작업'을 누구보다 빨리 하는 것도 중요했다.

수화기를 잡는 순간 두뇌를 영업 모드로 전환하고 데이터베이스상에 표시된 전화번호를 누른다. 버튼은 왼손으로, 오른손으로는 URL을 클릭한다. 통화연결음을 들으며 홈페이지 내용을 재빨리 체크한다. 통화가 연결되는 순간, 적어도 영업할 상대의 업종은 머리에 들어 있어야 한다. 제법 규모가 큰 기업부터 개인이 운영하는 채소가게나 가전제품 판매점, 심지어는 기와를 파는 가게, 우산 전문점까지 다양했다.

그는 이 일을 하면서 강한 충족감을 느꼈다. 하는 일은 똑같지만 대화를 나누는 상대가 늘 바뀌고 저마다 개성이 있었다. 판로 확대의 중요성을 역설하고 자사의 오픈마켓에 입점하면 어떤 점이 좋은지 설명한다. 그러면 상대는 우려하는 부분에 대해 몇 가지 질문을 던진다. 그러면 즉시 대답해주는 식이었다.

"영업을 할 때는 상품 지식에 초점이 맞춰지기가 쉽지만, 기본적인 것은 갖춰졌다는 전제하에 오히려 마음가짐에 중요성을 둬야 한다고 생각합니다. 고객에게 부정적인 이야기를 들으면 반대로 새로운 것을 제안할 기회로 생각하고 대화를 긍정적인 방향으로 이끌어가야죠. 고민할 거리는 얼마든지 있으리라 봅니다."

진지하면서도 의욕 넘치는 사업가들과 이야기를 나누는 시간이 이마이에게는 큰 기쁨이었다. 예전 직장에서는 느끼지 못했던 '일한다는 감각'을 그들과의 대화에서 얻었다. 그 감각은 이마이의 내면을 치유했고 동시에 '성장하고 있음'을 명확히 실감케 했다.

그는 인상에 남은 많은 거래처 중 이런 곳이 있었다며 이야기를 들려주었다. 입사 2개월째인 어느 날, 하치노헤 시장 안에 있는 채소가게로 전화가 연결되었다고 한다. "사장님이 사투리가 심해서 잘 알아들을 수 없었지만 결과적으로 계약이 성사됐어요. 그분은 아침이 빨라서 새벽 4시부터 6시까지만 통화가 가능하다는데, 그 가게를 넣지 않으면 목표 달성이 어려울 것 같으니 오기가 생기더라고요. 메시지는 매일 보냈지만 전화는 폐가 될 것 같아서 일주일에 한 번만 했어요. 새벽같이 전화하면 이렇게 말씀하셨죠. '자네, 참 대단하군. 보잘것없는 채소가게를 위해 이렇게 열심이구먼……' 처음에는 다 쓸데없다고 마다하시다가 '이렇게까지 생각해주는데, 자네한테 한번 맡겨볼까?'라고 하셨을 땐 정말 기뻤어요. 그분하고는 지금도 연락하고 지냅니다. 홈페이지 첫 화면은 감자를 찍은 사진으로 구성했는데, 소박하고 느낌이 좋아요. 그 감자는 나도 사서 먹어봤죠. 굉장히 맛있었어요."

홋카이도의 킹크랩 업자, 오키나와의 감귤 농가, 야마나시의 가전제품 판매점……. 이마이는 다양한 가게를 알아가면서 영업의 즐거움에 푹 빠졌다.

지난 1년간 약 300건의 전화 영업을 시도했는데, 그중 실제로 담당자와 통화가 연결된 건 3분의 1 정도였다. 그중 반이 호의적인 반응을 보여 자료를 우송하는 단계에 이른다. 그중에서 또 반이 비용을 포함하여 구체적인 협상에 들어가고, 3개월 이내에 최종적으로 입점한 업체는 열 곳 전후였다.

"도쿄에 와서는 샐러리맨밖에 만날 기회가 없었거든요. 그런 사람들과는 완전히 달랐습니다. 길어도 10분 정도 통화하는데, 그 짧은 시간에도 열정이 느껴졌어요. 이야기를 들어보면 어떤 가게든 경영 이념과 철학이 있더군요. 나도 열심히는 하고 있지만 따라가려면 한참 멀었다는 생각이 들었어요. 우리 사장님이 자주 하는 말인데, 우리는 그런 사람들에게 입구를 만들어주는 일을 하는 거랍니다. 말하자면 사람과 사람을 연결하는 일이죠. 즐거워요. 싫증을 느낀 적이 단 한 번도 없습니다."

이 기분은 대학 시절 세미나에 참여하면서 느꼈던 감정과 흡사했다.

그는 착실히 성과를 올렸다. 어느 달에는 계약을 40건 가까이 성사시켰다. 입사 반년 만에 사내 MVP 표창을 받았고, 1년이 지났을 때는 10여 명을 총괄하는 리더로 추천받기에 이르렀다. 그의 발전 속도는 매우 빨랐다.

2008년, 이직 후 3년이 경과했다. 이마이는 이 회사에서 오픈 마켓 전체를 총괄하는 부장직에 올랐다. 최연소 기록이었다.

인사부 동료가 당시를 회상하며 "반년간 연속으로 월간 MVP에 올랐으니 정말이지 슈퍼스타였죠"라고 말했다. 이마이의 첫인상에 대해 묻자, 그 역시 세미나 동료와 비슷한 발언을 했다.

"나는 이마이 씨보다 늦게 이 회사에 들어왔어요. 고객을 대상으로 연 세미나에서 그를 처음 봤는데, 말을 참 잘하는 사람이라고 생각했습니다. 자료를 보니 깊이 고민해서 만들었다는 걸 알겠더군요. 본질을 파악하는 능력이 대단하다고 느꼈습니다."

그는 회사의 채용을 담당하는 입장에서 이마이의 평가 이유를 다음과 같이 분석했다.

"이마이 씨는 종합상사에 들어가 지역 활성화를 위해 일하고 싶었다고 합니다. 예전 회사에서는 그렇게 되기까지 무척 많은 시간이 걸린다는 사실을 알고서 이직했죠. 하고 싶은 일이 명확한 사람이니 우리처럼 속도가 중요한 회사와 잘 맞았던 것 같습니다. 인사 담당자로서 느끼는 건데, 이직에는 리스크가 따르지 않을 수 없습니다. 이직하고 나서야 역시 나랑 안 맞는다든가 생각한 것과 다르다고 말하는 사람이 나오지요. 그런데 자신이 하고 싶은 일이 명확하고 그 일을 하기 위해 이 회사에 들어왔다면 약간의 위화감 정도는 인내할 수 있을 겁니다. 반면에 그런 목적이나 목표 의식이 뚜렷하지 않은 사람은 이직해도 실패하기 쉽겠죠. 자신이 내린 의사 결정에 의문이 느껴질 때 그 상황을 극복하기 위해 반드시 필요한 것이 목표나 목적이라고 생각합니다. 이마이 씨한테는 강한 목표가 있었지요."

이 회사는 입점 영업과 각종 사무를 담당하는 부서와, 입점 후 웹사이트에 대해 조언하거나 세미나를 기획하는 컨설팅 부서로 나뉜다. 이마이는 모든 부서를 총괄 관리하는 역할을 맡고 있으며 매우 만족하고 있었다.

"내 인생에서 두 번째로 즐거웠던 때가 대학 시절이고, 세 번째가 관악부 활동 시절이에요. 첫 번째가 지금이랍니다. 지금이 제일 즐거워요."

회사 안의 자기 역할이 명확하기 때문인지도 몰랐다. 사업 규모는 종합상사에 비할 수 없이 작지만, 오히려 이 일을 통해 변화를 주도할 수 있다는 자신감이 생겼다.

"내 회사라 생각하고 일합니다. 종합상사에 있을 때는 사장과 이야기할 기회도 없었어요. 할아버지뻘인 사장님과 회장님은 먼발치에서만 볼 수 있었지요. 아우라는 뿜어내지만 활력은 전혀 느껴지지 않았어요. 예를 들어, 지금 우리 회사 업무 중 영업은 수치로 평가되는데, 그 수치를 못 맞추면 더 분발하자며 서로 격려하고, 수치를 달성하면 다 같이 기뻐하는 분위기가 형성되거든요. 예전에는 사람도 많고 일도 너무 세분화되어 있었어요. 비슷비슷한 사람끼리 비슷비슷한 얼굴을 하고 비슷비슷한 일을 하는 것 같았죠. 물론 우수한 직원은 자회사 사장으로 선임되기도 하고 연봉도 많이 받으니 회사에 계속 머물겠지만, 나처럼 20대엔 즐겁게 일하기를 원하는 사람들한테는 안 맞는 것 같아요."

물론 지금도 일이 괴로울 때가 있다.

20대의 젊은 나이에 관리하는 입장에 서니 그 책임의 크기에 압도될 것 같다. 책임량을 달성할 수 있을지 없을지 고비인 시점에 사장과 직접 대화를 나누고 의견을 조정한다. 회사 경영에 깊숙이 관여하면서 늘 긴장감을 잃지 않게 되고, 때로는 의견 차이가 허가되지 않는 국면도 있다는 걸 알게 된다. 같이 일하는 동료 중에 또래 그룹, 연하 그룹, 연상 그룹이 있는데, 지금은 모두 그의 부하인 셈이다. 그러니 속마음을 터놓고 힘든 이야기를 나눌 수 있는 상대가 거의 없기도 하다.

큰 거래처나 제휴 관계에 있는 대형 통신회사 담당자와 이야기할 때 젊다는 이유로 약한 입장에 서게 되는 현실을 통감하기도 했다.

"감점 평가 방식을 고수하는 대기업과도 끈끈하게 소통해야 합니다. 우리가 제안한 캠페인이 성공적이었는데도 '운영 방식에 문제가 있었다'거나 '위험 요소가 컸다'라며 어떻게든 깎아내리려 합니다. 이미 끝난 일인데 굳이 그렇게 말하는 이유가 뭘까요? 그 사람들, 말끝마다 '우리는 1종(일본의 전기통신사업자는 통신 설비를 보유하고 서비스를 제공하는 제1종 전기통신사업자와, 통신 설비를 보유하지 않고 제1종 전기통신사업자의 설비를 이용하여 서비스하는 제2종 전기통신사업자로 나뉘었는데, 지금은 그런 구분이 사라졌다—옮긴이)'이라고 해요. 요컨대 이런 뜻인 것 같아요. '우리가 왜 당신 같은 사람들이랑 손을 잡아야 하지?' 하청업자로 대우받는 게 싫은 건 아닙니다. 내가 젊어서 그런 취급을 받는 것 같다는 생각이 들면 좀 힘들어요. 내 역할이 무거운 짐으로 느껴지기도 하고요. 사장님이 나를 믿고 맡기는 건 알지만 아직 시기상조인 것 같을 때도 있죠. 그런 생각이 들면 정말 괴롭습니다."

창업 멤버인 그의 전임자가 30대 후반이었기 때문에 비교되는 게 아닌가라는 의심에 빠지기도 했다. 그럴 때 종합상사 시절에 그랬던 것처럼 그의 표정은 어두워진다. 이렇게 할 걸 그랬다, 저렇게 할 걸 그랬다고 후회하면서 고개를 숙인다.

동료가 말을 건다.

"표정이 엄청 어두워요, 어제, 오늘."

사장이 관리를 맡기면서 이마이에게 했던 말이 떠올랐다.

"사람 위에 서려면 어떤 일이 있더라도 표정이 어두워지면 안 돼."

그리고 이렇게 말을 이었다.

"누구나 어두워질 때가 있겠지. 업무 때문만이 아니라 사적인 일일 수도 있고. 그러니 표정 관리가 안 된다면 차라리 쉬도록 해."

그는 자꾸만 우울해지는 기분을 어쩌지 못할 때가 있다. 그게 다른 직원의 눈에도 보였다니 막다른 골목에 갇힌 것만 같았다. 어쨌거나 '기분이 안 좋으니 오늘은 쉬자'라고 하기는 힘든 현실이다.

하지만 그가 원하는 세계에서 일어난 일이 아닌가? 그는 지금 대학 시절부터 꿈꿔온 '비즈니스' 세계 안에 있다. 그러므로 다른 누구의 탓으로 돌릴 수도 없고 나약한 소리를 해서도 안 된다.

한편으로 이마이는 아직 서른도 안 된 '젊은이'다.

어느 날 회식 자리에서 연하의 직원에게 다음과 같은 말을 들었다고 한다.

"영업할 때도 느꼈지만 이마이 씨는 여러 일을 소화해내시네요. 회사가 개인의 성장을 요구하면 그 기대에 확실히 부응하고, 주어진 일이 바뀐 경우에도 어떤 일이든 완벽하게 해내셨죠. 지금 회사가 무엇을 요구하는지 파악이 되면 바로 실행에 옮깁니다. 무척 힘들 것 같은데요."

그는 이 말을 듣고 생각했다.

다른 사람이 보기엔 약한 소리를 거의 안 하는 것처럼 느껴질지도 모른다. 빈틈이 없어 보이면 다가가기 힘든 법이다. 이 회사에서 일하면서 그랬던 적이 많은 것 같다. 하지만 실제로는……. 무척 불안하고 초조했다. 긍정적인 생각도 많이 했지만 부정적인 생각도 남보다 배는 했을 것이다. 지금도 문득 조바심이 나곤 한다.

이런 내면의 문제는 회사를 바꿔도 해소되지 않고 평생 따라다닐 것이다. 그래도 이마이는 종합상사에서 근무하며 고민하는 시간을 가졌기 때문에 어떤 상황이든 납득하고 받아들일 수 있게 되었으리라.

학창 시절의 그는 대기업 외에는 쳐다보지도 않았다. 종합상사로 결정됐을 때는 더할 나위 없이 기뻤고, 앞으로 장밋빛 인생이 펼쳐지리라 믿어 의심치 않았다. 그는 지금 이 회사에서 성장하는 자신을 느끼지만, 따지고 보면 종합상사 시절까지 포함한 모든 시간이 그를 성장시켰다.

또 관리자라는 '자리'가 그의 식견을 높여준 측면도 부인할 수 없으리라.

2008년 가을부터 시작된 세계적 불황이 그의 역할을 더욱 강화시켰다. 이세탄이나 다카시마야 같은 백화점 대신 인터넷을 통해 저렴하면서도 품질 좋은 상품을 사고 싶어 하는 사람이 늘어났다.

불황의 파도가 전국을 덮치고 도산하는 거래처가 늘어가는 현실 속에서도 오픈마켓의 실적은 꾸준히 올랐다. 시대가 이렇게 흘러간다면 앞으로 소비자의 행동에도 격렬한 변화가 생길 테고 이마이는 발 빠르게 대처해야 하는 입장이다.

그는 홋카이도에서 키웠던 학생 시절의 꿈, 즉 '일본 지방의 농가가 수확한 쌀을 인터넷을 통해 전 세계에 팔 수 있다면 굉장하겠다'라고 막연히 상상했던 그림을 현실에서 그려가기 시작했다.

"우리 회사도 지금은 좀 어렵지만, 내 힘으로 바뀔 가능성이 있다고 생각합니다. 그래서 꿈과 희망을 가지고 일합니다." 그가 말했다.

"만약 이 회사가 보수적으로 바뀐다면 싫어지겠죠. 사장님과 계속 이야기를 나누고 있으니 그런 식으로 되지는 않을 것 같지만, 혹시 그렇게 된다면 미련 없이 그만둘 겁니다. 예전 회사도 그게 싫어서 그만뒀으니까요. 하지만 조직이란 원래 그런 것이겠죠? 지금 이대로 계속 갈 수는 없어요. 기업은 늘 성장해야 하고, 그러려면 보수적인 요소가 필연적으로 끼어들겠지요. 딜레마입니다."

지금은 이렇게 생각하는 것이 최선이라며 계속 말을 이었다.

"이 회사에 평생 다닐 것 같지는 않아요. 나만의 과제가 세워지면 이 회사도 언젠가는 졸업할 겁니다. 물론 내가 도전하고 싶은 세계가 이 회사에서 만들어진다면 가장 좋겠지만……. 그런 의미에서, 나도 그렇고 회사도 그렇고 3년 뒤의 모습을 전혀 상상할 수 없습니다."

그는 현재 자신의 마음을 정확히 이렇게 표현하고 싶다고 했다.

"2, 3년 전이었다면, 만약 이 회사가 망하면 내 이직은 실패였다고 생각했을 거예요. 하지만 5년이 지난 지금은 그렇게 생각하지 않아요. 설사 회사가 망하더라도 이직하길 잘했다는 마음은 변함없을 겁니다. 대기업이 아니더라도 영향력 있는 일을 하면 되죠. 회사 이름에 의지하지 않고, 사소하더라도 하고 싶은 일을 하는 게 중요하다는 걸 알았습니다. 모호했던 생각이 확신으로 바뀌었어요. 여기까지 오기가 쉽지 않았습니다."

7

d r i f t

결국 선택지가 모두 사라질까 봐
두려웠다

경제산업성 공무원 → IT벤처 임원 → 타일 제조업체 임원

하라구치 히로미쓰

32세

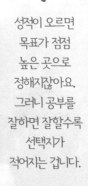

성적이 오르면
목표가 점점
높은 곳으로
정해지잖아요,
그러니 공부를
잘하면 잘할수록
선택지가
적어지는 겁니다.

2006년 3월 1일, 도쿄 날씨는 비. 오전 8시 30분, 경제산업성 본관 지하 출입구는 아직 지나가는 사람이 적어 한산했다.

올해 스물일곱인 하라구치 히로미쓰는 경제산업성 상무정보정책국 서비스 정책과에서 계장으로 일했다. 이날은 그가 커리어 관료(일본에서 관료에 대해 이야기할 때 반드시 나오는 단어가 '커리어'와 '논커리어'이다. 법률로 명확히 정의되지는 않았지만 일반적으로 커리어는 국가공무원 1종 시험에 합격해 간부 후보생으로 임용된 국가공무원을 일컫는 말이다. '커리어 관료'라고 하면 최고의 엘리트인 만큼 직급이나 급여 등의 대우가 논커리어에 해당하는 일반 공무원에 비해 월등히 높다. 승진 속도에도 큰 영향을 미친다—옮긴이)로 지내는 마지막 하루다.

심플한 남색 양복에 하얀 와이셔츠, 갈색 넥타이를 맨 수수한 모습. 평소에는 줄무늬 양복에 색깔이 들어간 와이셔츠를 입을 때가 많지만, 중요한 날인 만큼 조금 차분한 옷이 좋을 것 같았다. 하라구치는 어스레한 통로를 걸어 엘리베이터에 올라타고 자신이 일하는 층으로 향했다.

1시간 정도 후면 출근하는 공무원들이 경비원 앞을 지나 차례차례 신분증을 내밀며 들어오는 모습을 보게 된다. 하라구치는 가스미가세키(도쿄의 중앙 관청 지구—옮긴이)의 아침 풍경을 지금도 간혹 떠올리곤 한다. 언제 끝날지 알 수 없는 사람들의 행렬. 국장 이상 간부가 지날 때는 경비원들이 모두 경례를 한다. 그 뒤로 묵묵히 걸어가는 일반 공무원들의 모습이 보인다. 이 판에 박힌 이미지가 지극히 대조적인 광경으로 다가와 하라구치의 기억에 깊이 새겨졌다.

'나도 언젠가는 경례를 받는 위치에 오를까?'

여기서 근무하는 동안 가끔 이런 생각도 했다. 앞으로 20년간 꾸준히 일하다 보면 언젠가는 그런 위치에 오를지도 모른다. 하지만 장래를 상상할 때마다 눈앞이 안개로 자욱해졌다. 아무리 생각해봐도 경례를 받는 자기 모습은 전혀 상상이 되지 않았다.

가스미가세키의 아침 풍경도 이제 자신과는 관계없어진다. 신기하게도 특별한 감회가 느껴지지 않았다. 자신이 이곳에서 사라져도 가스미가세키의 풍경은 똑같이 되풀이될 것이다. 일단 그만두기까지 해야 할 일이 몇 가지 남아 있다. 감상에 빠지기 전에 우선 눈앞의 일부터 끝내야 한다.

전날도 밤늦게까지 일하는 바람에 택시를 타고 월세 아파트로 귀가했는데, 이날도 많이 늦어질 것 같았다. 마지막 근무에 어울리지 않게 꽤나 바쁜 하루였다. 퇴직 발령을 받고 여태까지 신세진 분들께 인사라도 하고 싶었지만, 간부를 대상으로 한 설명 자료와 국회 답변 작성 등 마무리해야 할 일이 좀처럼 끝나지 않았다. 그러는 동안에 발령 내용을 알게 된 동료들이 "갑자기 그만두다니 무슨 일이야?"라며 전화를 해댔다. 메시지도 몇 건이나 날아왔다.

그만두기로 결정한 후 예전 상사나 인사 담당자에게 그동안 감사했다고 인사라도 하고 싶었는데 아직 찾아뵙지 못했다. 현재 상사인 과장이 "이제 일은 됐으니 인사해야 할 분들이나 챙기도록 해"라고 한마디해줘도 될 법한데, 과장은 시종일관 모른 척 냉담했다.

하라구치는 두 달 전 직속 대리에게 사의를 전했다.

그만둘 결심을 한 배경에는 예전에 상사였던 두 사람에 대한 동경심도 있었다. 2년 전 자원에너지청의 자원·연료부 정책과에 근무했을 때 30대 초반의 대리가 사직서를 내고 경영전략계에서 손꼽히는 컨설팅 회사로 이직한 적이 있다. 하라구치는 그때까지 커리어 관료가 그만둘 수도 있다는 생각은 하지도 못했다. 그래서 사태를 직접 목격했을 때 상상 이상으로 충격이 컸다. 그로부터 반년이 지나고 이번엔 같은 과의 과장이 그만두었다. 두 사람은 하라구치가 존경했던 몇 안 되는 상사였다.

예전에 석유화학공장으로 보낼 통보 서류를 만들 때의 일이다. '실수가 없도록 만전을 기해주시길 바랍니다'라는 문장을 썼다가 컨설팅 회사로 이직했다는 대리에게 지적을 받았다.

"만전을 기해달라는 건 구체적으로 어떻게 하라는 말이지? 경비원을 밤에 몇 번 순찰하도록 하라든가, 정확하게 이야기해주지 않으면 기업은 곤란해. 이런 문장은 행정의 횡포라고밖에 볼 수 없어."

그 대리는 심의회 때 모든 관리를 하라구치에게 맡긴 적도 있다. 실무회의 진행을 1년차 관료에게 맡기는 경우는 드물다고 한다. 일이 무사히 마무리되고 "마지막까지 믿고 맡겨주셔서 정말 감사합니다"라고 인사했더니 "다 자네가 잘한 덕분이지" 하고 칭찬해주었다. '성과'를 가로채는 상사가 많다는 걸 잘 아는 하라구치는 대리의 처사에 감동하지 않을 수 없었다.

또 한 명의 존경했던 상사인 과장은 NPO(비영리단체) 활동을 열심히 하는 분이었다. 그의 신조는 '상대가 어떤 사람이든 자신이 먼저 다가간다'였다. 하라구치는 과장의 외근 준비를 도우며 그 자세에서 깊은 신뢰감을 느꼈다고 한다. 그래서 두 사람이 퇴직하기 두 달 전에 사의를 전했던 것을 기억하고 똑같은 방식을 취하기로 했다.

'왜 꼭 유능한 사람만 그만두는 걸까?'

두 사람의 사직은 관료의 길에 막 발을 들인 하라구치의 세계관을 뒤흔들었다.

시로야마 사부로가 경제산업성(구 통산성)을 무대로 쓴 《관료들의 여름》이라는 소설이 있다. 거기서 그려진 고도경제성장기의 '무제한'으로 일하는 관료상이나 '충성'을 통해 생성되었던 이미지가 공허하게 느껴졌다. 그렇게 의욕의 원천이 허물어지기 시작했다.

1월 초순의 일요일 저녁, 하라구치는 직속 상사에게 메일을 썼다. 다음 날인 월요일 아침에 "깜짝 놀랐어" 하고 말을 걸어온 상사와 함께 점심을 먹으며 대화를 나눴다.

"그런 내용이라면 비서과에 먼저 이야기해야지."

보통은 직속 상사인 대리가 생각을 바꾸라며 설득하지 않는가? 그 후 몇 차례 갈등은 있었지만 설득이라고 할 만한 발언은 듣지 못했다. 시키는 대로 커리어 쪽 인사를 통괄하는 비서과로 가서 절차를 밟았다. 비서과 사람들은 당연히 과 내에서 붙잡았어도 결심이 굳은 줄로 알고 있었다.

대리에게 사의를 전한 후로 기다렸다는 듯 하라구치에게 새로운 일이 전혀 돌아오지 않았다.

"그만두겠다고 말한 순간부터 할 일이 없어졌어요."

계장이었던 그의 주요 업무는 국장이나 과장, 대리가 하는 일을 돕고, 과 내의 안건을 누구에게 맡길지 결정하는 것이었다. 그렇기 때문에 모든 안건이 그의 손을 먼저 거쳤다. 새벽 2시에 퇴근해도 다음 날 아침 8시에 출근하면 책상에 서류가 수북이 쌓여 있었다.

그만두겠다고 말한 날부터 서류는 더 이상 쌓이지 않았다. 하라구치를 열차에서 내린 사람으로 간주하고 그가 맡았던 업무를 이제부터 상사가 직접 처리하기로 결정했기 때문이리라. 인사 당국으로서는 '현장에서 일할 사람이 빠지면 곤란하다. 자네한테 기대를 걸고 있다'라며 설득하고 싶겠지만, 문제는 과 내에서 하라구치가 없어도 전혀 곤란하지 않다는 점이었다. 인사과 담당자는 "재미가 없습니다. 비전이 느껴지지 않아요" 라며 그만두는 이유를 솔직히 말하는 하라구치 앞에서 어떤 반응을 보여야 할지 곤혹스러웠을 것이다. '그만둔다'는 결정이 이렇듯 쉽사리 받아들여졌다면 과의 책임자에게도 어떤 식으로든 징계가 내려졌을지 모른다.

'짜증나겠군.' 하라구치는 속으로 생각했다.

마지막 날에 상사가 응원의 말 한마디 건네지 않고 도와주려 하지도 않은 것은 아마 비서과에서 무슨 이야기를 들었기 때문일 것이다. 그는 묵묵히 남은 일을 처리했다.

다른 근무처로 이동하게 된 사람도 포함해 저녁 6시부터 송별회를 열어주었다. 하라구치는 빨리 끝나면 좋겠다고 생각했다. 얼른 일을 마무리 짓고 싶었다. 유일하게 감동한 순간은 나중에 동기가 스무 명 정도 다가와 헹가래를 쳐주었을 때뿐이다. 동기들이 샴페인과 꽃다발과 액자도 선물했다.

그날 하라구치는 한밤중까지 사무실에 남았다. 1년차 후배 한 명만 그와 함께 일했다.

가까스로 일이 끝나고 될 대로 되라는 심정으로 녹초가 된 몸을 이끌고 집으로 돌아왔다. 유난히 긴 하루였다.

"경로가 훤히 보이는 세계라는 점이 한 가지 이유입니다. 20년 후든 언제든 그만두기까지의 과정이 다 보여요. 그게 견딜 수 없었어요."

2006년 여름, 도쿄의 마루노우치 호텔 커피숍. 나는 하라구치를 이때 처음 만났다. 후덥지근한 오후였는데, 흰 와이셔츠 단추를 두 개 연 그는 시원스러운 표정이었다.

도쿄대학교 법학부를 졸업하고 한 번의 실패를 거쳐 국가공무원 1종 시험에 합격, 경제산업성에 입성, 3년째 봄에 사직했다. "왜 그만뒀나요?"라는 질문에 그가 제일 먼저 토로한 것은 '장래에 대한 초조감'이었다. 이마이가 오스트레일리아에서 느낀 감정과 비슷했다.

하라구치는 대화를 할 때 상대의 생각과 의도를 간파하려고 애쓰는 편이었다. 그는 아무리 애매하게 느껴지는 자기 인생이지만 반드시 시작과 끝이 있고 그 사이의 과정은 질서 있게 설명되어야 한다는 의사를 먼저 전했다. 나는 그의 이야기를 묵묵히 듣기만 했다.

그는 경제산업성 내의 '경로'에 대해 설명했다.

"커리어의 경우 1, 2년차까지는 총무과에서 잡무를 봅니다. 3년차가 되면 계장이에요. 여기서 두 갈래로 나뉘는데, 다른 부의 총무계장으로 이동되기도 해요. 5년차부터 해외로 유학을 가는 사람이 나오지요. 5년차, 6년차, 7년차를 해외에서 지내다 돌아오면 대리가 됩니다. 16, 17년차 정도부터 과장을 달 수 있죠."

그가 '경로'에 대해 이야기할 때 전혀 막힘이 없었던 것은 여태까지 몇 번이나 자신의 장래를 이런 식으로 그려봤기 때문이리라.

"뻔히 보이는 장래가 그렇게 싫나요?" 내가 물었다.

"네, 싫어요. 장소나 인간관계는 달라지겠지만, 어떤 일을 하게 될지는 다 보입니다. 인사제도에도 문제가 많아요. 저 사람이 저리로 가는 게 당연하다고 납득할 발령이면 좋은데, 전임자가 아끼는 사람이 후임자가 되는 경우도 많고요. 견디기 힘들었어요."

하라구치는 잠시 숨을 돌리고서 예전에 인사과 담당자에게 들은 이야기라며 다시 입을 열었다.

"그분은 인사 제도를 뜯어고치고 싶어 했어요. 어느 대형 자동차회사 인사부 직원과 이야기를 나누면서, 커리어 제도를 폐지하고 성과형으로 가면 어떨지 물었다고 합니다. 자동차회사 인사부에서도 고민이 될 만하다고 했다더군요. 처음에는 사명감을 가지고 일하다가도 때가 되어 가정이 생기면 지켜야 할 것이 늘잖아요. 30대 후반이나 40대가 경쟁에 내몰리면 정말 인정사정없다고 해요. 그러니 처음부터 루트가 정해져 있는 공무원은 얼마나 편하냐고 하더랍니다. 우리 세대는 전혀 공감할 수 없는 이야기죠. 공무원 세계는 정년퇴임하고 낙하산으로 임명된 후부터가 오히려 화려합니다. 저한텐 너무나 먼 이야기죠. 같은 대학을 나와 기업에 들어간 사람들은 30대, 40대에 돈을 많이 벌잖아요. 그런 삶이 더 좋아 보였어요. 환갑이 넘어서야 1억, 2억 엔 받으면 좋을까요? 별로 기쁠 것 같지 않은데요."

세계 금융위기가 몰아치기 2년 전, 하라구치의 동급생 중에 미국 투자은행에 취직한 친구가 몇 명 있었다. 그들의 입행 1년차 급여는 하라구치의 수배에 달했다. 하라구치의 연봉은 각종 수당과 야근 수당까지 포함해 450만 엔 정도였다. 학생 때 비슷한 배경을 가졌던 친구들의 성공적인 삶을 소문으로 듣고 나니, 그들이 얼마 전까지 자신과 나란히 앉아 강의를 들었다는 사실을 믿을 수 없었다.

경제산업성에 있을 때 존경했다는 상사 중 한 명인 아사노 준이치는 하라구치가 품었던 갑갑함과 불안감에 대해 이런 해설을 달았다.

"내가 들어간 1990년과 비교해도 분명히 가치관이 많이 바뀌었어요."

1960년대부터 거품경제기 이전까지는 매년 예산이 느는 것이 당연시되었다고 한다. 《관료들의 여름》의 세계는 유효했고, 여기저기 뛰어다니며 '일을 만들어가는 재미'를 느낄 수 있었다.

"거품이 붕괴된 후부터 현 수준을 지키는 것에만 급급하니 조직 방어적인 업무가 늘어난 겁니다. 젊은 사람들은 방식을 바꿔야 한다는 걸 실감해요. 고도성장기는 이미 끝났으니까요. 민간기업이든 관공서든 간부급 상사가 문제예요. 성장이 당연시되던 시대의 사람들이거든요. 두 계층 간의 가치관은 부딪칠 수밖에 없어요. 일이 시시하고, 의미 없게 느껴지고, 그런데도 바쁘게 일해야 하니 그만두고 싶어지는 겁니다. 밤늦게까지 일하는 게 문제가 아니라 조직 방어를 위한 별 의미도 없는 국회 답변을 쓰는 게 고통이라는 거죠. 필요한 일이라고 생각하면 좋겠지만, 의구심을 느끼면서도 마지못해 한다면 당연히 힘들 겁니다."

〈아사히신문〉(2007년 11월 9일 조간)에 의하면 1996년에 4만 5000명이 넘었던 국가공무원 1종 수험자가 2007년에는 반수로 줄었다고 한다. 개인적인 이유로 사직하는 커리어 관료도 증가했으며, 하라구치가 사직한 2006년까지 총 5년간 그 수가 292명에 달했다는 내용이 보도되었다. 그의 생각이 실제 데이터로 증명된 셈이다.

하라구치가 존경했던 다른 한 명의 상사는 경제산업성을 사직하고 도쿄대학교 객원교수를 역임한 사와 아키히로였다. 그는 하라구치의 가치관에 영향을 끼친 관료 세계의 모습을 조금 다른 관점에서 설명했다.

"우리 세대와 달리 하라구치 세대는 후배를 훈련시키고 이끌어주는 시스템이 더 이상 기능하지 않았다는 점을 언급하고 싶군요."

당시에는 각 과에 반드시 '1년차와 2년차가 있었다'고 한다. 연차가 한 해 위인 선배가 한 해 아래인 후배에게 일을 가르치는 식이었다. 사와는 자기 시대에는 있었지만 하라구치 시대에는 사라진 것이 이 '안정적인 인사 순환'이었다고 지적했다. 은행원 시절 내내 '신입'으로 일해야 했다고 고충을 털어놓은 오하시를 기억할 것이다.

사와는 자원에너지청에 배치된 1년차 시절에 이런 일이 있었다고 회상했다. 제2차 석유파동 직후 수많은 문의가 들어왔는데 전화 대응은 주로 1년차 담당이었다. 어느 날 "1년간 석유 수입량은 얼마인가요?"라는 문의를 받았다. 통계자료를 보니 항목에 '원유 및 석유 제품'이라 적혀 있고 수입량은 양쪽을 합한 수치였다. "문의하신 석유는 원유인가요? 석유제품인가요?"라고 물으니 "내가 그걸 어떻게 알아? 석유 말이야, 석유"라는 답이 돌아왔다. 어떻게 하면 좋을지 몰라 선배에게 물었지만 "네가 판단해서 대답해"라고 했다.

"어떻게든 대답하려고 하는데 그 선배가 슬쩍 한마디하는 겁니다. '네가 하는 말이 곧 일본 정부가 하는 말이니 신중해'라고요. 문의한 상대는 내 대답을 일본 정부가 하는 말로 받아들일 테고, 그 수치를 어딘가에 쓸지도 모른다는 것이죠."

이렇듯 '1년 위 선배'에게 배우며 하루하루의 업무를 헤쳐나갔다. 세세한 실무 기술을 배우는 중에 '보람 있는 일'과 '책임져야 할 일'을 구분하는 안목을 길렀다.

"옛날에는 1년차가 한 일을 한 해 위의 선배가 수정해주고 이끌어주는 형태였습니다. 지금의 상사와 같은 역할이었죠. 비슷한 문제나 업무를 선배가 어떻게 처리하는지 바로 옆에서 지켜보며 일 하나하나의 의미를 배울 수 있었습니다. 해가 바뀌어 자신이 2년차가 되고 신입이 들어오면 배운 대로 후배를 가르치겠죠. 그런 과정을 통해 지난 1년간 자신이 얼마나 성장했는지 알게 됩니다."

하지만 지금은 다르다고 말한다.

"각 과에 뿔뿔이 배치되었다가 1년이 지나면 다른 부서로 이동되거나 떠나버립니다. 2년차라 해도 새 부서에선 또 말단인 셈이니 자신이 얼마만큼 성장했는지 파악할 수가 없어요. 그러는 동안에 언제까지 이 일을 해야 하나 싶어 갑갑해지는 시기가 옵니다. 내가 하라구치에게 자주 했던 말이 있어요. 큰일을 하고 싶으면 지금은 아무리 쓸데없어 보여도 어떤 일(=하라구치가 잡무라고 부르던 일)에든 나름대로 의미가 있다는 걸 기억하라고……."

하지만 하라구치는 사와의 말을 실감할 수 없었고, 참고 견뎌보자는 마음도 생기지 않았다.

동기들 중에는 하라구치의 선택에 공감하는 이도 많았을 것이다.

주위를 둘러보면 외국계 금융회사나 컨설팅 회사에 취직해 화려한 일을 하는 대학 친구들이 있다. 그에 비해 자기들은 어떤가?

동기들은 '상사를 잘못 만났다'고 투덜대곤 했다. 명확하지 않은 지시. 책임을 회피하는 태도. 하라구치가 관찰한 바로는 띠동갑 정도 되는 대리급에 관리 능력이 결여된 인물들이 많은 것 같았다. '구직수보다 구인수가 많았던 거품기에 사회로 나온 사람들이라 그런가?'라고 생각했다. 동기들 사이에는 조직에 대한 불만을 공유하는 분위기가 형성되었다.

하라구치는 그런 우울한 기분으로도 '커리어 관료'로서 할 일은 했다고 자부했다. 예를 들어 담당 업계 사장이 과장을 만나러 오면 재빨리 메모를 하고 의사록을 수정하여 30분 내에 관계 부서로 배부했다. 국회에 대응하는 업무나 답변 초안 작성도 실수 없이 처리해왔다. 예산 확보를 위한 서류 작성이나 재무성

출입도 그렇다. 상사가 오기 전에 출근하고 새벽 2시가 넘어 퇴근하면서 주어진 일을 늘 완벽하게 처리했다.

그뿐만이 아니었다. 그는 적극적으로 '관공서의 문화'를 즐기려고 노력했다. 입성 후 석유부 정책과에 배치되었을 때는 미군의 2차 이라크 공습이 한창이었다. 이후에도 중동 지역 유전에 대한 교섭 등의 안건이 있었고, 원유 가격 급등에 대응하기 위한 논의가 진행되었다. 그럴 때 1년차는 자료 복사가 일이다.

"석유 정세에 관한 서류를 매일 총리 관저로 보내는데, 관련하여 사무차관에게 돌리는 A4 크기의 메모도 있거든요. 슬쩍 엿보니 원유가 일정 가격을 넘으면 어떻게 대응한다든지, 관리직 선에서 비밀리에 검토하고 있더라고요. 이럴 때 복사만 하기보다 내용을 꼼꼼하게 보고 다음 단계까지 생각해 움직여야 합니다. 단순히 심부름꾼으로 끝날 것인지, 아니면 정세를 파악하고 자신이 맡은 업무의 의미를 이해하면서 일할 것인지……. 관공서에서는 후자를 요구하죠. 동기랑 메모 내용에 대해 이야기할 때, 그걸 못 본 녀석은 대화에 끼질 못합니다. 물론 자료를 본 쪽이 좋은 평가를 받겠죠. 그러니 같은 복사라도 업무 이해도를 따져보고 의도적으로 시킬 사람을 결정하는 면이 있다고 생각합니다."

열정이 지나친 젊은이는 상사의 서랍을 열어서 훔쳐보기도 하는 모양이었다. 비공식 정보나 인사 평가에 대한 서류가 들어 있었다는 이야기가 나중에 하라구치의 귀에도 들렸다.

"자기도 서랍을 열어봤으니 훗날 자기 부하가 똑같은 짓을 해도 어쩔 수 없다고 생각하는 사람도 있고, 나중에 상사 입장이 되면 열쇠로 잠그겠다는 사람도 있고요. 저는 그런 묘한 분위기를 꽤 즐겼던 것 같아요."

이 부분은 뒤에 다시 언급하겠지만, 서비스 산업과에 있을 때는 결혼서비스 산업에 대한 연구회를 구성하고 보고서를 정리하기까지의 과정을 혼자 해냈다. 그때는 가슴이 벅차오를 정도로 보람을 느꼈다.

해보고 싶은 일이 없지는 않았다. 하라구치는 경제산업성에 입성한 후 품었던 꿈이 있었다. 그는 총리 비서관이나 장관 비서관이 되고 싶었다.

총리 비서관으로는 정무담당 비서관 외에, 경제산업성, 재무성, 외무성, 경찰청에 총 4명의 사무담당 비서관이 채용된다.

"중요한 결정은 거의 관저에서 이루어집니다. 그 현장에서 일하면 즐겁겠다는 생각이 들었어요. 상사가 하는 일은 어느 정도 보이지만, 관저 안은 절대 보이지 않는 블랙박스잖아요. 거기서 매력을 느낀 것 같아요. 20년 후의 인생 목표를 그렇게 설정했던 시기도 있었죠."

목표를 향해 가는 자신의 미래를 머리에 그리는 동안, 그의 가슴에 새로운 불안이 싹트기 시작했다. '만약……' 하고 그는 생각했다.

'만약 그 지위에 오르지 못하면 내 인생은 뭐가 되지?'

40세, 50세가 될 때까지 그리 좋아하지도 않는 일을 계속하면서 오랜 시간을 참고 기다린다. 목표에 도달하지 못할 수도 있고, 도중에 총리가 바뀔지도 모른다. 불확실한 것을 위해 '성과'를 내야 하고 경쟁에 시달리며 끊임없이 평가받아야 한다고 생각하니 장래에 대한 불안감은 증폭되기만 했다.

"꿈을 이루지 못하면 좌절감이 크겠지요."

그의 목소리 톤이 약간 높아졌다.

"관공서는 여러 각도에서 직원을 평가해요. 지금 취하는 행동이 20년 후 평가 대상에 오를지도 몰라요. 여자한테 약하다든가, 그런 말까지 나올 수 있다고 생각하니 여간 불편한 게 아니었어요. 세상이 이만큼 변했는데 어떻게 될지 모르는 것을 위해 불편함을 참아야 할까요? 그러다 20년 후에 좌절하면 어떻게 하나요."

하라구치는 그런 '평가'의 불편함에서 벗어나고 말겠다는 강한 의지를 지녔다. 그리고 그럴 수밖에 없었던 배경이 있었다.

관료로 일하면서 느낀 갑갑함을 토로하며 나에게 이런 말을 한 적이 있다.

"대학에 들어갈 때 이미 번아웃 상태였어요."

하라구치에게는 결코 잊을 수 없는 기억이다.

1989년, 초등학교 5학년 3학기. 다마 신도시에 살던 그는 교실에서 점점 낯선 분위기를 느꼈다.

학교에는 사립중학교 입시를 준비하는 친구가 많았다. 전체 학생의 반 이상이 학원에 다니는 것 같았다. 지금 생각하면 특별한 구석이 없는 그저 그런 신도시에서 벌어지는 입시 전쟁이었고, 이는 자기 아이가 다른 아이와 차별되길 바라는 부모들의 전쟁이었다.

학급에 수재가 둘 있었다. 한 아이는 근처 유명 학원에서 1등을 놓치지 않는 남학생이었고, 다른 아이는 대형 학원에서 늘 상위권을 확보하고 있는 여학생이었다. 두 친구의 존재가 중학 입시를 목표로 달리는 동급생들을 자극하여 교실 안 분위기를 후끈 달아오르게 했다.

날이 갈수록 학원에 다니는 친구가 늘어났고 교실에는 전날 학원에서 있었던 이야기뿐이었다. 학교가 끝나고 밤늦게까지 수업을 받으며 맥도날드 같은 곳에서 야식을 먹고, 때로는 시간을 내어 함께 노는 경우도 있는 듯했다. 하라구치는 학원에 가지는 않았지만, 방과 후 같이 야구를 하거나 수다를 떨면서 놀 친구가 주는 걸 견뎌야 했다. 학원에 안 가면 친구를 만날 수 없었다. 그런 상황이 일상이 되어갔다.

그러다 마침 자기처럼 학원에 다니지 않는 친구와 친해지게 되었다. 저녁놀이 다마 신도시의 정돈된 거리를 감쌀 무렵이면 넓은 잔디 공원이나 학교 교정에서 둘이 자주 야구를 하며 놀았다. 봄방학을 앞둔 어느 날, 평소처럼 등교했는데 그 친구가 학원 이야기를 하는 그룹에 섞여 대화를 나누고 있었다. 그 모습을 보자 갑자기 가슴이 뛰었다. 친구에게 "네가 왜 학원 이야기를 해?"라고 묻지 않을 수 없었다.

"사실은 나도 다니기 시작했거든."

우쭐대며 친구들이 많이 다니는 학원 세 곳 중 한 군데의 이름을 댔다.

하라구치는 그때 느꼈던 감정을 '초조감'이라고 표현했다. 그리 성적이 좋지 못했던 친구가 학원에 다니기 시작했다는 사실이 하라구치의 가슴에 불안을 일으켰다. 공부 잘하는 두 친구가 학원에 다닌다는 걸 알았을 때는 아무렇지도 않았다. 하지만 이번에는 위협을 느꼈다고 했다. 자존심에 상처도 입었다.

하라구치는 집에 오자마자 엄마에게 울며 매달렸다. 엄마,

학원 가고 싶어. 학원 보내줘.

중학교 입시가 시작된 2월 1일, 동급생의 반이 시험 때문에 학교를 쉬었다(훗날 40명 중 그를 포함한 3명이 도쿄대 법학부에 입학했다고 한다). 그로부터 15년이 지났다. 하라구치는 그 친구가 지금 어디서 뭘 하고 사는지 모른다. 성인식 때 얼굴만 잠깐 봤을 뿐 교류가 전혀 없었다.

"그 친구와의 관계에 대해 깊이 생각해본 적이 없어요. 입시 경쟁이 과열되니 미묘한 경쟁 심리 때문에 순수해야 할 친구 관계가 복잡해졌어요. 부모까지 가세한 경쟁. 학원에 다니는 아이와 안 다니는 아이 사이의 심리전……."

그렇게 서서히 멀어진 친구를 지금도 잊을 수 없다. 지나온 날들을 돌아보면, 학원에 다니려고 마음먹은 순간에 '나'라는 인간이 만들어지기 시작한 것 같다.

하라구치는 입시를 치르고 중학교와 고등학교가 한 재단으로 묶인 명문학교에 입학했다. 그 후로 6년간 끊임없는 경쟁 속에서 살았다. 그동안 자신의 행동을 지배한 것은 다음의 두 가지 감정이었다. '떨어지는 것에 대한 공포'와 '부모에 대한 의무감'.

두 감정은 서로가 서로를 강화시켰다.

"중학교 입시를 준비했던 1년. 대학 입시 3, 4개월 전. 모르는 문제가 나오면 어쩌나 하고 늘 불안하고 무서웠어요. 누구든 느꼈으리라 생각합니다. 불안하니까 문제집을 닥치는 대로 사들이고 죽어라 문제만 푸는 겁니다. 나는 재수를 했으니 그런 불안감의 절정을 세 번 경험한 셈이죠. 중고등학교 때는 중간 기말 시험 때도 그랬어요. 매번 등수가 발표되는데 그때마다 얼마나 떨었는지 모릅니다. 250명 중에 50등까지 특별반에 들어갈 수 있었거든요. 그 50명 안에 드는지가 문제였죠. 긴장감을 유지시키기엔 좋은 규정일 수도 있습니다. 등수 발표 후엔 학부모 모임이 있었죠."

이는 경제산업성 시절에 품었던 감정과 비슷했다. 불확실한 것을 얻기 위한 경쟁에 늘 시달려야 하는 스트레스는 이때부터 시작되었다.

부모에 대한 의무감이란 무엇을 의미할까?

하라구치는 1978년 사이타마 현 요노 시에서 태어났다. 아버지는 1945년생으로 대학 졸업 후 대형 건설회사에서 근무했다. 하라구치에게는 세 살 터울의 여동생이 있다. 다마 신도시의 아파트로 이사한 것은 자식들의 교육환경을 고려한 아버지의 결정이었다.

하라구치는 조부모의 '넘치는 사랑'을 받으며 자랐다. 친척 중에 남자아이가 적었기 때문이기도 하지만, 그 이상으로 자신은 어른들이 좋아할 만한 요소가 많았던 아이였다고 했다.

"저는 운이 좋은 아이었어요. 할아버지, 할머니는 제 물욕을 끊임없이 채워주는 방식으로 애정 표현을 하셨거든요."

하라구치의 조부모는 초등학교에 입학하기 전까지 그의 집 근처에 살았는데, 나흘에 한 번씩 과일가게에서 머스크멜론을 배달시키며 말했다고 한다. "하루에 4분의 1씩 잘라서 우리 손자 먹여라." 매일같이 참치회덮밥을 사 주는 바람에 알레르기가 생겼을 정도다. 멜론, 고기, 스시, 참치회덮밥은 하라구치의 조부모에게 '고급품'의 대명사였다.

어머니가 입원해서 할아버지 집에서 지낸 적이 있는데, 그때의 기억이 아직도 생생하다. 할아버지와 할머니는 부모처럼 꾸중하는 일이 없었다. 동물원에 가고 싶다고 하면 매주 우에노 동물원에 데려갔다. 우에노에서 아사쿠사까지 2층 버스도 탔다. 두 분의 '손자 바보' 행태는 훗날 가족들의 입에 오르내리는 이야깃거리가 되었을 정도다.

손자라는 이유 하나만으로 애정을 쏟은 건 아닌 듯했다. 할아버지는 이런 말을 자주 했다고 한다.

"요놈은 아이답지 않게 밥을 참 깨끗이 먹어."

하라구치는 간식을 먹을 때도 식사 시간에도 다른 사람의 음식에는 절대 손을 대지 않았다. 앉아 있으라고 하면 꼼짝하지 않고 앉아 있었다. 그렇게 말 잘 듣는 손자였으니 당연히 귀여웠을 것이다.

"세뱃돈에 관해서는 이상하게 봉건적인 집안이어서 장남은 1만 엔, 나머지는 죄다 5000엔이었어요. 그런데 나한테만 만 엔을 더 주시는 거예요. 설날엔 내 주머니가 제일 두둑했죠. 물론 나중에 부모님한테 다 빼앗겼지만."

하라구치는 평생 부릴 어리광을 이때 다 부린 것 같다고 했다.

그런 어린 시절을 보내면서 나름의 처세술을 익히게 된다.

"내 마음 깊은 곳에 칭찬받고 싶은 욕구, 얌전히 있는 게 좋다는 인식이 자리 잡은 것 같아요. 학교에 있을 때도 가족과 생활하면서도 어른들한테 칭찬받을 행동만 하려고 노력했죠."

그 노력이 '어른들이 자신에게 거는 기대를 감지하고 시키기 전에 움직이는 습관'을 형성했고, 어른들의 눈에 그는 예전보다 더 착한 아이로 비춰졌다.

"겉으로 보면 굉장히 행복한 가족이었을 거예요." 그는 말했다. 초록으로 둘러싸인 신도시 속의 그림처럼 행복해 보이는 가족. 신도시 자체가 그런 이미지였으니 '이상적인 가족'으로 보이게끔 연기하는 면이 있었을지도 모른다. 그 모습을 유지하기 위해 다들 나름대로 노력하지 않았을까?

부모님이 슬퍼하는 얼굴은 보고 싶지 않았고 힘들게 하고 싶지 않았다. 부모를 화나게 하면 칭찬받을 수 없으니 착하게 행동하는 건 다른 누구를 위해서가 아닌 자신을 위해서였다. 하라구치의 그런 성격은 학교 공부에도 긍정적인 영향을 주었다.

그가 중학교 입시에 스스로 뜻을 둔 건 아니었다. 친구들이 모두 학원에 다니니 가만히 있으면 뒤처질 것 같아 불안했다. 그래서 덩달아 나갔을 뿐이다. 그러는 중에 하라구치도 자연스럽게 입시에 관심을 가졌다.

그는 부모가 원하는 '자신'의 모습을 예상하고 연기함으로써 정체성을 확립하려 했다. 좋은 성적을 거두면 부모가 기뻐할 테고 물론 자신도 뿌듯할 것이다. 모르는 것을 살피고 알아가는 과정을 원래 재미있어 하기도 했다. 공부가 싫지 않아서 부모의 소원을 들어주겠다는 듯 공부에 몰두했다.

그런 생각이 점점 강해지더니 급기야 '부모에 대한 의무감'으로 공부하는 것처럼 느꼈다.

"부모님이 도쿄대학교에 들어가길 바란다는 건 알고 있었어요. 하지만 우리 부모님은 정보를 모으고 이것저것 챙겨주는 스타일은 아니었어요. 낙관적이고 세상 물정 모르고, 목표는 있지만 목표로 가는 과정이나 접근 방법을 모르는 분들이었죠. 도립고등학교가 학비도 싸고 좋으니 도쿄대학교도 그럴 것이라 생각했을까요? 내가 학원에 보내달라고 했을 때도 뭐 하러

군이 학원에 가냐고 했을 정도예요."

그의 부모가 정말로 '도쿄대'를 원했는지는 모른다. '도립고
등학교에서 도쿄대로 진학하면 딱 좋겠네'라고 할 때의 '도쿄
대'는 그저 '좋은 대학'이라는 의미 정도다. 그 안에 '좋은 대학'
은 반드시 '좋은 회사'로 연결되리라는 확신도 담겨 있지 않았
을까? 부모라면 당연히 그런 마음이 들 테고, 그게 나쁜 건 아
니다. 하지만 예민한 고등학생 하라구치에겐 그런 아무것도 아
닌 말도 부담으로 다가왔다. 도쿄대라는 목표는 고통스러운 과
정으로 마음속 깊이 새겨졌다.

도쿄대를 졸업하고 관료가 된 후, 도쿄대 출신 저자 세 명이
공동 집필한 《'도쿄대에 들어간다'는 것 '도쿄대를 나온다'는
것》이라는 책을 읽었다. 저자들은 하라구치와 거의 같은 시기
에 도쿄대에 다녔다. 학벌을 얻은 대신 스스로 선택하는 힘이
나 기회를 잃었다는 것이 공통된 주장이며, 그 과정에서 느꼈
던 심리를 각자의 말로 풀었다. 그중에서도 또래인 이즈모 미
쓰루의 다음과 같은 지적에 깊이 공감했다고 한다.

도쿄대 합격과 주체성의 상실에는 상관관계가 있다. 학력
이 높을수록 자기 자신은 없다. 세상은 도쿄대를 오해하고
있다. 도쿄대에만 들어가면 주체성도 생기고 인생의 선택지

와 가능성이 무한히 펼쳐지리라 착각한다.

하지만 반대다. 도쿄대에 들어가면 선택지가 현저히 줄어들 위험성이 높아진다. 도쿄대로 진학한 순간, 대기업이나 관료의 길만 눈에 보일 가능성이 높다. 무척 유감스러운 일이다. (같은 책 제3부 〈'명문고→도쿄대→도쿄미쓰비시은행'이라는 선로에서 내려온 후〉에서 발췌)

하라구치는 막연했던 자신의 마음을 잘 표현해준 글이라고 느꼈다.

"지금 생각하면 입시를 거친 사람들의 세계는 참 신기해요. 선택지가 아무리 많았어도 성적이 오르면 목표가 점점 높은 곳으로 정해지잖아요. 그러니 공부를 잘하면 잘할수록 선택지가 적어지는 겁니다. 저 같은 경우는 점점 좁아지다가 마지막에 남은 것이 관료였어요. 사실 입시라는 세계를 속속들이 안 건 대학에 들어가서였어요. 학원 강사와 과외 선생 아르바이트를 했거든요. 다들 나를 도쿄대 선생님이라고 불렀죠. 공부를 가르치다 보면 이 아이가 공부에 재능이 있는지 없는지 알겠더라고요. 하지만 부모는 기대했을 겁니다. 과외 선생을 붙일 정도니까요. 내가 '오늘 잘했어요'라고 한마디해주면 그 아이는 하루가 편했죠. 그런 게 점점 보이니, 입시란 게 참 이상하다는 생각이 들었어요."

자신도 얼마 전까지 그 세계에 있었다는 사실이 문득 떠올랐다.

필사적으로 공부해 도쿄대학교에 합격했다. 도쿄대 졸업생이라는 학벌은 앞으로 인생을 살면서 강력한 무기로 쓰일 것이다. 그러나 왜 위로 올라갈수록 선택하지 않았던 장래에 자꾸만 미련이 생길까?

"부모는 좋은 대학에 진학하길 바라는데 아이는 축구만 하는 거예요. 그러면 부모가 초조해할 법도 한데 내 눈에는 굉장히 느긋해 보였어요. '저렇게 축구를 하고 싶어 하는데 꼭 대학을 목표로 공부를 시켜야 할까요?'라고 주제넘은 말을 한 적도 있습니다. 그러면 부모는 더 나한테 떠맡기려 해요. 보고 있으면 아이 교육을 포기한 것처럼 느껴질 때도 있었어요. 입으로는 말하죠. 자기주도적인 아이로 키운다고요. 결과적으로 그 아이는 두세 군데 합격했습니다. 나는 당연히 A대학이 더 낫다고 생각했는데, 아이가 B대학에 가고 싶다는 거예요. 내가 열심히 설득했는데도 결국 B대학에 갔어요. 자기가 가고 싶은 학교를 선택할 수 있는 아이가 무척 부러우면서도, 방향성을 제시해주지 못하는 부모를 둬서 안됐다는 생각도 들었어요. 나는 도쿄대만 바라보고 공부했기 때문에, 그 아이가 부러우면서도 마지막까지 이해가 안 됐죠."

고등학교에 들어가기 전부터 (그리고 입학하고 나서도) 하라구치는 부모님의 의중을 살피며 공부했다. 처음부터 도쿄대가 목표는 아니었다. 부모의 기대에 하나하나 응하는 동안, 학원에서의 레벨이 올라가고 중학교 입시에 합격하고 고등학교에서도 성적이 오르고⋯⋯. 늘 예상을 웃도는 성과를 내니 하라구치에겐 공부하라는 말을 할 필요가 없었다. 그래도 그는 계속 부모의 기대치를 읽고 결과를 남기려 애썼다.

그는 재수를 했다. 도쿄대 입시에 쉽게 성공할 만큼의 수재는 아니었다. 어디까지나 노력이 컸다. 누구보다 열심히 공부해서 눈앞의 높은 벽을 결국 넘을 수 있었다.

"부모님도 마음이 느슨해졌을 거예요. 생각한 것 이상을 자식이 해내니까요. 이 아이에겐 최고의 것을 기대해도 된다고 생각하겠죠. 누구나 그럴 겁니다. 유능한 직원한테 일이 쏠리는 것도 마찬가지 현상 아닐까요? 부모님은 나에 대해 그런 생각을 갖고 있었던 것 같아요."

중고등학교 시절에 그는 고독했다. 초등학교 때부터 시작된 긴장관계는 고등학교에 올라가고 매달 치르는 시험 때문에 더 날카로워졌다. 고민을 나눌 친구가 한 명도 없었다.

서점에 가서 되도록 완벽한 해설이 첨부된 참고서를 골라 부지런히 손을 움직여 문제를 풀었다.

그에게 휴식이란 편도 한 시간 반이 걸리는 등하굣길의 책 읽는 시간이었다. 기타 모리오와 호시 신이치의 소설을 좋아했다. 가능하면 급행보다 보통열차를 탔다. 책 읽을 시간을 얻기 위해서였다.

마침내 도쿄대 법학부에 합격했고 모든 게 끝났다는 기분이 하라구치의 가슴을 채웠다.

"4월의 입학식 날이었어요. 당시 총장이었던 하스미 시게히코 교수님의 축사를 들으면서 비로소 안도의 한숨을 쉬었죠. 그 순간을 평생 못 잊을 겁니다. '신입생 여러분. 여러분을 도쿄대학의 일원으로 맞이합니다'라고 하시는데, 그때 배경음악으로 〈뉘른베르크의 명가수〉가 흘렀을 거예요. 왜 그런지 눈물이 나더라고요. '정말 수고 많았다'라는 말을 들은 것 같았어요. 총장님의 목소리나 말투에 감정이 북받쳤던 것 같아요. 도쿄대에 들어왔으니, 이제 다른 사람을 위한 연기를 하지 않아도 된다고 생각했어요."

하지만 그는 연기를 멈출 수 없었다.

도쿄대에 합격한 날의 일이다. "휴대폰 갖고 싶어요"라고 했더니 다음 날 부모님이 당장 사 주었다. 친척들도 크게 기뻐하며 금일봉을 건넸다. 매일 밤늦게까지 놀아도 아무도 잔소리를 하지 않았다. 그런데 부모님이 칭찬할수록 기뻐할수록 의문이 들었다. '그다음은?' 이런 생각이 버릇처럼 따라붙었다. 지금보다 늘 한 단계 위를 보아야 했다. 부모님은 아들이 도쿄대에 들어갔다는 사실을 무척 자랑스러워했다. 부모님의 기대감을 느꼈다. 그의 마음은 늘 부모님이 원하는 쪽(좋은 대학에서 좋은 직장)으로 향했다.

"부모님은 내가 언제까지나 말 잘 듣는 착한 아이로 있길 원했고, 세상에서 엘리트라 불리는 궤도에 확실히 올라 안정된 직업을 갖길 원했어요."

그래서 경제산업성에서 나오겠다고 했을 때 부모님은 왜 그렇게 좋은 직장을 그만두냐며 이해하지 못했다.

"여태까지 시키는 대로 잘 해왔잖아요. 이제 내가 원하는 대로 살게요. 3년간 참았어요. 이제 한계예요."

전화로 그렇게 말하자 당장 와서 설명하라고 했다. 1월 말의 바쁜 시기였기에 시간을 내기 힘들었다. 그래도 그는 주말에 2시간 정도 시간을 내어 부모님을 만나러 갔다.

부모님의 반응은 예상 밖이었다. 두 달쯤 전 겨울 휴가 때 부모님을 찾아뵙고 나름대로 자신의 결심을 전했다고 생각했다. 너무 돌려서 말하는 바람에 정확히 이해하지 못한 모양이었다.

"일 그만두고 싶어요. 재미가 없어요. 몰래 다른 회사에 면접을 봤는데, 연봉 800만 엔에 오라고 하네요."

부모님은 경제산업성을 그만두기로 결정했다는 걸 암시하는 말이라고 생각하지 못했다. 식탁에 마주앉아 속마음을 털어놓자 "지금 무슨 말을 하는 거야?"라며 아버지가 호통을 쳤다. 하라구치가 처음으로 부모님의 뜻을 거역한 순간이었다.

"아직 3년밖에 안 지났는데 네가 뭘 알아!" 아버지가 말했다.

어머니는 "왜 그만둬야만 해?"라며 울었다.

대화는 평행선을 달렸다. 다음 날에도 몇 차례 설득했지만 끝내 어머니는 소파에서 일어나지 못했다. 왜? 어째서?라는 말만 계속 되풀이되던 중에 어머니의 상태를 보다 못한 아버지가 말했다.

"마음대로 해라. 그렇게 그만두고 싶다면."

하라구치는 더 이상 말이 통하지 않겠다고 느꼈다. 자신이 품어왔던 마음을 결코 이해받을 수 없으리라는 사실을 깨달았다.

"저는 부모님의 기대에 응하느라 늘 벅찼어요."

당연히 이해받을 수 없었으리라. 그는 스스로 공부했고, 스스로 원했던 것처럼 행동했다.

입시 공부를 위한 환경을 만들어준 이가 누구였던가? 아낌없이 지원하고자 노력한 이가 누구였던가?

"가족 모두가 협력했잖아?" 아버지가 말을 이었다. 하지만,

하고 하라구치는 생각한다. 자기는 분명 제멋대로였고 줄곧 초조했는지도 모른다. 하지만 그건 자신이 그렇게 하기를 요구받았기 때문이 아닌가?

도쿄대에 합격한 후 어머니는 주변에 '도쿄대에 들어간 우리 아들'이라고 자랑하고 다녔다. 경제산업성에 들어간 후로는 수식어가 하나 더 붙어 '관료가 된 우리 아들'이 되었다. 취업 활동을 할 때 당시에 인기 있었던 외국계 증권회사에 지원했더니 부모님은 크게 반대했다. "너는 반드시 관료가 되어야 한다." 석유부에 배치되었을 때는 기뻐했지만 서비스 산업과로 이동하게 되었다고 하니 다음 기회를 노려보자고 했다. 석유나 철강 같은 중후한 부서가 아니라 '서비스 산업과'라는 말을 듣고 좋은 평가를 받지 못했다고 생각한 모양이었다.

부모님은 그에게 무엇을 원하는가? 하라구치는 갑갑했다. 부모님이 원하는 것을 실현하면 할수록 가족 간의 거리가 멀어진다고 느꼈다.

그때 느꼈던 갑갑함은 나중에 관공서에서 느낀 감정과 무척 비슷했다. 이를 뒤늦게 깨달았다.

"세상의 법칙이 바뀐 것 같아요."

신주쿠의 찻집에서 세 번째 만났을 때 하라구치가 문득 생각났다는 듯 말했다. 빈 커피잔이 바싹 말라 있었다.

"법칙?"

내가 물으니 "예, 법칙이요" 하고 대답했다.

"도쿄대 졸업하고 공무원 되면 안전하다는 법칙 말입니다. 퇴임 후 낙하산으로 자리를 꿰차는 게 목표인 인생이죠. 관료는 그렇게 해야 겨우 돈을 벌지만, 그만한 돈을 짧은 기간에 벌어들이는 사람도 있어요. 세상이 이렇게 변했다는 걸 부모님은 전혀 이해를 못 해요. 부모님 세대가 믿고 있는 법칙은 이제 통용되지 않는데 말이죠. 도쿄대 입학식 때 총장님이 하신 말씀이 있습니다. '도쿄대 졸업생이라는 명함은 2년, 길어야 3년'이라고요. 사회는 변하여 도쿄대 졸업생이라는 사실만으로는 기껏해야 2, 3년 인정받을 뿐인데, 유일하게 관료 세계는 40년, 아니 죽을 때까지 인정해줘요. 이런 일본이 이상하다고 하셨어요. 그 말씀이 맞습니다. 물론 부모님이 도쿄대를 좋아하고 관료가 되길 바라는 마음은 이해해요. 하지만 나는 바뀐 쪽의 법칙을 따르고 싶었어요."

그가 이직을 결심하게 된 직접적인 계기는 서비스 산업과 시절에 맡은 업무였다. 그 일을 하는 동안 '바뀐 쪽 법칙'에 따라 움직이고 싶어졌다.

하라구치는 이시카와 현에 있는 호텔에서 진행된 한 달간의 연수에 참여한 후 9월에 가스미가세키로 돌아오자마자 서비스 산업과로 이동했다. 그리고 얼마 후 생각지도 못한 업무를 맡았다. 관혼상제 서비스업, 특히 결혼정보업계 진흥 프로젝트를 주도적으로 추진하는 것이었다. 원래 2년차에게 맡기는 일이 아니었지만 그때는 일손이 부족하여 부득이 하라구치가 담당하게 되었다고 한다.

"결혼연구회라는 모임도 만들었어요."

마침 사카이 준코의 《싸움에 진 개가 짖는 소리(負け犬の遠吠え)》(2003년에 출간된 에세이로, 30대 이상의 미혼, 혹은 아이가 없는 여성을 '싸움에 진 개'라고 표현하며 자립하는 여성들을 향한 응원의 메시지를 담은 작품이다 — 옮긴이)가 베스트셀러에 오른 시기였다. 연구 주제는 결혼의 사회적 의미와 일본의 현실, 결혼 산업의 실태와 문제점을 밝히는 것이었다.

"심각해진 비혼화와 만혼화는 여성의 선택지가 많아졌기 때문이기도 하지만 그것만은 아니라는 걸 밝히는 거죠. 우리 부모님도 그랬지만, 과거에는 일반직 여성과 종합직 남성이 결혼하여 여자가 퇴사하면 회사가 육아수당 같은 걸 챙겨주면서 가족을 지원하는 형태가 일반적이었다고 해요. 그런 구조가 일본의 결혼을 지탱해왔는데, 요즘 취업 형태가 바뀌면서 사내 연애라든지 상사의 소개에 의한 만남이 적어졌어요. 이런 분위기가 그대로 결혼 수 감소로 이어졌다고 분석하는 전문가를 만났습니다."

관공서 업무는 서류로 진행된다. 뼈대가 되는 개요·취지·검토방법과 스케줄을 짜고 그로부터 파생되는 자료를 만들어 간다.

"처음엔 긴장했습니다. 해봤던 일이 아니니까요. 석유부에서는 축적된 문서를 이용해서 수정만 하면 되니까 내용이 크게 바뀌는 일도 없었거든요. 이제 창의력이 필요한 일이 던져진 거죠. 이미 있는 자료를 짜깁기 할 수도 없으니 처음엔 울고 싶었습니다."

실제로 일을 시작하자 제1안을 생각하는 단계부터 관공서에 들어온 후 경험한 적 없던 재미를 느꼈다.

첫 한 달간 자리에 앉아 오로지 자료만 읽었다. 자료라고 했지만 정리된 상태로 존재하는 건 아니었다. 우선 키워드별로 인터넷이나 보고서를 검색하여 자료를 모으는 작업부터 시작해야 했다. 그다음엔 결혼 문제에 대해 자주 발언하는 학자나 전문가를 찾았다.

두 달째부터는 전화로 약속을 잡고 관계자의 말을 들으러 다녔다. 반드시 상대가 있는 곳으로 직접 찾아가 의견을 물으려고 노력했다. 존경했던 상사의 방식을 따른 것이다. 대학 교수,

결혼 서비스업 관계자, 연구소 연구원, 평론가……. 전화를 걸고 명함을 건네고 이야기를 듣는 동안 업계의 문제점이 하나둘 드러났다.

"70, 80퍼센트가 개인사업자라는 점, 자율규제 체제가 아직 확립되지 않아 개인정보 취급이 자의적이라는 점, 쿨링오프 제도가 제대로 시행되지 않는다는 점이 문제였어요. 예를 들어 계약 기간 2년에 30명을 소개받는 조건일 경우, 10명까지 소개받고 탈퇴하면 3분의 2를 환불받을 수 있어야 하는데, '소개하는 사람 수로 서비스 가격이 책정되는 건 아니다'라며 돌려주지 않는 사례가 많다고 합니다."

하라구치는 새로운 사람을 만나며 '바깥' 세계와 연결되는 듯한 감각을 느꼈다. 어느 날 TV를 보는데, 인터넷을 통해 결혼정보 서비스를 제공한다는 업체 사장이 나왔다. 당장 만나러 갔다가 그 사람의 매력에 푹 빠졌다고 한다.

"두 번째 만났을 때 토론을 했어요. 하고 싶은 말을 메모해뒀더군요. 일하는 방식이 나랑 똑같아서 놀랐습니다. 일하면서 생각나는 것이 있으면 바로 메모하고, 하고 싶은 말을 전하고, 문제의식을 공유하고, 결론을 도출한다. 비즈니스맨으로 성공하려면 자기 생각을 열정적으로 이야기하는 것만으로는 부족하겠지만, 미숙한 산업을 이끌어가는 중에도 그 사장님은 늘

반짝반짝 빛나 보였어요. 보고서를 적을 때도 마지막까지 사장님의 의견을 묻고 도움을 요청했지요."

3개월째에 인선을 마치고 연구회를 발족한 후 진행을 맡아 시나리오를 만들고 최종 보고서를 완성했다. 그리고 문제점을 세상에 물었다. 하라구치는 이 일련의 작업에 열정을 가지고 임했다.

"사회구조가 변화하여 회사나 커뮤니티 내에서 결혼과 육아를 지원해주는 시스템이 사라졌기 때문에 이런 서비스업이 필요하다는 걸 강조했습니다. 과거를 돌아보며 지금 어떤 서비스가 필요한지 생각해볼 수 있지 않을까요? 결혼하면 육아도 고려해야 하고, 늙은 부모님 간병도 해야 하고, 교육에도 신경을 써야 하죠. 요람에서 무덤까지 종합적인 생활 지원 서비스로 발전시켜야 한다는 제안을 하며 마무리했습니다."

하라구치는 행사가 무사히 종료되기까지 연구회 활동에 푹 빠져 지냈다. 그는 이 '체험'을 일회성으로 흘려보내고 싶지 않았다. 첫 번째 연구회 모임 때 수많은 언론사의 주목을 받았던 기억이 아직도 생생했다. 제로에서 출발하여 스스로 짠 시나리오대로 일을 만들어가는 즐거움은 뜻밖에도 컸다. 중학교 시절부터 경쟁에 시달렸던 스트레스가 이 일을 할 때는 조금도 느껴지지 않았다.

오랜 세월, 주어진 문제집을 풀고 주어진 숙제만 해왔다.

관공서에 들어가서도 마찬가지였다. 정책안을 생각할 때도 '이건 과장님 선에서 막힐 것 같다', '이건 국장님이 뭐라고 할 것 같다'라며 어딘가에 준비되어 있을 정답만 찾으려고 노력했다. 늘 주어진 문제를 푸는 것에만 몰두했다. 그래서일까? 회의 때 정치가나 간부 뒤에 앉아 메모를 하면서도 가슴에 가득 찬 허무감을 떨칠 수 없었다.

반면에 연구회 활동은 그런 무모한 '경쟁' 밖으로 나와 사회에 무언가를 환원하고 있다는 실감이 들게 했다. 주어진 문제를 푸는 게 아니라 스스로 문제를 만들었다. 그때의 충실감이 그의 가슴을 줄곧 압박해왔던 스트레스를 조금씩 풀어주었다.

여태까지 필사적으로 공부하여 손에 넣은 학력, 가까스로 오른 위치, 경험과 능력과 열정을 발전적으로 활용할 수 있는 기회가 바깥 사회에는 다양하게 준비되어 있다. 그런데도 관공서에서 계속 일해야 할까? 총리 비서관이라는 목표는 실현될 가능성이 얼마나 될까? 입시 공부에 돌입하면서 걷기 시작한 길 저 끝에 스스로 납득할 만한 목적지를 만들어둔 것이 아닐까?

연구회 활동이 마무리되고 보고서를 정리하자마자 하라구치는 총무 업무가 대부분인 서비스 정책과로 발령이 났다. 자기 앞에 놓여 있던 '경로'가 퇴색되어 보였다.

"즐겁게 할 수 있는 일이 있는데 왜 총무 업무를 맡아야 하죠? 나는 새로운 일을 만들어가는 걸 잘했거든요. 그런 프로젝트를 추진하는 일이 내 적성에 맞는다는 걸 그때 알았어요."

하라구치는 '과거의 법칙'에 따른 삶에 위화감을 느끼면서도 부모의 기대 속에서 열심히 살아가려 애썼다.

'법칙은 바뀌었다.'

이 말은 그에게 마법 같은 울림을 주었다. 실제로 사회가 어떻게 변화했든, 사회를 바라보는 자신의 변화가 그를 둘러싼 사회를 바꾼다. '새로운 법칙' 안에서 살지 말지는 스스로 선택해야 한다. 하라구치는 부모가 상상하는 '사회'가 아니라 자신이 상상하는 '사회' 안에서 살기로 결정했다. 그렇게 결심하니 여태까지 하나의 길로 수렴된다고 느꼈던 미래가 스스로 어떻게 하느냐에 따라 어떤 방향으로든 펼쳐질 수 있는 것으로 확장되었다.

'성공'한다는 건 무슨 뜻일까? 공부하여 좋은 결과를 낼수록 넓어지리라 예상했던 가능성은 반대로 좁아진다. 사회에 나오면 이제 살얼음 위를 걸으며 '감점주의' 세계에서 살아남기 위해 버텨야 한다. 이게 대체 뭔가? 스스로 선택한 길이라는 확고한 신념을 가지지 않으면 줄타기를 하는 심정으로 아슬아슬한 삶을 살게 되지 않을까……

사와 같은 존경스러운 상사라면 '지금은 쓸데없어 보이더라도 어떤 일에든 의미가 있다. 최선을 다해 임하다 보면 반드시 보람을 느끼는 순간이 온다'고 말해줄 텐데, 아직 젊은 하라구치 곁엔 그런 '희망'을 제시해주는 상사가 없었다.

그만두자라고 생각했다.

그런 시기에 국비유학 제안을 받았다.

"국비로 유학을 갈 수 있다면 무척 고마운 일이죠. 그동안 혹사시켰으니 2년 정도 해외로 보내주자는 취지로 만든 제도인 것 같은데, 도저히 원서 쓸 마음이 생기지 않았어요. 해외에서 공부하고 싶은 생각도 안 들고요. 공부라면 지긋지긋해요. 냉정하게 생각하면 달콤한 제안이고 MBA라도 취득하는 편이 이직에 유리하겠지만, 그래도 마음이 안 움직였어요."

국비유학을 가면 몇 년 더 경제산업성에 있어야 한다.

자신에게 주어진 역할을 연기하려는 마음이 아직 가슴 한편에 남아 있었다. 여러 가지 다른 심경이 나타나 저울에 올려졌다.

"그만두기까지 고민이 많았습니다. 연구회 준비로 만난 사장님 덕분에 밖으로 시선을 돌릴 수 있었어요. 연구회 활동이 계기가 된 셈이죠. 그만둘 결심을 한 후에는 헤드헌터를 소개받아 일류기업으로 이직할 생각이었어요. 사실은 그 사장님과 같은 세계에서 일하고 싶었는데, 전직 공무원이 중개사업에 종사한다고 하면 뒤에서 손가락질할 것 같아서요. 그게 좀 싫었습니다. 썩 내키지 않는 마음으로 이직 활동을 하던 중에 몇 군데 내정을 받았어요. 학생 시절에 M&A를 해보고 싶다는 생각도 했어요. 그래서 그에 관련된 일이 합당한 것 같아 그쪽을 중점적으로 알아봤거든요. 다만 언제까지고 혼자 끙끙 앓을 수는 없었습니다. 말해야 했어요. 부모님께. 신세 진 많은 분들, 그리고 나 자신에게도. 그만두겠다고 결심한 이상, 하루라도 빨리 내 진심을 설명해야겠다고 각오했습니다."

결과적으로 그는 기업의 의뢰를 받아 고객관리 시스템을 구축하는 오사카의 IT업체로 이직, 감사원으로 일하기 시작했다. 경제산업성을 그만둘 결심을 하고 앞서 말한 사장님에게 속마음을 털어놓았더니, 고맙게도 직장을 연결해준 것이다.

하라구치는 일반 기업 안에 있으니 여태까지 보이지 않았던 것이 많이 보인다고 했다.

"이 회사에 들어와서야 '자아실현'을 하고 있다고 느낍니다. 원래 선로가 깔려 있지 않은 회사였기 때문에 우리가 선로를 까는 대로 회사가 움직이는 걸 목격할 수 있었죠. 그런 식으로 회사 제도가 하나 완성됩니다. 시스템화되어 자연스럽게 굴러가기까지 3, 4개월 걸렸습니다. 그때 느낀 성취감은 이루 말할 수 없어요. 회사에서 법무 관련 업무를 맡아, 계약 사항을 체크

하거나 합니다. 쉽게 얻을 수 있는 자리도 아니고, 좋은 경험이
라고 생각합니다."

그러고 웃으며 말했다.

"어제 5년 만에 만난 사람한테 '얼굴에 활력이 넘치네'라는
말을 들었습니다. 역시 이직하기 전엔 연기를 했었나 봐요. 도
쿄대 출신 커리어 공무원이라는 역할."

사실은 결혼정보업체로 이직하고 싶었지만, 국가공무원법상
3년간은 관련 기업에서 일할 수 없다고 한다. 그래서 IT업체
감사원으로 일하며, 결혼정보 서비스에 관한 NPO '일본 라이
프디자인카운슬러 협회'를 설립하고 조금씩 활동의 폭을 넓혀
갔다.

"앞으로는 중개 비즈니스에 전망이 있습니다. 비즈니스 모델
을 바꾸고, 업계에 자율규제를 마련할 필요도 있죠. 관공서 프
로젝트로는 인재 육성이나 자격에 관한 제도까지 파고들 수
없었어요. 그래서 NPO라는 형태로 자율규제에 관한 업계의
룰을 만들어보려 합니다."

경제산업성 시절에 기른 그의 문제의식은 얼마 후 '결혼 활
동(결혼 상대를 찾기 위한 적극적인 행동을 일컫는 말로 일본의 사회학자
가 취업 활동에 빗대어 만든 말이다―옮긴이) 붐'이라는 형태로 일반
화되었다. NPO 활동의 1차 목표인 결혼 서비스 업계의 인증제

도 도입은 2008년에 실현되었다.

"부모님이요? 얼마 전 설 연휴에 즐겁냐고 물으셔서 200퍼센트 즐겁다고 말씀드렸어요" 하고 웃던 하라구치의 밝은 표정이 기억에 또렷이 남아 있다.

"관공서에서 프로젝트를 추진할 때는 일주일 정도 제대로 못 자도 가뿐했습니다. 지금도 NPO 쪽 활동을 할 때는 좋아하는 일을 한다는 실감이 들어요. 일을 일이라 생각하지 않는다는 것, 자아실현의 이상적인 형태가 아닐까요? 그래서 200프로 즐겁습니다. 그리 안정된 입장은 아니지만 어떻게든 될 거라고 생각해요. 나는 학원 선생을 해도 먹고살 수 있으니까요. 공무원을 그만두면서 나머지 인생은 내 문제라고 처음 각오를 다졌습니다. 이제 부모님한테 죄송한 마음은 없어요."

그랬더니…… 하고 계속 말을 이었다.

"선택지가 점점 줄어들 것 같은 불안감도 사라졌어요. 이제 계단을 오르지 않아도 될 것 같습니다."

2010년, 하라구치는 NPO 활동을 계속하면서 유명 타일 제조업체로 다시 이직, 임원으로서 사업 개혁 업무를 담당하게 된다.

8

d r i f t

늘 불안해서
계속 달릴 수밖에 없다

외국계 컨설팅회사 → 외국계 컨설팅회사 → MBA 유학

나가야마 가즈후미

33세

자기 의견도 없이
질문만 하니
주위의 시선이
차가워지는 겁니다.
못한다는 평가를 받으면
아무도 일을
맡기지 않겠죠.

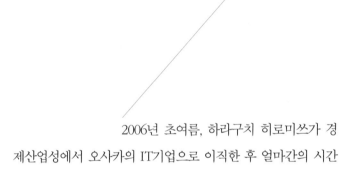

　2006년 초여름, 하라구치 히로미쓰가 경제산업성에서 오사카의 IT기업으로 이직한 후 얼마간의 시간이 흘렀다.

　나가야마 가즈후미는 평소처럼 새벽 6시에 눈을 떴다. 작년에 결혼한 후로 아내가 깨지 않도록 조용히 움직이는 것이 습관이 되었다. 세면대로 가서 세수를 하고 안경을 끼고 커피를 내린 다음, 우편함에서 〈일본경제신문〉을 꺼냈다. 거실로 이동하여 뜨거운 블랙커피부터 한잔 마셨다. 잠시 후 머리가 맑아지자 신문을 식탁 위에 펼쳤다.

　그는 〈일본경제신문〉을 즐겨 읽는다. 1시간이든 2시간이든 시간이 허락하는 한 계속 읽을 수 있다.

"이렇게 구멍이 뚫리도록 읽으니 나는 정말 좋은 독자예요."

나가야마는 때때로 이런 생각을 한다며 웃었다. '기자는 나한테 고마워해야 한다'라는 농담도 던진다.

우선 1면을 대충 훑어보고 뒤집어서 마지막 면을 본다고 한다. '나의 이력서', '경제교실', '오늘의 인물', '영공침범', '교유초(交遊抄)' 같은 칼럼을 읽고 나면 제일 좋아하는 스포츠 면으로 이동한다. 대학 시절 세미나에서 배운 지구온난화에 관한 기사가 실리면 관심을 가졌고, 기업의 인수합병 기사가 있으면 특히 몰두하여 읽었다.

이렇듯 혼자만의 세계를 여유롭게 만끽할 수 있는 이른 아침의 시간은 결혼 후의 소소한 즐거움 중 하나였다.

나가야마는 올해 스물아홉. 외국계 회계 컨설팅회사의 거래 지원 부문에서 실사 업무를 담당하고 있다.

실사란 기업 인수나 합병이 이루어질 때 기업의 자산 가치를 조사하는 절차를 뜻한다. 목적이나 대상에 따라 '법무 실사', '비즈니스 실사' 등 몇 종류로 나뉘는데, 그의 회사는 재무·자산 상태를 조사하는 '재무 실사'가 주요 업무다.

게이오대학 경제학부를 졸업하고 회계 컨설팅회사에 취직했다가 반년 전에 현재 회사로 이직했다. 직원 수는 150명 정도. 연봉도 500만 엔대에서 800만 엔대로 올랐다. 성공적인 이 직이었다고 생각한다. 앞으로 성과를 내면 급여도 점점 오를 것이다.

〈일본경제신문〉은 대학교 2학년 때부터 읽었지만, 기사 내용에 재미를 느낀 건 사회인이 되고부터였다. 예전 회사에 다닐 때 미국 공인회계사(CPA) 자격증을 땄다. 신문 내용을 충분히 이해했다고 생각했는데 대충 훑은 것에 지나지 않았다는 걸 깨달았고, 열심히 공부해서 자격증을 딴 후로 훨씬 많은 지식을 흡수하게 되었다.

나가야마는 신문을 읽는 행위를 '업데이트'라고 표현했다. 매일 아침 신문을 숙독하다 보면 머릿속의 지식이 갱신되는 것 같다고 했다.

새롭게 주목받기 시작한 경제 인사의 인터뷰를 보다가 과거에 읽었던 같은 업계의 기사를 의식적으로 떠올리거나, 아침 시간에 읽었던 책 내용을 기억에서 끄집어내는 식이었다. 최신 기사를 읽을 때마다 사고의 회로를 돌려 정보 간의 조정을 거친 후 새로운 지식으로 정착시킨다. 다양한 사람과 교류하며 인적 네트워크를 구축하기 위해서는 지식 면에서 소통 가능한 범위를 넓혀두는 작업이 반드시 필요하다고 생각했다.

"아무리 시시한 주제에 관한 것이라도 숙지하고 있어야 해요. 예전 회사 선배가 조언하기를 걸그룹에 관해서도 1시간 정도는 대화를 이끌 수 있어야 한답니다."

회사에 있을 때도 야후 뉴스를 꼼꼼하게 체크하고 공인회계사가 모이는 커뮤니티에 접속하기도 한다. 업무 집중도가 떨어졌을 때 잠시 숨 돌리는 시간이긴 하지만 그런 활동도 정보에 대한 욕구를 늘 유지하기 위한 훈련이다.

하나의 기사를 다른 기사와 관련 짓거나 축적해둔 지식과 연결하면 머릿속에 정보의 '그물망'이 만들어지고 점차 강화되어 간다. 이 감각에 몸을 맡기는 동안 흐릿했던 사고가 서서히 맑아지고, 커피만으로는 또렷해지지 않던 두뇌가 조금씩 움직인다. 그런 의미에서 〈일본경제신문〉은 나가야마에게 거를 수 없는 아침 의식이었다.

이날 나가야마는 1면에 게재된 기사 제목을 보고 평소보다 더 신중하게 읽어 내려갔다.

자랑스러움이 가슴 가득 차올랐다.

대형 전자제품 업체인 A사 그룹에서 자회사인 B사가 독립한다는 내용이었다. 나가야마가 현재 회사로 이직한 후 처음 맡은 안건에 관한 뉴스다.

이직 2개월 후인 약 4개월 전에 B사의 이탈에 따른 비용 조사를 끝냈다.

그의 업무는 M&A 안건이 상정되면 인수기업에 '교섭을 위한 자료를 제공하는 것'이다. 기업이 인수 안건을 의뢰하면 계약 사항을 토대로 피인수기업에게 재무 자료를 제공받는다. 그런 과정에 따라 기업의 가치를 조사하는데, 문제는 공표된 수치가 실체를 얼마나 반영하느냐이다. 서류상으로는 이익이 수억 엔이지만 조사 과정에서 마이너스로 여겨지는 부분을 삭감하면 흑자가 사실상 적자로 판단되는 경우가 있다. 자동차 제조업체라면 3월 결산기까지 목표했던 판매 대수를 억지로 밀어 넣었거나 '무이자 캠페인'이 종료되면서 나타난 반동 현상이 마이너스 요인이 될 수 있다. 실제로는 자산 가치가 있는 부동산인데 인수기업의 의도를 감안한 결과, 가치가 무척 낮게 평가되는 경우도 있다.

"매일 컴퓨터 앞에 앉아 숫자와 눈싸움을 합니다."

B사의 이탈에 따른 비용을 조사하려면, 먼저 B사가 A사 그룹 산하에 있으면 어떤 이점이 있는지 알아야 한다. 건강보험료나 연금 조건, A사의 정보 시스템을 이용할 수 있다는 것⋯⋯. 조사를 마치고 다음 안건과 격투를 시작하면 어느덧 먼 과거의 일이 되어버리지만.

그런데 기사를 읽는 동안 놀랍게도 강한 성취감이 느껴졌다. B사의 이탈은 어제 언론에 발표되었다. 오늘 예정대로 기사가 실린다는 걸 알고 있었지만 직접 활자로 보니 자기가 한 일이 얼마나 대단한지 증명된 것 같아 기뻤다.

'기사에는 이렇게 적혀 있지만……' 하고 타고난 비판적 태도로 조금 삐딱한 시선을 유지하며 기사를 읽어 내려갔다.

"기사에는 양쪽 기업이 우호적 관계라고 되어 있어도 실제로는 문화 차이가 있어 현장 분위기가 살벌하다든가, 협상 내용을 일부 관리자끼리만 공유하고 직원들은 갑작스러운 소식에 놀랐다든가, 기사는 호의적인 내용이라도 실제로는 훨씬 복잡한 요인이 얽혀 있기 마련이죠"

나가야마는 신문기자가 모르는 정보나 뒷사정까지 잘 안다는 사실이 은근히 자랑스러웠다. 신봉하는 〈일본경제신문〉 기자보다 자신이 더 많은 정보를 갖고 있었다.

그는 기사를 다 읽은 후 신문을 덮고 달걀프라이와 토스트와 샐러드를 만들었다.

이제 곧 아내가 깰 것이다.

옷장에서 아내가 골라준 와이셔츠를 꺼내 입고 색깔이 맞는 벨트를 찼다. 아침 시간에 혼자 신문을 읽거나 입을 옷을 아내가 골라주는 것은 결혼 후 자연스럽게 정착된 '습관'의 일부였다.

오전 8시.

아내와 아침식사를 함께하고 평소보다 조금 들뜬 기분으로 회사로 향했다.

그는 2005년 여름에 이직 활동을 하면서 도쿄의 고층빌딩 안에 있는 이 사무실을 처음 보고 '클럽 아냐? 꼭 용궁처럼 꾸며났네'라고 생각했다.

건물은 좀 낡았지만 사무실로 향하는 통로가 선명한 빨간색으로 디자인되어 있고, 각각의 회의실에는 화상회의에 이용될 것 같은 큼직한 모니터가 설치되어 있었다. 타원형 테이블 중심에 길쭉한 마이크가 달려 있고, 의자는 빨간색으로 통일되었다. 나중에 들은 바로는 CEO의 취향이라고 하는데, 쾌적함을 우선으로 추구한 패셔너블한 공간이 생소했다. 그래도 마음에 들었다.

널찍한 사무실에 유리벽으로 된 부스가 몇 개 마련되어 있었다. '어항'이라 불리는 그 공간은 부장급 상사가 일하는 곳이다. 나가야마 옆자리엔 독일인 직속상사가 늘 분주하게 일하고 있다. 관리자는 여러 프로젝트에 관여하므로 어항에 사람들이 끊임없이 들락날락하고, 그 안에선 영어가 난무하며 가끔은 격렬한 논쟁이 벌어진다.

그는 출근하면 자리에 앉자마자 델 노트북을 켠다. 잠시 후 화면에 오스트레일리아 레이디 엘리엇 섬의 공중 사진이 뜬다.

예전에는 애니메이션 〈무민〉의 캐릭터인 스너프킨 그림이었는데, 작년에 아내와 둘이서 여행한 후로 배경사진을 바꿨다. 산호초로 둘러싸인 아름다운 섬이었다.

그 위에 표시된 폴더를 더블클릭하면 피인수기업에게 제공받은 자료 속의 숫자와 눈싸움이 시작된다.

가령 소매업에 관한 안건이라면 엑셀의 매출 데이터만으로도 수만 행에 이르는 규모다. 데이터는 향수 한 병까지 집계되는데, 제조번호, 날짜, 1일·6개월·1년간 매출, 합계 금액 등의 숫자가 끝없이 이어진다. 나가야마의 업무는 이 데이터를 보며 그 회사가 보유한 자산의 의미를 구체적으로 조사하는 것이다. 매장당 매출, 면적당 매출, 직원 한 명당 매출…… 등으로 축을 바꿔가며 문제점과 변화를 찾아내려면 깊은 통찰력과 섬세함이 필요하다.

"대형 소매점에 10억 엔어치 재고가 있다고 합시다. 같은 10억 엔이라도 신제품인지 1년간 쌓여 있던 상품인지에 따라 가치가 완전히 달라집니다. 또 언제 팔릴지도 문제가 되겠죠. 그 수치의 '질'을 판정하는 것이 우리가 할 일입니다. 그러니 평소에 회사의 움직임을 완벽하게 파악하고 있어야 하죠."

그는 이어서 기업 가치를 산정하는 비결은 인수기업이 피인수기업의 무엇에 주목하는지 먼저 아는 것이라고 했다.

특정 토지나 건물을 원하는지, 아니면 인재를 원하는지, 혹은 수익이 될 만한 사업을 얻고 싶은 건지……. 나가야마가 다니는 회사는 심사의 방향을 사원 한 사람 한 사람의 판단에 일임하는 편이라고 한다. 물론 회사가 준비한 양식에 따라 보고서를 제출한다는 규정이 있지만, 현장에서 그대로 따르기는 말처럼 쉽지 않다.

"편법으로 수치를 올렸는지 아닌지 간파하는 능력이 필요하죠. 숫자를 단순히 숫자로 볼 것인지 리스크로 생각할 것인지는 경험으로 판단하게 되거든요. 중요한 것은 왜 그 회사를 사려고 하는지 깊이 이해하려는 자세입니다. 클라이언트의 이야기를 들어본 결과 피인수기업의 수익력이 중시된다면 손익계산서를 중심으로 분석해야겠죠."

1995년에 약 500건 정도였던 일본의 M&A 건수는 나가야마가 이 회사로 이직한 2005년까지 10년 동안 거의 다섯 배로 증가했다.

《일본의 M&A》(미야지마 히데아키 편저)에 의하면 '1990년대 말부터 시작된 M&A 붐은 국내외에서 경쟁에 직면한 전통산업의 재편성과 거품기에 사업을 과도하게 다각화한 기업의 사업재조직화로부터 시작되었다'고 한다.

1990년대 말에는 금융위기로 인한 은행 간 합병이 두드러졌고, 2000년에 들어와서는 '설비·부채·인원에 대한 과도한 조치로 경영 상태가 심각해진 유통, 건설, 부동산 부문'과 펀드에 의한 '전략적 M&A'가 주목받기 시작했다. 2005년은 그 건수가 절정에 달한 시기였다.

그런 이유로 나가야마는 이직 직후부터 하루하루가 바빴다. 연수 과정이 마련되어 있지 않았다는 점은 솔직히 놀라웠다. 경력직으로 채용되긴 했지만 그래도 실전에 바로 투입되는 건 이례적인 경우였다.

첫날부터 어느 소매업 매장의 데이터 입력을 의뢰받았다. 데이터의 의미를 이해하려고 노력하는 과정에서 매장의 수익성에 대해 알게 된 점을 지적했더니 바로 다음 날 진행 중인 프로젝트의 구성원으로 발탁되었다. 상사가 자료를 건네며 "우선 이 건에 대해 조사 좀 부탁해"라고 했을 때 그는 어리둥절했다. 경력자를 채용했으니 가르쳐주지 않아도 알아서 해야 하는 것이었다. 그런 냉엄한 눈빛이 나가야마의 마음을 흔들었다.

외국계인 이 회사에서 일하면 무척 외로울 것이고 어떤 상황에서도 관용을 바라면 안 된다는 사실을 입사 후에 알았다. 회계 업무 개선이나 시스템 도입 등이 주요 업무였던 예전 회사도 외국계였지만, 이 회사는 그런 분위기가 한층 강했다.

프로젝트가 하나 시작되면 작업은 주로 피인수기업 회의실에서 진행된다. 어쨌거나 주가에도 큰 영향을 끼치는 '최고로 비싼 쇼핑'이다. 정보가 누설되기라도 하면 한 사람이 책임지고 물러나는 것으로 끝나지 않는다. 그러니 프로젝트를 '피자'나 '애니멀' 등의 코드네임으로 부르고, 기업을 '마루노우치'나 '시나가와' 등의 소재지명으로 부른다. 회사 로고가 들어간 가방이나 종이봉투를 들고 상대 기업을 방문하는 것도 금지다.

"상대 회사 직원들은 회의실에 갑자기 모르는 얼굴들이 줄줄이 나타나니 '이 사람들 뭐야?'라고 생각하겠죠. 세무조사 나온 줄로 아는 사람도 있었어요. 우리는 싸게 후려치려는 게 아니라 제삼자의 객관적인 입장에서 적정한 가격을 제시하겠다는 건데 종종 오해를 받기도 합니다."

다른 프로젝트 팀에 있는 동료와 구체적인 업무 이야기를 할 기회는 없었다. 사무실 옆자리에 있어도 서로 모르는 사람 취급이다. 가끔 이런 대화만 오간다. "그 피자 건은 어떻게 돼가?" "마루노우치 다녀올게."

"누가 가르쳐주지 않으니 무슨 일이든 스스로 생각해서 하는 것이 기본자세입니다. 그러니 제가 그렇게 생각한 결과, 이렇게 하려고 하는데 어떤가요?라는 식으로 팀장님께 조언을 구하지요. 우리 회사에는 공인회계사가 많아요. 모두 어려운 공부를 해서 회계사 시험에 붙었죠. 그래서인지 지식을 공유한다는 발상이 희박합니다. 혼자서 싸안고 있는 거죠. 업무상 판단이 어려워도 상담하기 어려운 분위기예요. 더구나 사적으로 모여 노는 건 생각할 수도 없어요. 나도 같이 놀 만한 동료가 없습니다. 방법이 없다 싶을 때는 멘토나 관리자에게 상담하게 됩니다. 그때도 '모르겠습니다'라는 말은 금지예요. '저는 이렇게 생각합니다……'라고 우선 자기 의견부터 말하는 것이 원칙입니다. 뭐든 스스로 생각하는 버릇을 들인다는 의미로는 괜찮은 것 같지만요."

그런 분위기 속에서 고독과 불안을 느끼는 사원도 많다.

특히 대학을 졸업하자마자 입사한 신입에게는 더없이 가혹한 직장이다. 이 회사로 이직하고 1년 후 신입사원이 몇 명 들어왔다. 국제적인 '크로스보더 안건'도 많기 때문에 영어 능력은 채용의 필수 조건이다. 언어는 된다 해도 모두 다 회계 자격을 가진 건 아니었다. 그런데도 첫날 간단한 오리엔테이션에 참가한 후로는 전원이 실전으로 내몰린다.

나가야마는 대각선 자리에 앉은 1년차 여직원의 모습을 이따금 복잡한 기분으로 바라볼 때가 있다. 그녀는 입사 후 아직도 구체적인 업무를 맡지 못하고 줄곧 컴퓨터 앞에 멍하니 앉아 있다. 말을 거는 사람도 없다. 그녀가 질문 같지도 않은 걸 물어서 차가운 시선을 받은 경우도 있었다.

'뭘 해야 좋을지 모르겠어요.'

그녀의 불안한 목소리가 들리는 듯했다.

'한 번도 도쿄에서 살아본 적 없는 신입사원은 우리 회사에 들어와서 참 힘들겠구나.'

어떻게 친구를 만들지?

동기도 적은 데다 사내 분위기는 건조하고……

밤에 편의점에 서서 비즈니스 잡지를 읽거나 이른 아침에 비즈니스 서적을 읽다 보면 '화이트컬러의 생산성을 높인다'는 주제의 글이 여기저기 눈에 띈다. 지식 경영이라는 단어가 유행하고, 지식을 공유하는 구조 만들기의 중요성이 대두되고 있다. 그런데…….

'완전히 반대 방향으로 나가고 있어. 아무리 그래도 연수 과정이 없는 건 이상해.'

그도 때로는 외로웠다. 일하면서 '팀 의식'을 느낀 적이 한 번도 없다. "일 하나가 끝나면 뒤풀이도 없고 그냥 끝이에요. 개인주의적이죠. 소중한 시간을 회사 일로 방해받기 싫다는 사고방식이 깊이 침투한 것 같아요. 나는 조금 다릅니다. 일도 내 일부라고 생각하거든요."

다른 데 신경 쓰지 않고 일에 몰두할 수 있는 것은 아내가 있기 때문이다.

"만약 아내가 없었다면 힘들었을 거예요. 결혼 후 가정에 대한 책임감이 생겼다고 할까, 케케묵은 생각일지도 모르지만 내가 열심히 살아야 한다고 늘 다짐합니다."

하지만 '고독'의 일면을 이해한다고 해서 적극적으로 신입사원에게 다가가는 건 아니었다. 이 회사에 있는 한 스스로 생각하는 것이 원칙이니, 괜한 친절을 보일 필요가 없다고 생각했다.

"'이건 못 하겠어요'라든가 '어떻게 하면 되죠?'라는 식의 질문이 거슬리는 거죠. 자기 의견도 없이 질문만 하니 주위의 시선이 차가워지는 겁니다. 못한다는 평가를 받으면 아무도 일을 맡기지 않겠죠. 자기한테 왜 일을 안 주는지도 모르고 우왕좌왕하고 있어요. 그런 말을 해주는 사람이 있다면 좋겠지만, 이 회사는 스스로 생각하지 않는 사람에겐 아무것도 가르쳐주지 않아요. 정작 본인은 그 이유를 모릅니다. 악순환에 빠진 거죠. 영어만으로는 명함도 못 내미는 곳이 이 회사입니다."

이건 진심이었다. 그렇기 때문에 나가야마도 매일 공부하고, 이른 아침부터 〈일본경제신문〉을 뚫어져라 보고, 매일 뭔가를 생각하는 습관을 들이려고 노력한 것이다.

'지식을 파는 직업이니……'라고 그는 생각한다. 클라이언트와의 정보량이나 지식량의 차이가 상대의 자산을 평가하는 자신의 업무에 정당성을 부여한다. 그러므로 항상 노력해야 한다. 의자에 앉아 멍하니 있을 여유가 없다. 늘 최신 정보를 접하고 공부해야 한다. 사활이 걸린 문제다.

"고객에게 비싼 비용을 받고 지식을 파는 업종이니 그에 맞는 서비스를 제공하지 못하는 사람은 떠나야 합니다."

이런 그의 냉혹한 의견은 자신이 막연하게 품고 있는 불안감에서 비롯된 것이기도 했다.

나가야마는 처음 이 회사에 왔을 때를 떠올려 보았다. 거래처에 함께 갔던 담당자는 근속연수가 10년, 20년인 베테랑들이었다. 업계에 따라 모르는 단어가 튀어나오니 무슨 말인지 알아듣기 힘든 경우도 많았다.

'고객에게 약점을 보이면 끝장이다'라고 생각하고 자신이 모른다는 걸 들키지 않으려 애썼다. 그리고 다음 만남에는 그 분야에 대해 상대보다 더 잘 알 수 있도록 공부했다. 오늘은 몰랐던 것에 대해서도 내일은 전문가가 되겠다는 자세가 필요했다. 그렇게 해야만 '능력'과 '배포'를 기를 수 있는 장이 바로 이런 컨설팅회사였다.

"회계사 중에도 다양한 사람이 있습니다. 옛날 회계 지식밖에 없는 사람은 전혀 도움이 안 돼요. 다들 회계 세미나 같은 외부 훈련 프로그램에 적극적으로 참여합니다."

이런 회사 분위기에 곤혹스러워하는 신입들은 앞으로 어떻게 될까? 그렇게 생각하니 조금 잔혹하다 싶었다.

'안 맞으면 그만둬야지. 새로운 세계로 뛰어들었는데 성과가 없다면 그만두는 방법밖에 없다.'

자기 자신에게 하고 싶은 말이기도 했다. 사내로 눈길을 돌리면 결국 '머리가 비상한 놈'이 살아남았다는 게 명백히 보였다. 노골적인 생존경쟁이 조용히 전개되고 있었다.

그렇게 살아남은 동료들이 몇 년 후에도 여전히 이 회사에서 일하고 있을까? 그건 의문이었다. 출세하여 어항에 들어가고 싶어 하는 동료는 자신을 포함해 한 명도 없었다. 기술이 있고 일도 잘하는데 회사에 대한 소속감이 없다. 회사의 목표가 인재를 키워 세상에 내보내는 것이라면 상관없지만 '유능하나 귀속의식이 없는 사람만'이 자연스럽게 남는 이런 구조가 사내의 '건조한 분위기'를 더 심화시키리라는 건 분명해 보였다.

기업 인수가 끝난 후의 상황까지 헤아리는 경우는 거의 없다고 한다. 실사 과정에서 현장 직원을 만날 일은 없고, 만난다 해도 관리자급 인물에게 재무 관련 질문을 하는 정도다. 나가야마에게 업무상 교류를 하는 '기업'이란 데이터상에 나열된 숫자들의 집합일 뿐이었다.

그런데 이 회사로 이직한 직후, 자신이 하는 일에 '수많은 개인'이 걸려 있다는 사실을 강하게 실감한 적이 있었다. 채용 면접을 담당했던 상사가 문득 이런 말을 했다.

"나가야마가 다녔던 회사도 우리가 조사했지."

생각해보면 충분히 있을 수 있는 일이지만 그 순간에는 운명의 장난이라고 느끼지 않을 수 없었다.

이직 전에는 M&A나 실사라고 해도 내부에서 구체적으로 어떤 일이 일어나는지 잘 몰랐다. 지금은 속속들이 안다. 컨설팅 회사의 '자산'이라면 토지나 공장이 아니라 '사람'일 것이다. 관리자급이 몇 명, 해당 부서 직원이 몇 명, 이런 식으로 계산하여 자산 가치가 산정된다.

'그러면 나도 두당 얼마로 계산됐겠군.'

자신의 가치는 어느 정도였을까?

그는 '남의 일이 아니었네'라며 몸서리쳤다.

이직 전 회사의 컨설팅 부문이 어느 IT 계열 대기업에 인수되었다. 그로 인한 문화의 변화가 이직을 결심한 이유였다.

약 4년 전의 일이다.

"뉴스! 뉴스!"

막 출근하는데 동료가 다급하게 외치는 소리가 들렸다.

뭐지? 하면서 컴퓨터를 켰더니 사장이 전 직원에게 보낸 메일이 와 있었다. "우리 회사가 C사에 정식으로 인수되었음을 알립니다"라고 적혀 있었다.

'아앗!' 하는 소리가 튀어나올 뻔했다.

C사는 컴퓨터 소프트웨어나 하드웨어 제조업체로 유명한 대기업이었다. 그 회사가 컨설팅 부문을 인수한다니, 경제지를 요란하게 만들 빅뉴스다.

다른 직원들도 동요한 모양이었다. 자사를 둘러싼 엄청난 소식에 흥분했는지, 주위에 소란이 일었다.

그러나 나가야마의 놀라움은 그리 오래 지속되지 않았다. 그 영향이 어느 정도인지 전혀 짐작이 되지 않았기 때문인지도 몰랐다.

'C사는 큰 회사니까……'

그래서 안심하기도 했다.

며칠 후 C사 로고와 이름이 새겨진 명함을 받았다. 변화라고 하면 그 정도였다. 오사카에 사는 부모님에게 전화로 소식을 전하니 누구나 아는 기업의 이름을 듣고 오히려 좋아했다. 시간이 지날수록 '뭐, 더 좋을 수도 있겠네'라는 생각도 들었다.

인수의 영향에 대해 차분히 생각해볼 여유가 없기도 했다. 그 무렵 나가야마의 주요 업무는 클라이언트 기업의 업무 개선을 돕는 일이었다. 금융회사에 새로운 고객관리 시스템을 도입하기 위한 프로젝트 팀에 있을 때는 시스템 영업으로 무척 바쁜 나날을 보냈다.

"회계 시스템을 도입하여 세무 영역을 효율화하는 방향으로 컨설팅을 진행했습니다. 시스템을 일시적으로 멈추고 테스트나 감시를 해야 하는데, 낮에는 고객사 업무가 있으니 한밤중에나 가능하죠. 대체로 입사 후 1, 2년차인 젊은 직원한테 돌아오는 일입니다. 시스템이 제대로 작동하는지 확인하고 오류가 나면 원인을 찾아야 했습니다."

작업은 한마디로 고역이었다. 24시간 2교대 체제로, 일주일에 3, 4일은 야근. 저녁 9시부터 아침 9시까지 고객사 사무실에서 동료들과 묵묵히 일했다. 시스템 도입이 마무리될 때까지는 자사에 올 일이 거의 없다. 그러니 회사에는 자리가 직원 수의 반 정도밖에 없었다.

한밤중이 되면 다른 부서의 불은 모두 꺼지고 휑한 사무실의 한구석만 형광등의 하얀빛으로 감싸였다. 키보드 두드리는 소리만 울리는 공간에서, 나가야마는 시스템 테스트를 반복했다.

데이터 하나를 입력했을 때 관련된 다른 데이터가 정확하게 나오는지. 출력 결과가 테스트 케이스와 일치하는지…….

데이터가 나오지 않거나 틀린 정보가 표시되면, 입력→프로세스→출력 과정의 로그를 확인하고 시스템이 어디까지 움직였는지 파악한 후 오류가 나타난 부분을 가늠하여 프로그래머에게 전달한다. 그 작업(나가야마는 '클릭 단순노동'이라 불렀다)을 끝도 없이 하다 보면 점점 머리가 멍해진다.

그래도 프로젝트에 참여한 9개월 동안 힘들기는 했어도 괴롭지는 않았다. 함께 작업한 동료들 간에 느껴지는 운명공동체적인 연대감이 좋았다. 같은 공간에서 숙식을 해결하며 며칠이고 함께 작업하는 동안, 밤을 꼬박 샌 후의 도취감으로 서로의 피로를 위로했다. 누군가 한 사람이 시시한 농담이라도 던지면 까르르 웃음이 터지고……. 때때로 피자를 배달시켜 먹기도 하고 술을 마시러 가기도 했다. 마치 합숙이라도 하는 것 같은 화기애애한 분위기에 학창 시절로 돌아간 기분도 느꼈다.

고생한 후 얻는 기쁨. 그런 기분이 마음에 들었다. "고등학생 때 문화제 같은 행사를 하면 적극적으로 나서는 편이었습니다. 가장행렬을 하자는 의견을 내고 가면라이더나 고레인저 의상을 만들어 '추억 속 영웅 시리즈'를 재현하기도 했죠."

그런 이벤트는 나가야마의 열정을 북돋웠다. 함께하는 과정에서 생성되는 '한솥밥 먹는 사이'라는 연대감이 모두에게 기분 좋은 에너지를 공급해주었다.

그는 '이런 경험은 젊을 때 해봐야지'라는 생각도 했다. '단순노동'이라고 폄하하면서도 지금 자신이 해야 할 일을 하고 있다고 믿기에 보람도 있었다.

그리고 이런 생각도 들었다.

"40세, 50세가 되어서도 이런 식으로 일한다면 아무래도 무리겠지요. 예전 회사에서는 직원들이 젊은 편이어서 서른다섯이면 관리직에 오를 수도 있었어요. 현장에는 그 이하 젊은 친구들이 나갔죠. 실제로 현장에서 일해보니 너무 힘들어서 서른다섯이 넘으면 체력이 못 버틸 것 같았습니다."

이 회사의 이직률은 높았다. 2002년에 입사한 그의 동기가 약 150명이었는데, 4년이 지난 2006년에는 반도 남지 않았다.

그런 나날을 보내며 '경쟁 상대가 많은 곳에 있으면 안 되겠구나'라는 깨달음을 얻었다고 했다.

"100점은 못 맞아도 낙제점은 절대 받지 않는 것이 내 강점인 것 같습니다. 뛰어나게 잘하는 건 아니지만, 골프로 치면 18홀 파플레이라고 할까요? 이런 식으로 해나갈 자신은 있습니다."

하지만 동료 중에 '괴물 같은 놈'도 있다는 사실을 서서히 알아갔다. 특히 우수한 시스템 엔지니어 몇 명은 사나흘 동안 집에 가지 않고 기계처럼 일하는 게 가능한 사람들이었다.

아침에 출근하면 몇 명이 바닥에 드러누워 있곤 했다. 잠시 후 벌떡 일어나 하던 작업을 이어가는 그들의 모습을 보고 '나는 절대 저렇게 못해' 하고 일찌감치 포기했다(그는 철야를 하더라도 소파에 누워 잠시 잤다).

"IT업계에는 인구가 많아요. 피라미드 꼭대기에 회사가 있으면 그 밑에 하청, 또 그 밑에 하청, 이런 식으로 엄청 많죠. 이런 분야에서 최고를 노리기는 힘들죠. 운도 따라줘야 하고요. 예전 회사에서는 내 가치를 느낄 수 없었기 때문에 이직을 생각하게 되었습니다. 내가 아니라도 잘하는 사람 많으니 그 사람 시키면 되잖아라는 생각도 많이 했거든요. M&A 업계에는 아직 사람이 부족해서 대체 가능한 인력이 비교적 적은 편이에요. 이왕이면 성공할 확률이 높은 곳으로 가는 게 좋죠. 아무리 1급 기술을 가졌다 해도 하청업체에서 일하면 가능성도 낮고, 갑자기 인수되거나 망할 수도 있고⋯⋯. 그래서 내 시장가치를 높일 수 있는 업계로 가고 싶었습니다."

이 생각은 훗날 몇 가지 요인과 연결되어 그의 이직을 결정적인 것으로 만들었다.

인수에 의한 변화가 나타나기 시작한 것은 사장의 메일을 받은 후로 반년 정도가 지났을 때였다. 이 무렵에 IT 관련 컨설팅 업무를 중시하겠다는 방침이 내려졌다. 나가야마는 '마흔쯤 되면 못 하겠다'라고 느꼈던 시스템 도입 업무가 주력 부문으로 재편되었다는 사실에 충격을 받았다.

입사 1, 2년차까지는 어쩔 수 없다 해도, 언젠가는 소규모 프로젝트 팀으로 움직이는 회계업무 개혁이나 회계 관련 컨설팅을 담당하고 싶었다. 수면시간까지 희생하며 시스템 영업을 한 것은 나중을 위한 '경험'을 쌓기 위해서였다. 그런데 인수된 후 흐름이 완전히 바뀌어버렸다.

"비즈니스로서 어느 쪽이 전망이 있느냐고 물으면 분명 시스템 도입 쪽이 낫겠지요. 프로젝트 금액은 컨설팅에 몇 명이 투입되었는지 기본적으로 인원수에 따라 결정되거든요. 업무 개혁이라면 5~10명으로 충분합니다. 시스템 도입의 경우는 만약 큰 프로젝트라면 100~200명 단위로 투입돼요. 회사로서는 계약 금액이 큰 쪽이 좋겠죠. 그 무렵에 내가 생각하는 '개인의 방향성'과 '회사의 방향성'이 많이 다르다는 걸 깨달았습니다."

구체적인 변화는 조금 다른 형태로 나타났다.

시스템 도입 프로젝트 팀원으로 일하던 중 C사에서 30대 후반의 사원이 프로젝트 매니저로 부임했다. 그때 회사 분위기가 완전히 바뀌었다는 걸 실감했다고 한다.

'말이 안 통하네.'

이 한마디가 새 상사에 대한 첫인상을 대변했다.

그는 프로그래머로서 탁월한 실력을 갖추고 있었다. 하지만 부하인 나가야마와는 상관없는 문제였다. 자리에 앉아 컴퓨터 화면에 얼굴을 박고 묵묵히 작업만 하는 상사. 어쩐지 말을 걸기가 어려웠다.

"저기……"하고 나가야마가 상담을 요청했다.

"바쁘신데 죄송합니다. 5분만 시간 내주실 수 있으신가요?"

그러자 이런 대답이 돌아왔다.

"안 돼, 지금 바빠서. 메일로 보내면 안 되겠나? 말로 하면 기록에 안 남기도 하고."

일상적인 대화마저 사내 메신저로 나누려 하는 상사의 모습에 진저리가 났다.

"엔지니어로서는 뛰어난 사람입니다. 기술적인 이야기를 할 때는 태도를 싹 바꿔 시간 가는 줄 모르고 몰입하지요. 프로그램 짜는 속도도 엄청납니다. 하지만 관리자로서는 실격이에요. 함께 일하다 보면 정말 맥 빠집니다. 고객이랑 대화도 잘 못해요. 대화가 안 되니 고객이 원하는 부분을 시스템에 제대로 반영하지 못하는 겁니다. C사는 프로젝트 매니저나 팀장을 과감하게 바꾸려는 시도도 안 해본 것 같아요."

이런 일도 있었다.

시스템 도입 프로젝트가 시작되면 일단 몇 팀으로 나뉘어 각 분야를 담당한다. 나중에 전체를 모아 하나의 시스템을 완성하는 식이다. 따라서 팀장끼리 늘 정보를 교환해야 하는데, 이런 횡적 연계가 순조롭게 이루어지지 않았다고 한다.

"우선 끝내둬야 할 작업이 있잖아요? 그 작업이 끝나야 우리가 움직일 수 있는데, 다른 팀의 진행상황을 확인해보지도 않고 프로그램을 돌리다가 앞의 작업이 끝나지 않았다는 걸 뒤늦게 안 적도 있어요."

새로운 시스템으로 데이터를 옮길 때 다른 팀의 작업이 끝나 있지 않으면 더 이상 진행하지 못하고 멈춰 있어야 한다. 예전 같으면 있을 수 없는 실수다.

"왜 이런 일이 생기는 거야? 이 정도는 말하지 않아도 알잖아."

버럭 화내는 상사 앞에서 '네가 제때 연락해서 확인했어야지'라고 속으로 생각하면서도 "죄송합니다"라고 사죄하는 자신의 모습. 상사 한 사람 때문에 시간은 시간대로 낭비하고 스트레스도 쌓여만 갔다.

"저 아저씨랑 같이 일 못 하겠다."

동료들과 푸념하며 기분을 풀어봐도 일에 대한 열정이 식어가는 건 막을 수 없었다.

"프로젝트 리더가 되는 데 최소한 10년, 길면 20년 걸리니 세대 간의 갭이 생기는 거죠. 그 사람들은 연봉도 세거든요. 여러 가지 의미로 회사가 인수된 후에 상대측 직원이 투입되는 상황 자체가 싫었어요."

나가야마가 자주 쓰는 단어 중에 '시장가치'라는 것이 있다. '다른 사람이 못 하는 걸 할 수 있는 능력'이라는 뜻이다. 관리직에 오를수록 시키는 일을 소화하기보다 사람을 움직이는 능력이 중요해진다. 시키는 일을 시키는 대로 하는 것은 공부의 연장일 뿐이다. 한 단계 위로 가기 위해서는 자기 생각을 부하에게 전달하는 능력이 필수다. 그런 인물일수록 '시장가치가 높다'라고 평가한다.

나가야마는 회사가 인수된 후 시장가치가 높지 않은 인물이 상사로 부임하는 상황에 불만이 많았다.

"프로그래머로서는 우수한 사람이니 그에 맞는 직무를 준비하면 될 텐데, 그걸 간과하고 연공서열적으로 배치한 것 같아요. 참 불합리한 회사라는 생각이 들었습니다. 세상이 바뀌었다 해도 일본에서 연공서열적 문화가 사라지는 데는 시간이 걸릴 것 같네요. 마흔 살 직원의 연봉을 깎을 수는 없잖아요. 올릴 수는 있지만 내리는 건 불가능하죠. 자기 능력과는 관계 없는 부분에서 변동이 생기면 상대적으로 자기 가치가 떨어지게 됩니다. 대체 무엇을 위한 것인지, 생각해보면 모순이죠."

나가야마는 일에 대한 가치관이나 자기 자신에 대해 설명할 때 왠지 남의 일처럼 말하는 경향이 있었다.

취재하면서 내가 그 점을 지적하니 "예전 상사도 '자네는 분석하는 데는 천재로구먼' 하고 놀린 적이 있어요" 하고 웃었다.

좋아하는 축구선수인 나카타 히데토시와 연결시킨 말에도 그의 성격이 잘 드러나 재미있었다.

"나카타는 연애하면서도 늘 분석한다고 해요. 그런 자신의 방식이 옳다고 생각한다는데, 나도 그 말엔 공감했습니다. 분석적인 성격은 나의 장점이기도 하지만 반대로 족쇄이기도 해요. 너무 진지해서 과감하게 뛰어들지 못하는 면이 있거든요."

이렇듯 나가야마는 자신이 내뱉은 말을 다시 객관적으로 분석하는 버릇을 가지고 있었다.

그는 인생에 딱 한 번 사람들의 시선을 의식하지 않고 오열한 적이 있다고 한다. 1997년 겨울, 재수하여 교토대학교 법학부에 지원했다가 떨어졌을 때다.

1977년 오사카에서 태어난 그는 대기업에 근무하는 아버지와 전업주부인 어머니 밑에서 자랐다. 어릴 때부터 공부는 잘했다.

"시험을 치면 늘 100점이었어요. 초중학교 때 수업 중에 친구와 떠들다가 야단맞으면 '수업 안 들어도 100점 맞을 수 있거든요' 하고 말대답하는 건방진 아이였죠. 시험만 잘 치면 되는 거 아냐? 하면서. 태도가 그랬으니 100점을 맞았는데도 최종성적이 B가 되기도 했죠."

공립중학교에서 공립 명문고등학교로 진학하여 교토대학을

목표로 공부했다. 지금 생각하면 교토대학에 이상하리만치 집 착한 것 같다고 했다.

"내가 가겠다고 정한 대학에 갈 수 있느냐 없느냐만 중요했 어요. 1지망에 떨어졌으니 실망이 컸죠. 보험으로 쳐보고 붙은 곳도 좋은 대학이었지만 만족이 안 되었어요. 나 자신과의 승 부에서 이기는 것만 생각했습니다. 그러니 패배감이 심했죠."

재수하면서 다녔던 가와이주쿠 학원에서는 늘 A를 받았다. 부모도 강사도 자신도 합격은 문제없다고 생각했다. 그런데 1997년 대학입시에는 함정이 있었다. 교과서 개편으로 신과정 과 구과정으로 구별되는 두 가지 시험이 치러진 것이다. 심각 한 문제는 출제 측이 난이도 조정에 실패하여 양측 평균점에 큰 차이가 생겨버렸다는 점이다. 나가야마는 최악의 상황에 빠 졌고, 강한 좌절감을 느껴야 했다.

"구과정을 선택했습니다. 수학은 모의고사에서도 늘 만점이 었고 가장 자신 있는 과목이었는데 아무리 머리를 짜도 안 풀 리는 거예요. 계속 초조해서 다른 과목도 망쳐버렸습니다."

교토대학에 다시 떨어졌다. 나가야마는 먼저 집에 전화를 걸 어 "떨어졌어요" 하고 알린 후에 돌아오는 전철 안에서 하염없 이 울었다. 이번에도 노력의 결실을 얻지 못했다. 분해서 미칠 것 같았다.

"거기 말고도 좋은 학교 많잖니."

부모님의 말은 전혀 위로가 되지 못했다. 재수하는 동안 손에서 책을 놓지 않았다. 누구보다 노력했다고 자부할 만큼 책상 앞에 꼭 붙어 있었다. 그런데……. 생각하면 할수록 패배감이 가슴 가득 부풀어 올랐다.

게이오대학 경제학부에 다니면서도 이때의 기분을 떨치지 못했다. 그가 자주 입에 담는 자신의 시장가치에 대해 회의감을 느꼈다. 자기 실력이라면 지금 여기 말고 교토대학교에 있어야 한다는 생각이 머리에서 떠나지 않았다. 시간이 흘러도 분한 마음은 사라지지 않았다. 결과를 바꿀 수 없다는 건 알지만 미련을 버릴 수 없었다.

"후기 시험 때도 같은 대학에 지원했으면 들어갈 수도 있었는데……라는 후회."

이런 마음은 연공서열적인 사회와 '경로가 보이는 세계'에 대한 위화감으로 이어졌다. 자신의 가치를 '정확하게 평가해주는 기업'이 아니면 대학입시 때 품었던 분한 감정을 여전히 떨치지 못하고 일할 것 같았다.

대학교 1학년 때 그는 난생처음 고독이라는 감정을 느꼈다. 남들처럼 동아리 신입생 환영회에 참석하여 또래 학생들과 함께 있어도 왠지 먼 세상으로 떨어져 나온 것처럼 느껴지기만 했다. 모든 게 시시했고, 바보 같았다. 반수(半修)하고 싶다는 생각마저 들었다.

게이오대학이라면 훌륭하지 않은가라고 사람들은 말할지도 모른다. 하지만 그는 아니었다. 교토대학에 들어가고 싶었다기보다 교토대학이라는 목표를 달성하고 싶었다. 충분히 달성 가능했던 목표였기에 미련과 후회가 가시지 않았다.

열심히 톱니바퀴를 따라가고자 했던 오노 겐스케의 심정과 비슷할 것이다. 나가야마는 스스로 목표를 세우고, 그 목표를 뛰어넘고, 곧 다른 벽을 설정하고, 또 뛰어넘음으로써 '현재'의 자신을 발전시키려 했다. 벽 앞에서 멈춰버리면 더 이상 한 발자국도 나아가지 못할 것 같은 초조감이 그의 마음을 지배했다.

그 무렵 나가야마는 해외에 가려고 마음먹고 돈을 모으고자 아르바이트에 몰두했다. 밤에 편의점에서 일하면서 폐기되는 도시락으로 식비도 아꼈다. 나중에 패밀리레스토랑에서도 아르바이트를 시작하면서 수업은 적당히 빼먹기도 했다. 한 달 노동시간이 270시간에 이른 적도 있었다. 전철을 타고 서 있으면 졸다가 무릎이 꺾일 때도 많았다. 하지만 그는 뭔가로부터 도망치듯 일했다. 입시 공부나 대학 생활 말고 다른 것을 하고 싶었다. 직선길에서 벗어나고 싶었다.

학생 시절 그는 배낭을 둘러메고 저가 항공권을 이용하여

30개국을 돌았다.

"중남미가 가장 마음에 들었어요. 두 번 갔는데, 거의 모든 나라를 돌았죠. 일본이랑 전혀 다르다는 점이 좋았습니다. 볼리비아에서는 이런 일이 있었어요. 수도인 라파스에서 12시간 거리인 파라과이 국경으로 가는데, 도중에 버스가 고장이 난 거예요. 아무것도 없는 황야에 외길만 나 있는 곳이었어요. 도와줄 차를 아무리 기다려도 안 오는 겁니다. 여행객들은 화가 났죠. 더 이상 못 기다리겠다며 택시를 부르는 사람도 있었고요."

그때 현지 사람들이 계속 "트랑퀼로"라고 외쳤다고 한다.

"영어로 바꾸면 'Take it easy' 같은 거죠. 뭐든 트랑퀼로예요. 스페인어로 '괜찮아, 신경 쓰지 마'라는 의미라고 합니다. 저는 그 말이 참 좋더라고요. 무슨 일이 생기면 '트랑퀼로!'라고 외치는 문화. 일본에서 아등바등 살았던 내 삶을 되돌아보게 되었어요. 대학 들어갈 때도 정말 아등바등했잖아요. 신선한 느낌을 받았습니다."

그런 해외여행을 경험한 후로 더 이상 교토대학에 집착하지 않게 되었다고 한다. 그러나 직선길에 대한 저항감은 여전히 가슴에 남아 있었다. 취업 활동을 할 때 은행이나 철밥통이라 불리는 공기업을 극단적으로 피한 것도 이런 이유에서였다. 특히 리쿠르터 제도(기업이 취업 활동자 중 우수하다고 판단한 인재에게

맨투맨으로 주로 대학 선배인 사원을 붙여 심사 기간 동안 조언해주는 제도―옮긴이)가 못 견디게 싫었다고 한다.

"같은 대학 후배들을 위로 끌어 올려주는 거죠. 그런 폐쇄적인 구조는 받아들이기 힘들었어요. 채용의 문도 활짝 열지 않는 회사라니."

그리고 다음과 같이 표현한 자신의 마음 상태는 하라구치나 이마이가 털어놓았던 심경과 비슷했다.

"저한테 조급증이 있는 거죠. 10년, 20년 기다릴 수는 없습니다. 대학 때도 어떻게 하면 단기간에 경험을 쌓을 수 있을까라는 생각밖에 안 한 것 같아요. 20년간 조용히 기다렸다가 나중에 출세하면 된다는 사람도 있고, 20년간 여러 회사를 돌며 다양한 경험을 쌓는 편이 낫다는 사람도 있겠죠. 나는 후자예요. 그러니 어떻게 하면 튀지 않을까만 생각하는 관료 세계는 처음부터 관심 밖이었어요. 도쿄대 법학부가 아니면 같은 출발선상에 설 수 없는 현실도 받아들이기 힘들었죠."

그는 이미 깔린 '선로'를 철저히 외면하면서 외국계 컨설팅회사로 시야를 좁혔다. 업계나 업종은 크게 상관없었다. 아직 학생이었던 그에게 '외국계'라는 키워드가 '자신의 능력을 올바로 평가해주는' 이미지로 다가왔을지도 모른다.

C사에 인수된 후 문화의 변화가 서서히 눈에 보이기 시작했을 때, 예전에 한솥밥 먹는 사이였던 동료들과 함께 도쿄 내의 다른 사무실에 있었다. 이즈음 나가야마는 회사에 대해 분노와도 비슷한 감정을 품고 있었다.

"조직 변경이 진행된 후로, 그때까지 현장에 나갔던 사원 중 입사 2년차 이하 직원을 대상으로 시스템 지식을 익히기 위한 연수 프로그램을 마련했다는 겁니다. 다짜고짜 3개월간 연수를 받으라는 거예요. 물론 회사 방침으로는 나쁜 게 아니지만 여태까지 열심히 일해온 내 입장에서 보면 뜬금없이 웬 연수냐 싶은 거죠. 실제로 일을 척척 해내고 있는데 말입니다. 동기 중에 이 소식을 듣고 그만둔 친구도 꽤 많아요. 내가 이직을 결심하게 된 계기이기도 하고요."

연수 기간 중에 난생처음으로 출근에 혐오감을 느꼈다. 아침 7시에 눈을 뜨면 '싫다. 안 가고 싶다'라는 생각부터 들었다. 분명 연수는 중요하지만 이 회사는 그런 것 없이 일부터 시키지 않았던가? 개인적으로 기술을 익혀 지금까지 잘해왔는데 이제 와서 다시 리셋하고 프로그래밍의 기초를 배우라고 한다. 심야까지 고생하며 프로젝트를 진행했던 경험은 다 부질없는 것이 되어버렸다.

이른 아침 연수원으로 가서 적당한 자리에 앉아 노트북을

LAN에 연결한다. 헤드폰을 끼고 이러닝이나 C사 제품에 대한 강의를 듣고 있자니 '정말 지루하다, 시간 아까워'라는 생각밖에 안 들었다. 다 내팽개쳐 버리고 싶었다.

연수를 받으면서 그는 새로운 초조감을 느꼈다. 인수 후의 변화가 명확히 드러남에 따라 '연수'를 새 출발로 삼은 회사의 '선로'가 어렴풋이 보였다. 시간이 되돌려지는 것 같았다. 그런 종류의 불안감은 나가야마에게 치명적이었다.

"연수 센터에서 시스템을 배우고 5년간 말단으로 지내다가 프로젝트 리더를 5년 하면 관리자가 되고 간부급이 되고……. 아무래도 시간이 걸리겠죠. 한 걸음 한 걸음 착실히 올라가는 것도 좋지만, 회사에 이미 마련되어 있는 직무 경력을 안심하고 쌓아가는 사람들의 마인드를 전 이해할 수 없었어요. 내가 원하는 곳에 도달하기까지 몇 년 걸릴까? 5년 후일까, 아니면 10년 후일까……. 그런 생각이 드니 장래가 오히려 더 불안해지는 겁니다. 앞날을 예측할 수 없어서일까요? 지금 당장 하고 싶은 일을 하길 원하는데, 할 수 없잖아요. 견디기 힘들었습니다."

연수에 참여하는 동안 회사를 그만두기로 결정한 건 아니었다. 일시적인 감정으로, 혹은 다들 그만두니 따라서 그만두는 식의 선택은 하고 싶지 않았다. 비록 지루하더라도 앞으로 3개월을 견디면 원래 자리로 돌아갈 수 있다는 생각을 하며 버텼다.

3개월간의 연수가 끝난 후, 그는 사내 인트라넷에 발표된 승진·승급 대상자 리스트를 보게 되었다.

파워포인트 공유 파일을 연 순간의 기분을 '용서하기 힘들었다'는 말로 드러냈다.

"입사 1, 2년차의 모든 직원은 일률적으로 연수를 받는다는 게 규정이었는데, 무슨 이유인지 예외가 있었습니다. 현장 업무에서 도저히 빠져나올 수 없다며 연수원에 안 간 사람이 있었어요. 승진할 때 평가 기준으로 현장 실적이 중요한데, 직원 교육을 포함하여 1년 정도 연수를 받은 사람과 안 받은 사람 사이에는 실적 차이가 나타날 수밖에 없죠. 연수원에 안 간 사람이 먼저 승진할 확률이 높아진 거잖아요. 회사가 이러면 안 되죠."

만약 예전처럼 밤을 새워가며 프로젝트를 진행하고 있었다면 연수에 참가하지 않아도 되었을 것이다. 이런 식으로 사원의 실적이 각자의 능력이나 시장가치와는 상관없이 결정되고, 그때그때의 회사 사정에 따라 달라져도 되는 것일까?

"회사는 표면상으로는 공평하게 평가한다고 합니다. 하지만 프로젝트에 투입되어 연수에 참가하지 않은 사람과 참가한 사람이 구별된 건 사실이었어요. 그 기준을 알고 싶었습니다. 만약 내가 이의를 제기했다면 안 가도 되었을까요? 생각하면 정말 바보 같아요."

자신의 시장가치가 상대적으로, 또 부당하게 떨어졌다는 의미였다. 회사에 남고자 했던 마음이 순식간에 사라졌다.

승진한 동료를 질투하는 것으로 보이고 싶지 않았기 때문에 이런 이야기는 아무에게도 털어놓지 않고 분노만 가슴에 꼭꼭 담아두었다.

'두고 봐.'

그 무렵 나가야마는 미국 공인회계사 자격증을 따기 위해 공부하고 있었다. 처음에는 회계 부문 업무를 맡았을 때 도움이 될까 싶어 시작했는데, 회사가 방향성을 바꾼 후로는 이직을 위한 준비 과정이 되었다.

내가 나가야마를 마지막으로 만난 때가 2009년 초였다.

그는 회사를 그만두기로 결심하고 컨설팅회사 전문 취업정보업체에 등록하여 이직 가능한 후보 기업을 꼼꼼히 검토했다. 전문 커리어 컨설턴트의 지도를 받으며 이력서 체크부터 시작하여 모의면접도 몇 차례 진행했다. 타고난 성실함으로 M&A 업계에 관한 책을 읽고 실사에 대해서도 공부했다.

면접이라는 단 한 번의 기회로 어떻게 하면 상대가 자신에게 호감을 느낄지, 대화를 통해 가치를 발견해낼 수 있을지……. 되도록 재치 있게 이야기하려고 노력하면서 실사라는 업무가

지니는 사회적 영향력에 대해 열심히 설명하니 면접관이 "공부 많이 했네요"라고 했다.

외국계 회계 컨설팅회사로 이직한 지 곧 3년이다.

2007년 후반부터 표면화되기 시작한 서브프라임 사태 이후로 그를 둘러싼 상황에 적지 않은 변화가 생겼다. 한창 활발했던 투자 펀드에 의한 M&A 안건이 감소하면서, 해외 안건에 많이 관여했던 그의 업무량도 동시에 줄었다. 이듬해부터 자기자본을 지닌 거액 펀드 고객이 사라지자 사원들의 가동률도 점점 하락했다.

그 대신 '동종업체를 인수하려는 사업회사 안건'이 많아졌다고 한다.

"주체가 바뀌었죠. 사업회사랑 펀드는 전혀 다릅니다. 클라이언트가 펀드인 경우는 돈을 벌 수 있는지 아닌지 굉장히 신경 쓰거든요. 반면에 사업회사는 재고 관리라든지 인수에 의한 시너지 효과에 관심이 많아요. 주목하는 지표가 다른 거죠. 개인적으로는 펀드 쪽을 선호하긴 합니다. 긴장감이 생기거든요."

간혹 프로젝트와 프로젝트 사이가 비어서 예전 같으면 생각도 못 할 이른 시간에 퇴근하는 경우도 있다. "재작년에 첫아이가 태어났거든요. 일찍 귀가하면 목욕시켜야죠" 하고 활짝 웃었다.

이런 일상의 변화와는 별도로, 여태까지 그가 생각해온 일에 대한 '가치관'은 더욱 강화된 듯했다.

2008년에 그는 목표를 하나 더 세웠다. 회사를 그만두고 MBA 유학을 가겠다는 목표였다. 내가 나가야마를 마지막으로 만난 건 MBA 순위(《U. S. News》 2009년 발표) 톱 10에 드는 미국 비즈니스스쿨 합격에 대한 축하 겸 취재를 위한 자리였다.

"가정이 있고 아이도 어린데 회사를 그만두고 거액을 들여 유학을 가게 됐습니다. 옆에서 보면 가족까지 희생시키고 왜 저런 무모한 짓을 하냐는 생각이 들지도 모르죠."

하지만 자기 생각은 다르다며 즉각 말을 이었다.

"자기방어의 한 방식입니다."

2008년 가을 이후 '100년에 한 번이라는 금융위기'의 여파로 자사의 업무가 크게 줄었다. 일본 경제도 불황에 빠졌다. 어두운 뉴스가 매일같이 흘렀다.

하지만 나가야마의 사고방식이나 삶이 달라질 정도의 사건은 아니었다.

"초등학생 때 거품 붕괴 후 '이제 안 된다, 위기다, 잃어버린 10년, 구조조정의 폭풍'이라는 말을 계속 듣고 자랐으니까요. 그런 시대에 어른이 됐으니 위기 상황이 이젠 일상인 거죠. 시장이나 사회 변화에 필요 이상으로 기대하지 않게 돼요."

도요타자동차가 수천억 엔의 적자를 냈을 때도 과거에 닛산자동차는 카를로스 곤이 사장으로 부임했을 정도로 더 큰 '위기'에 빠졌던 사실을 떠올리는 식이었다.

고이즈미 개혁 이후의 호경기도 실감할 수 없기는 마찬가지였다. 취업 활동을 할 때도 우수한 친구가 원하는 직장에 들어가지 못하거나 취업 재수를 하는 예가 얼마든지 있었다. 나가야마는 높은 목표를 스스로 설정하고 전진함으로써 가만히 있으면 상대적으로 떨어질 수밖에 없는 시장가치를 애써 높여왔다.

'로스트 제너레이션'이라 불리는 세대 특유의 감각인지도 몰랐다. 당시 취업빙하기의 승자였던 그는 한편으로 다음과 같은 마음을 품기도 했다.

"지금 생각하면 그런 시대에 사회로 나왔다는 게 나쁜 것만은 아닌 듯해요. 힘든 곳에서 시작했으니 지금 '100년에 한 번의 위기'라 해도 그리 놀라지 않거든요."

일이 줄어서 남아도는 시간은 어쨌거나 공포였다. 멈춰 서는 건 후퇴를 의미하기 때문이었다. "지금 무엇을 흡수하느냐에 따라 보디블로처럼 나중에 효과를 나타낼 겁니다." 기업에 의존할 수 없는 시대를 살아가는 이상, 나가야마에게 MBA 유학이라는 선택은 변화하는 사회로부터 자신과 가족을 지키는 행위였다.

그는 지난 1년 반 동안, 시대가 남겨준 많은 시간을 조금도 허투루 보내지 않고 커리어 업을 위한 공부에 투자했다.

"나중에는 투자 펀드에서도 일해보고 싶어요. 투자가로서 사업 운영에 관여한다면 젊을 때부터 경영에 참여할 수도 있겠지요."

MBA는 그를 위한 지름길이 될 선택이었다.

자기 인생에 빈 시간을 허용해서는 안 된다. 잠시라도 멈춰서면 안 된다. 그는 그랬다. 나가야마의 아내는 늘 노력해야만 안심하는 남편의 모습을 떠올리며 이렇게 말했다. "이직하기 전 CPA 시험공부를 할 때 남편의 모습을 잊을 수 없어요. 내가 아직 자고 있는 새벽 5시부터 공부를 시작해서 회사가 끝난 후에도 근처 카페에 들러 늦게까지 공부한 후에 들어왔어요. 수면시간은 짧고, 밥도 샌드위치로 때웠죠. 이러다 몸이 상하면 어쩌나 얼마나 걱정했는지 몰라요. 아이는 태어났는데 또 MBA라니, 솔직히 좀 당황했어요. 나는 지금 이대로가 좋았거든요."

전화번호부만큼 두꺼운 참고서를 식탁에 쌓아놓고 주위의 모든 걸 잊은 것처럼 공부하는 나가야마를 보고 '왜 저렇게까지 해야 하는 걸까'라고 생각했다고 한다. 언젠가 이런 의문을 남편에게 터뜨렸을 때, 그가 진지한 얼굴로 대답했다고 한다.

"내가 설정한 목표를 향해 늘 달리는 걸 좋아해."

그 한마디 후에 자신의 목표와 꿈에 대해 열정적으로 이야기하는 모습을 보고, 그녀는 결국 할 말을 잃었다고 한다.

나가야마는 이렇듯 아내 이야기를 하다가 솔직한 마음을 털어놓을 결심이 선 것 같았다.

"솔직히 말할게요. 멈추면요, 불안해요. 사실은 나한테 자신이 없으니 계속 달릴 수밖에 없어요. 달림으로써 불안한 마음을 감추는 거죠."

그는 예전에도 일하는 중에 느끼는 '불안'을 다른 형태로 표현한 적이 있다. 여자 신입사원이 느꼈을 '고독'에 대해 개인의 능력과 노력의 문제라고 냉혹하게 단정했을 때의 일이다.

"시간을 어떻게 단축할 수 있을지 늘 고민합니다. 이 회사에 머물면 5년 후에 할 수 있으리라 기대되는 일을 지금 당장 할수 있는 회사가 있다면 망설이지 않고 이직할 겁니다. 시간을 건너뛰는 거죠. 회사를 중심에 두고 내 경력을 쌓을 것인지, 나를 중심으로 판단하여 회사를 고를 것인지……. 내가 조금 특이한지 몰라도, 내가 하고 싶은 일을 할 수 있는 회사를 찾는게 맞다고 생각합니다."

그러고 나서 "불안하지 않은 건 아니에요" 하고 말끝을 흐렸다.

"예전 회사와 달리 지금 다니는 회사에는 야단쳐주는 상사가 한 사람도 없어요. 새로운 업무를 맡아서 진행하는 중에 이렇게 하면 되나 싶을 때도 나 혼자 결단해야 합니다. 내 의견이 중간 단계를 거치지 않고 윗사람에게 바로 전달될 때는 특히 그런 생각이 많이 들어요. 나를 어떻게 생각할까 하고 불안해지죠. 그런 분위기 속에서 일하니 늘 쫓기는 기분입니다. 수험생 시절에 느꼈던 감정과 비슷할까요? 스스로 나 자신을 몰아넣게 돼요."

그는 개인의 불안감을 상대해주지 않는 회사를 스스로 선택했다. 그러니 받아들여야 했다. 신입사원에 대한 냉혹한 지적은 그런 선택을 한 자신을 겨냥한 것이기도 했다.

35세. 그때까지는 자신의 위치를 찾고 싶다고 했다. "이 회사에서 3년은 일할 겁니다. 그러니 앞으로 2년은 머물겠지만, 그후는 백지예요"라고 말한 대로 회사를 다시 그만두고 자비로 MBA 유학을 떠났다. 그렇게 '백지'였던 미래에 새로운 목표를 써넣었다.

현재의 노력이 장래로 연결되리라 믿지만, 5년 뒤를 생각하면 말로 표현할 수 없는 절박한 감정을 느낀다고 했다. 몇 년 후의 장래는 저 멀리 있고, 나아가야 할 목표가 있는데 시간은 턱없이 부족하다.

"여태까지 순조롭게 살아왔고 운이 좋은 편이라고도 생각합니다. 그런데 5년 전의 내가 뭘 하고 있었고, 또 그동안 무엇을 이루었는지 되돌아보면 굉장히 무서워져요. 5년 전에 그렸던 5년 후의 내 모습이 지금의 나잖아요. 일류 컨설턴트가 되어 내 이름을 내걸고 일을 따 올 수 있을 거라 기대했는데, 결국 그렇게 되지 못했어요."

2009년 9월, 가족과 함께 미국으로 떠난 나가야마는 이때 자신의 마음을 다시금 확인하듯, 혹은 누군가에게 동의를 구하듯 말했다.

"세상에는 다양한 길이 있고, 다양한 인생이 있어도 좋다고 생각합니다. 결국 정답은 없어요. 아마도 자신이 정답이라 생각하는 것이 정답이겠죠. ……세상이 다양화되었다는 건 그런 뜻이 아닐까요?"

그가 온힘으로 뿌리치려 하는 불안감의 정체는 바로 이 말 속에 숨어 있었다.

한마디 더 하자면 그런 불안감은 혼자만의 것이 아니었다.

앞서 사회인으로서 이야기를 들려준 7인의 동세대 젊은이 모두 그렇게 정체를 알 수 없는 불안감을 안고 종종걸음 치며 커리어를 만들고 경험을 쌓지 않았던가? 그들도 나가야마처럼 초조감과 불안감을 호소했고, 이 변화하는 사회 속에서 어떻 든 자신의 위치를 찾으려고 발버둥 쳤다.

미래는 너무나 불확실하여, 지금 이 순간에도 발을 앞으로 계속 내딛지 않으면 희망조차 사라질 것 같다고 했다. 그들의 이야기를 들으며 나는 이런 생각을 했다.

아무리 불안해도, 아니 불안하기 때문에, 끊임없이 이어지는 부정적인 감정을 떨치려는 듯 멈추지 않고 달리는 젊은이들. 그들에게 이처럼 끝없이 달리도록 요구하는 것은 바로 '지금', 저성장시대 그 자체인지도 모른다고.

2008년 3월, 아카사카미쓰케에 있는 엑셀
도큐호텔 커피숍에서 1년 전에 취직했다는 한 남성과 이야기
를 나눴다.

그는 작년에 유명 사립대학을 졸업하고 대형 건설회사에 입
사했으며, 지난 1년간 UAE의 두바이에서 진행된 프로젝트에
참가했다고 자신을 소개했다.

중동에서 돌아온 지 얼마 되지 않아 피부는 햇볕에 그은 상
태였고 머리카락은 짧게 다듬어져 있었다.

"리먼브라더스가 파산했을 때……."

내가 사회인이 된 후의 일상을 묻자, 그는 조금의 뜸도 들이

지 않고 당당하게 대답했다.

"비즈니스 거리에 사람들이 많았어요. 그래서 불황이 이만큼 오래 지속될 줄은 몰랐죠. 제가 두바이에 갔던 초기에는 크레인들이 시끄럽게 움직여댔는데, 그게 언젠가부터 하나둘 멈추더라고요. 건설 중인 빌딩을 봐도 세계 각국의 크레인이 모여 있었는데, 점점 가동을 중단하는 게 보였죠."

자사의 실적을 신경 쓸 입장이 아니기 때문이리라. 세계 경제의 극적인 변화를 목격했다면서 그는 오히려 재미있다는 듯 이야기했다.

세계 최고라고 칭송받는 고층빌딩 버즈두바이 현장에 대해서도 다음과 같이 말을 이었다.

"현장에서 일하는 수천 명의 노동자가 작업 시간이 되어 한꺼번에 이동하는 모습은 정말 장관이었습니다. 그 사람들이 점점 줄어드는 걸 보면서, 그제야 심각한 상황이라는 걸 뒤늦게 알아차렸죠."

거품경제기 이후 기업들이 인재를 앞다퉈 채용했던 2007년에 취직한 그는 여러 의미로 취업 활동의 성공자였다. 그는 '영어 능력을 이용하여 해외에서 큰일을 하고 싶다'는 꿈을 품고 종합상사와 건설회사에 지원했다. 인상적이었던 것은 대학교 2학년 때부터 취직을 위한 전략을 계획적으로 세워왔다고 말한 부분이었다.

"2학년 정도 되면 대학 측에서 메일로 정보를 보내줍니다. 3학년쯤 되면 취업 활동을 해야 하는데, 그때까지 무슨 준비를 하는 게 좋은가라는 내용이죠. 세미나나 심포지엄, 설명회 같은 행사 정보가 자동으로 수신됩니다. 관심 없는 사람은 메일을 열어보지도 않아요. 반면에 꿈이 있거나 어느 정도 구체적인 목표가 있는 사람은 열어보겠죠. 나는 조금이라도 흥미가 있는 곳이라면 반드시 가보았습니다."

중요한 것은 이른 시기부터 다양한 기회를 이용하면서 취업 활동에 뜻을 품은 동료를 많이 만들었다는 사실이다. 그러면 더 다양한 이벤트 정보가 모였고, 취업에 적극적인 친구끼리 커뮤니티가 만들어지는 선순환도 형성되었다.

"그 과정에서 취업에 적극적인 사람과 그렇지 않은 사람이 점점 양극화되었습니다. 취업이 잘 되던 시대였다고 하지만 기회가 많을 뿐이지 채용 기준은 취업빙하기 못지않게 엄격했거든요. 역시 적극적인 친구가 여러 곳에서 내정을 받았어요. 나는 합숙 세미나에도 자주 참가했고, 선배한테 의지하지도 않았어요. 회사의 요직에 있는 사람을 만나려면 강연이나 세미나에 참석해서 나중에 질문을 하는 방법이 좋습니다. 그런 만남을 통해 중요한 정보도 얻게 되거든요."

그런 과정을 거쳐 현재 회사에 취직한 그는 해외 근무라는 꿈을 입사 1년차에 이루었다. 보통 입사 후 몇 년이 지나서야 인사이동 대상이 되지만, 대규모 해외 프로젝트를 많이 진행하는 이 회사는 의욕 있는 젊은 직원을 뽑아 '해외 경험'을 시키는 정책을 몇 년 전부터 추진해왔다고 한다. 그는 두바이로 건너가 하청기업과의 교섭이나 자재 조달 업무를 맡았다.

"회사 입장보다 내 커리어가 중요합니다. 내 꿈을 이룰 수 있는 환경을 제공해주는 회사가 내게 '좋은 회사'이죠. 지금으로서는 이보다 더 좋은 회사가 없어요. 만족합니다. 내가 사회에서 하고 싶은 일과 회사가 하려는 일이 딱 맞아떨어진 거죠. 개인이 회사에 의존하는 관계가 아니라, 조직과 개인이 동등한 입장이어야 한다고 생각합니다. 그런 관계 속에서 서로의 이해가 일치하면 이상적이겠죠."

……이제 회사로 돌아간다는 그와 헤어지고, 취재에 동석한 《프레지던트》지 편집자 구노리 다카오와 둘이 남았다. 지하철역을 향해 낮 시간의 조금 한산한 아카사카미쓰케 거리를 걸었다. 약간 흐린 하늘 아래, 눈앞의 도로를 차가 끊임없이 지나갔다. 신호가 초록으로 바뀌자 수도고속도로의 고가 아래 횡단보도로 사람들이 우르르 밀려나왔다.

"알고는 있었지만 직접 이야기를 들으니 역시 우리 때하고는 많이 다르네요." 구노리가 말했다.

그는 나와 같은 1979년생으로, 대형 통신회사에 다니다가 6년 전에《프레지던트》로 이직했다.

우리가 대학을 졸업한 2001년 전후부터 '취업 활동'에 인터넷을 이용하기 시작했지만, 벌써 2학년 때부터 이메일로 발송된 세미나 정보에 안테나를 세우는 분위기는 아니었다. 취업 활동에 적극적인 그룹과 그렇지 않은 그룹으로 나뉘지도 않았다.

물론 지금도 극단적인 경우에 해당되는지도 모른다. 우리는 그의 이야기에 끌렸다. 자신과 회사와의 관계를 동등하게 생각하고, 회사가 꿈을 이루기 위한 환경을 제공해주는 한 계속 머무르려는 마음이 젊은 엘리트 사원의 '가치관'을 상징하는 듯 느꼈다. 우리 앞에서 너무나 시원스럽게 털어놓은 그의 개인주의적 사고방식은 이 책 속의 8명 주인공이 사회로 나오면서 갈등하고 안달하고 괴로워하며 가까스로 얻은, 일에 대한 '가치관'과 무척 비슷했다.

구노리가 "동세대의 이직을 주제로 취재해보지 않겠습니까?"라고 제안한 때가 2006년 1월이었다. 그로부터 5년 전《우리가 일하는 이유, 일하지 않는 이유, 일할 수 없는 이유(僕らが働く理由, 働かない理由, 働けない理由)》라는 책에 프리터나 히키코모리(은둔형 외톨이), 취업 활동에 적극적이지 않은 젊은이 등 기업 조직에서 일하기를 주저하는 사람들의 모습, 마찬가지로 사

회에 나가기를 불안해하는 나 자신의 이야기와 함께 풀어낸 것이 계기가 되었다.

대학생이었던 나는 사회로 나갈 때 '좋은 대학에서 좋은 취직'이라는 선로에 올라타느냐 벗어나느냐의 기로에 놓이리라 예상했다.《우리가 일하는 이유, 일하지 않는 이유, 일할 수 없는 이유》의 등장인물들은 그 선로의 존재를 의식하면서도 거부하는 사람들이었으며, 또는 올라타고 싶어도 그럴 수 없는 사람들이었다.

이 책을 쓴 후로 줄곧 마음에 걸리는 것이 있었다.

그렇다면 내가 그리지 않던 동세대, 즉 취업빙하기에 '좋은 대학에서 좋은 취직'을 쟁취하고 기업 조직 속에서 곧 20대를 마감하는 젊은이들은 그동안 어떤 세계를 보았을까?

현재 직장에 불만을 품었다가 다음 직장에서 그 불만을 객관적으로 보게 되는 '이직'이라는 선택적 행위를 취재의 주제로 삼으면 그 궁금증이 어느 정도 해소되리라 생각했다.

취재는 그렇게 시작되었다. 같은 또래의 이직자를 만나고, 그 가족이나 친구, 동료, 때로는 상사의 이야기도 들었다. 특히 이 책의 중심인 8명의 주인공과는 몇 번이나 만나면서 취재를 반복했다.

지난 4년간 '젊은이'를 둘러싼 환경이 크게 변화했다. 1990년대 후반부터 2000년대 초반까지 취업빙하기를 경험한 세대에게 〈아사히신문〉은 '로스트 제너레이션'이라는 이름까지 붙여주었다. 급속하게 얼어붙었던 채용 시장이 거품경제기 이후 회복되고 있다고 언론에서 떠들었지만, 2008년 서브프라임 사태와 리먼브라더스 파산을 시작으로 불황이 이어지다가 2010년도 이후 신규채용 시장이 다시 침체에 빠져들었다.

과거에 많은 사람이 꿈꾸었던 '좋은 대학에서 좋은 취직'이라는 선로, 원하든 원하지 않든 사회인이라면 의식하지 않을 수 없었던 성공의 한 조건이 급속히 유명무실화되었다. 기업은 이를 대신할 다른 이야기를 찾았고, 그에 따라 기업 사회가 요구하는 인재의 바람직한 모습도 변화했다.

혼다 유키의 《다원화하는 '능력'과 일본사회(多元化する「能力」と日本社会)》에 의하면, 1996년 발표된 경제단체연합회의 제언 《창조적 인재 육성을 목표로 – 요구되는 교육 개혁과 기업의 행동(創造的な人材の育成に向けて―求められる教育改革と企業の行動)》에 다음과 같은 '인재상'이 명확히 제시되었다고 한다.

앞으로 일본이 요구하는 인재의 키워드는 '주체성', '자기책임의식', '독창성'이 될 것이다. 구체적으로는 '타인이 정한 기준에 의존하지 않고 자신의 목표·의사에 따라 나아갈 길을 스스로 선택하여 행동하는 태도(주체성)'와 '개인의 자유로운 선택이 방종으로 흐르지 않고 사회적 의의, 가치를 지니기 위해 개개인이 자신의 선택에 책임을 지는 태도(자기책임의식)'를 강조했다.

이는 경제단체연합회의 《신·일본식 경영 시스템 관련 연구 프로젝트(新·日本的経営システム等研究プロジェクト)》 보고서(1994) 내용과도 겹친다. 또한 혼다 교수가 책에서 지적했듯이 《창조적 인재 육성을 목표로》의 1절 〈바람직한 인재 육성 시스템의 기본적 방향(望ましい人材育成システムの基本的方向)〉을 읽으면 실제로 경제계가 원하는 '이상적 인재'의 윤곽이 확실히 드러났음을 알 수 있다.

과거의 인재 육성 시스템은 '단안적(單眼的)' 평가에 기인하는 '단선적(單線的)' 시스템이었다고 볼 수 있다. 아이들에게 유명 고등학교에서 유명 대학, 일류기업으로 이어지는 단일 세트메뉴를 강요하고, 그 진로를 따르는 것을 당연하게 여겼다. 이 코스가 장래의 행복으로 직결된다는 가치관이 현재 교육계와 가정을 중심으로 깊이 뿌리 박혀 있다. 또한 상급학교로 진학하기 위한 시험은 획일적인 평가 방식이다.

기업의 채용 방식이 이런 단안적, 단선적 시스템을 조장해 왔다는 사실을 부인할 수는 없다. (후략)

앞으로 '복선적(複線的) 선택 기회'='다양한 봉우리를 가지는 교육 체계'가 필요하다는 주장을 담은 이 제언은 '기업의 인재 육성을 목표로 사원의 창조성을 최대한 이끌어내기 위해서는 사원 각자가 선택과 리스크를 고민하며 커리어를 주체적으로 쌓아가야 한다'라고 이어갔다.

취업빙하기에 취직한 이들은 기업 조직이 요구하는 인재상이 변화하는 시기에 사회인으로서 첫 경험을 쌓았고 그 변화에 조금씩 적응해왔다. 그렇다면 그들이 일하면서 느꼈던 갈등, 고민, 불안, 기쁨의 순간이 새로운 '가치관'을 형성하여 앞으로 기업 조직에서 일할 사람들의 지표가 되어주지 않을까?

그런 이유로 취업빙하기에 '좋은 대학에서 좋은 취직'을 쟁취한 사람들이 사회에서 무엇을 보고 무엇을 느꼈는지 알고 싶은 마음이 강했다.

그들의 눈에 보인 회사의 모습이나 가슴에 담긴 생각을 조금이라도 기록하는 행위는 앞으로 또 몇 번이나 닥칠지 모르는 취업빙하기에 대비한다는 의미로도 가치 있다고 생각한다.

이 책의 등장인물들은 일부를 제외하고 가명을 썼다.

마지막으로 지난 4년간 취재·집필에 큰 의지가 되어준 담당 편집자 구노리 다카오 씨, 프레지던트 사 서적부의 가쓰라기 에이치 씨에게 감사를 드린다.

2010년 3월
이나이즈미 렌

직업
표류

1판 1쇄 인쇄 2016년 7월 4일
1판 1쇄 발행 2016년 7월 12일

지은이 이나이즈미 렌
옮긴이 이수미
펴낸이 김성구

책임편집 김민기
단행본부 박혜란 이은정 나성우 김동규
디자인 여종욱 문인순
제 작 신태섭
책임마케팅 송영호
마케팅 최윤호 손기주 유지혜
관 리 김현영

펴낸곳 (주)샘터사
등 록 2001년 10월 15일 제1-2923호
주 소 서울시 종로구 대학로 116 (03086)
전 화 02-763-8965(단행본부) 02-763-8966(영업마케팅부)
팩 스 02-3672-1873 **이메일** book@isamtoh.com **홈페이지** www.isamtoh.com

ISBN 978-89-464-2032-8 03330

이 도서의 국립중앙도서관 출판시도서목록(CIP)은 e-CIP 홈페이지
(http://www.nl.go.kr/cip.php)에서 이용하실 수 있습니다. (CIP제어번호: CIP2016015647)

값은 뒤표지에 있습니다.
잘못 만들어진 책은 구입처에서 교환해 드립니다.